ŒUVRES COMPLÈTES

DE

SIR WALTER SCOTT

Traduction Nouvelle.

PARIS,
LIBRAIRIE DE CHARLES GOSSELIN,
rue Saint-Germain-des-Prés, N° 9.

M DCCC XXXIII.

OEUVRES COMPLÈTES

DE

SIR WALTER SCOTT.

TOME QUATRE-VINGT-QUATRIEME.

LE CHATEAU PÉRILLEUX.

(Castle dangerous.)

CHAPITRE VIII.

Cet épisode jeta quelque confusion parmi les chasseurs, surpris tout à coup par l'apparition en armes de Michel Turnbull, partisan avoué de la maison de Douglas; événement qu'on devait si peu attendre dans un canton où son maître était regardé comme un rebelle et un bandit, et où il devait lui-même être connu d'un grand nombre de paysans qui avaient été présens à la chasse. Cette circonstance fit évidemment impression sur les chevaliers anglais. Sir John de Walton parut grave et pensif; il ordonna que tous les chasseurs se rassemblassent en cet endroit, et chargea ses soldats de faire de strictes recherches parmi les

Écossais qui avaient été présens à la chasse, pour découvrir si Turnbull avait quelques compagnons parmi eux. Mais il était trop tard pour faire ces recherches aussi exactement que Walton l'avait ordonné.

Les Écossais qui avaient été employés à cette chasse, voyant que la partie de plaisir, sous prétexte de laquelle ils avaient été appelés, était interrompue, qu'on leur mettait la main sur le corps, et qu'on les soumettait à un interrogatoire, eurent soin de répondre avec précaution aux questions qu'on leur fit. En un mot, ils gardèrent leur secret, s'ils en avaient un. Un grand nombre d'entre eux, sentant qu'ils étaient les plus faibles, craignirent quelque perfidie, s'enfuirent des places qui leur avaient été assignées, et abandonnèrent la partie de chasse en hommes qui croyaient y avoir été invités avec de mauvaises intentions. Sir John de Walton s'aperçut de la diminution du nombre des Écossais, et leur disparition graduelle réveilla dans le chevalier anglais cette défiance qui le caractérisait depuis quelque temps.

—Prends avec toi, je te prie, dit-il à sir Aymer de Valence, autant d'hommes d'armes qu'il te sera possible d'en réunir en cinq minutes, et au moins une centaine d'archers à cheval, et cours à toute bride pour aller renforcer la garnison de Douglas, sans leur permettre de s'écarter de ton étendard; car je ne suis pas sans inquiétude sur ce qu'on peut avoir tenté contre le château, pendant que nous avons sous les yeux une telle nichée de traîtres rassemblés ici.

— Permettez-moi de vous dire, sir John, répondit Aymer, que votre flèche, en cette occasion, va au-delà du but. Que les paysans écossais soient malintentionnés à notre égard, c'est ce que je serai le dernier à nier; mais ayant été privés si long-temps du divertissement de la chasse, il n'est pas étonnant qu'ils soient accourus en foule pour jouir de ce plaisir dans le bois et sur les bords de la rivière; et il l'est encore moins qu'ils prennent aisément l'alarme sur la nature du traitement qu'ils ont à attendre de nous. Il est naturel que la moindre apparence de rigueur leur inspire la crainte et le désir de s'échapper; et ainsi....

— Et ainsi, dit sir John de Walton, qui l'avait écouté avec un air d'impatience à peine compatible avec la politesse grave et formelle qu'un chevalier avait coutume de montrer à un autre, j'aimerais mieux voir sir Aymer de Valence employer les pieds de son cheval à exécuter mes ordres, que donner à sa langue la peine de les contester.

Tous ceux qui entendirent cette réprimande un peu vive se regardèrent les uns les autres avec des signes de mécontentement marqué. Sir Aymer fut profondément offensé, mais il vit que ce n'était pas le moment d'user de représailles. Il salua le gouverneur si bas, que la plume qui surmontait sa toque toucha la crinière de son cheval; et sans prononcer un seul mot, — car il n'osa pas même se fier à sa langue pour faire une réponse en ce moment, — il reconduisit un corps nombreux de cavalerie, par le chemin le plus court, au château de Douglas.

Quand il arriva à une de ces éminences d'où il pouvait voir les murailles et les tours multipliées de cette ancienne forteresse, et le lac large et brillant qui l'entourait de trois côtés, il éprouva beaucoup de plaisir à la vue de la grande bannière d'Angleterre, qui flottait sur la plus haute partie de l'édifice.—Je le savais, pensa-t-il ; j'étais certain que sir John de Walton était devenu une véritable femme, en se livrant à ses craintes et à ses soupçons. Hélas ! faut-il qu'un poste qui entraîne tant de responsabilité ait changé un caractère que j'ai connu si noble et si digne d'un chevalier ! Par cette bonne journée ! je savais à peine comment me comporter quand il m'a gourmandé ainsi publiquement devant la garnison. Il mérite certainement que je lui fasse entendre un jour ou l'autre que, quoiqu'il puisse triompher en exerçant une autorité qui ne sera que de courte durée, cependant, dans une rencontre face à face, sir John de Walton serait embarrassé pour se montrer supérieur à Aymer de Valence, et peut-être même pour se montrer son égal. Mais si au contraire ses craintes, quoique fantasques, sont sincères au moment où il les exprime, mon devoir est d'obéir ponctuellement à des ordres qui, quoique absurdes, sont donnés par suite de la conviction qu'il éprouve que les circonstances les rendent nécessaires, et qui ne sont pas des prétextes inventés pour vexer ses officiers et leur faire sentir son autorité. Je voudrais savoir à quoi m'en tenir sur ce point, et si ce John de Walton, jadis si renommé, est plus effrayé de ses ennemis que ne doit l'être un chevalier, ou s'il se crée des doutes imaginaires pour avoir un prétexte de tyranniser son ami. Je ne puis dire que cela ferait une grande différence pour moi ; mais j'aimerais mieux que l'homme que j'ai autrefois aimé fût devenu un petit tyran qu'un esprit faible et un lâche, et j'aimerais mieux qu'il s'étudiât à me tourmenter, que de le voir craindre jusqu'à son ombre.

Tandis que ces idées se présentaient à son esprit, le jeune chevalier traversait la chaussée jetée sur la pièce d'eau qui alimentait le fossé, et passant sous la porte bien fortifiée, il donna les ordres les plus sévères pour qu'on baissât la herse et qu'on levât le pont-levis, quand même le propre étendard de sir John de Walton se montrerait devant le château.

Une marche lente et faite avec précaution depuis le théâtre de la chasse jusqu'au château de Douglas donna au gouverneur tout le temps de reprendre son sang-froid et d'oublier que son jeune ami avait montré moins d'empressement que de coutume à exécuter ses ordres. Il fut même disposé à regarder comme une plaisanterie la longueur du temps qu'on employa à remplir minutieusement toutes les formes de la discipline avant de lui ouvrir la porte du château dont il était le commandant, quoique le vent froid et humide d'une soirée de printemps sifflât autour de lui et de ses compagnons, exposés au grand air pendant qu'ils attendaient à la porte du château qu'on eût échangé le mot d'ordre, qu'on eût été chercher les clefs, en un mot, qu'on eût ponctuellement exécuté tout ce que prescrivent les devoirs d'une garnison dans une forteresse bien gardée.

— Allons! dit-il à un vieux chevalier, qui blâmait avec aigreur le lieutenant du gouverneur, c'est ma propre faute. J'ai parlé tout à l'heure à Aymer de Valence avec un ton d'autorité trop haut pour que sa nouvelle dignité en fût satisfaite, et cette obéissance exagérée est une petite vengeance assez naturelle et très-pardonnable. Mais nous lui devrons quelque chose en retour, sir Philippe; — ne le pensez-vous pas? Ce n'est pas une soirée à laisser un homme à la porte.

Ce discours, entendu par quelques pages et quelques écuyers, passa de bouche en bouche, et perdit entièrement ainsi le ton de bonne humeur avec lequel il avait été tenu. On dit que c'était une offense dont sir John de Walton et le vieux sir Philippe se proposaient de songer à se venger, et que le gouverneur en avait parlé comme d'un affront mortel que son officier subordonné lui avait fait avec intention.

C'était ainsi que la dissension augmentait chaque jour entre deux guerriers qui, sans juste motif de querelle, avaient au fond du cœur toutes les raisons possibles pour s'aimer et s'estimer l'un l'autre. Elle devint évidente dans la forteresse, même aux hommes du plus bas rang, qui espéraient gagner quelque importance en prenant part à la rivalité produite par la jalousie des deux officiers commandans; —jalousie qui peut encore avoir lieu aujourd'hui, mais à laquelle peut difficilement s'attacher le même sentiment d'orgueil blessé et de dignité offensée, qui existait dans un temps où l'honneur de la chevalerie rendait ceux qui étaient élevés à ce grade jaloux de la moindre vétille.

Tant de petits débats eurent lieu entre les deux chevaliers, que sir Aymer de Valence se crut dans la nécessité d'écrire à son oncle, le comte de Pembroke, pour lui dire que son commandant, sir John de Walton, avait malheureusement, depuis quelque temps, conçu des préventions contre lui, et qu'après avoir supporté plusieurs accès de mauvaise humeur, il était forcé de demander qu'on le dispensât de servir plus long-temps dans le château de Douglas, et qu'on l'envoyât partout où il pourrait acquérir de l'honneur, afin que le temps pût mettre fin à la cause actuelle de ses plaintes contre son commandant. Dans toute cette lettre, le jeune sir Aymer eut grand soin de n'exprimer qu'avec réserve ce qu'il pensait de la jalousie et de la sévérité de sir John de Walton; mais de tels sentimens ne se déguisent pas aisément; et, en dépit de lui-même, un air de déplaisir perçait dans certains passages, et indiquait qu'il était mécontent de l'ancien ami et du compagnon d'armes de son oncle, ainsi que du genre de service militaire que son oncle lui avait assigné.

Un mouvement accidentel qui eut lieu dans les troupes anglaises fit que sir Aymer reçut une réponse à sa lettre plus tôt qu'il ne pouvait l'espérer à cette époque, la marche ordinaire de la correspondance étant lente et souvent interrompue.

Pembroke, vieux guerrier rigide, avait la plus grande partialité pour sir John de Walton, qu'il avait, en quelque sorte, formé lui-même. Il fut indigné de voir que son neveu, qu'il considérait encore comme à peine sorti de l'adolescence, fier d'avoir obtenu la dignité de la chevalerie à un âge où il était si peu ordinaire de la recevoir, ne fût point parfaitement d'accord avec lui dans l'opinion qu'il avait de son commandant. Il lui répondit donc avec un ton de grand mécontentement, et s'exprima comme pourrait le faire un homme de haut rang en écrivant à un jeune parent dépendant de lui, sur les devoirs de sa profession. En examinant dans la lettre même de son neveu les sujets de plainte qu'il alléguait, il crut ne lui faire aucune injustice en les regardant comme encore plus légers qu'ils ne l'étaient réellement. Il rappela donc à Aymer que l'étude de la chevalerie consistait à s'acquitter fidèlement et patiemment du service militaire, de haut ou de bas degré, suivant les circonstances dans lesquelles la guerre plaçait le champion ; que, par-dessus tout, le poste de danger, — et l'on avait nommé ainsi le château de Douglas d'un commun accord, — était aussi le poste d'honneur ; et qu'un jeune homme devait prendre garde de s'exposer à ce qu'on pût supposer qu'il désirât quitter le commandement honorable dont il était chargé, parce qu'il était las de la discipline militaire d'un guerrier et d'un maître aussi renommé que sir John de Walton. Il insista longuement, comme cela était naturel dans une lettre de ce temps, sur ce que les jeunes gens, soit dans le conseil, soit en portant les armes, devaient se laisser guider implicitement par les avis de ceux qui étaient plus âgés. Il lui fit observer, avec justice, que l'officier commandant qui s'était rendu responsable sur son honneur, sinon sur sa vie, de l'événement d'un siége ou d'un blocus, pouvait justement prétendre à diriger exclusivement son système de défense. Enfin Pembroke fit sentir à son neveu que la réputation qu'il aurait à soutenir pendant tout le reste de sa vie dépendait en grande partie du rapport que sir John de Walton ferait de sa conduite ; et il lui rappela que quelques exploits de valeur téméraire et inconsidérée n'établiraient pas sa renommée militaire sur une base aussi solide que les

mois et les années qu'il passerait dans une obéissance régulière, humble et constante, aux ordres que le gouverneur du château de Douglas pourrait juger nécessaire de donner dans des conjonctures si dangereuses.

Cette missive arriva si peu de temps après le départ de la lettre à laquelle elle était une réponse, que sir Aymer fut presque tenté de croire que son oncle avait quelque moyen de correspondance avec Walton, que ni lui ni personne de la garnison ne connaissait. Et comme le comte de Pembroke faisait allusion au mécontentement montré récemment par Valence dans une occasion peu importante, la connaissance que son oncle avait acquise de ce fait et d'autres bagatelles sembla devoir le confirmer dans l'idée que sa conduite était espionnée d'une manière qui n'était ni honorable pour lui, ni convenable à la dignité du rang de son parent : en un mot, il se regarda comme exposé à cette sorte de surveillance dont les jeunes gens ont, dans tous les temps, accusé les vieillards. A peine avons-nous besoin de dire que la mercuriale du comte de Pembroke irrita considérablement l'esprit impétueux de son neveu ; au point que, si l'oncle eût eu le projet bien formé d'écrire une lettre tendant à enraciner les préventions qu'il désirait extirper, il n'aurait pu trouver des expressions plus propres à produire cet effet.

La vérité était que le vieil archer Gilbert Greenleaf, sans que le jeune chevalier en fût instruit, avait été au camp de Pembroke, dans le comté d'Ayr, et avait été recommandé au comte par sir John de Walton, comme un homme qui pourrait lui donner des nouvelles aussi détaillées de sir Aymer de Valence qu'il pourrait le désirer. Greenleaf, comme nous l'avons vu, était un vieillard pointilleux ; et étant pressé sur l'article de la discipline à l'égard de la conduite de sir Aymer, il n'hésita pas à se permettre des insinuations qui, se rattachant à quelques points de la lettre du jeune chevalier à son oncle, portèrent le vieux comte sévère à adopter trop fortement l'idée que son neveu se livrait à un esprit d'insubordination et ne pouvait se soumettre à l'autorité ; chose dangereuse pour la réputation d'un jeune soldat. Une courte explication aurait produit un accord parfait entre les sentimens de l'un et de l'autre, mais le destin n'en fournit ni le temps ni l'occasion ; et malheureusement le comte de Pembroke, au lieu de se borner au rôle de négociateur, prit fait et cause pour sir John de Walton, et il arriva que sa décision ne fit qu'embrouiller la querelle.

Sir John de Walton s'aperçut bientôt que la réception de la lettre de Pembroke n'avait rien changé à la conduite froide et cérémonieuse de son lieutenant à son égard, ce qui borna toutes leurs relations à ce que leur situation rendait indispensable, et il ne fit aucunes avances pour rétablir entre eux une liaison plus franche ou plus intime. Ainsi, comme cela peut arriver quelquefois, même encore aujourd'hui, entre officiers dans leurs positions respectives, ils restèrent dans ce degré de froideur, de rapports officiels, auxquels se bornaient leurs relations, en s'adressant aussi peu de mots que pouvaient le permettre les devoirs qu'ils avaient à remplir chacun de leur côté. Un tel état de mésintelligence est dans le fait pire qu'une querelle ouverte ; car, dans ce dernier cas, tout peut être réparé par une explication, par une apologie, où l'on peut employer une médiation ; mais dans le premier, un éclaircissement est aussi peu vraisemblable qu'un engagement général entre deux armées dont chacune a pris une forte position défensive. Cependant le devoir obligeait les deux principaux personnages de la garnison du château de Douglas à être souvent ensemble ; mais alors, bien loin de chercher une occasion de se réconcilier, ils faisaient souvent renaître d'anciens sujets de contestation.

Ce fut dans une de ces occasions que Walton, d'un ton très-sec, demanda à Valence en quelle qualité et combien de temps son bon plaisir était que le ménestrel Bertram restât au château. — Une semaine, ajouta le gouverneur, suffit certainement en pareil temps et en pareil lieu, pour exercer envers un ménestrel les devoirs de l'hospitalité.

— Sans contredit, répondit Valence ; c'est une chose qui m'est tout-à-fait indifférente.

— En ce cas, reprit Walton, je prierai ce ménestrel d'abréger sa visite au château de Douglas.

— Je ne sache pas que je puisse prendre aucun intérêt aux mouvemens de cet homme ; il est ici sous prétexte d'y chercher les ouvrages de Thomas d'Erceldoun, surnommé le Rimeur, ouvrages qu'il dit être infiniment curieux, et dont il se trouve dans le cabinet du vieux baron un volume qui, de manière ou d'autre, a été sauvé des flammes lors du dernier incendie. Cela dit, vous connaissez aussi bien que moi le motif de son voyage; et si la présence d'un vieux ménestrel ambulant et le voisinage d'un enfant vous paraissent menacer de quelque danger le château dont vous êtes commandant, vous ferez sans doute très-bien de les congédier. — Il ne vous en coûtera que la peine de dire un mot.

— Pardonnez-moi; ce ménestrel est arrivé ici comme étant à votre suite, et je ne pouvais honnêtement le renvoyer sans votre agrément.

— Je suis donc fâché à mon tour que vous ne m'en ayez point parlé plus tôt. Je n'ai jamais eu un vassal ou un serviteur dont je désirasse prolonger le séjour en ce château un instant de plus que vous ne le jugeriez à propos.

— Je regrette, sir Aymer, que depuis quelque temps nous soyons devenus l'un et l'autre si extrêmement polis qu'il est difficile que nous nous entendions. Ce ménestrel et son fils viennent nous ne savons d'où, et nous ignorons de même où ils vont. Le bruit court parmi quelques hommes de votre escorte que ce drôle, ce Bertram, a eu l'audace, même en votre présence, de contester les droits du roi d'Angleterre à la couronne d'Écosse, et qu'il a discuté ce point avec vous, tandis que vous aviez donné ordre à votre suite de se tenir en arrière, de manière à ne pouvoir entendre votre conversation.

— Ah! s'écria sir Aymer, prétendez-vous baser sur cette circonstance quelque accusation contre ma fidélité? Je vous prie de faire attention que ce serait toucher à mon honneur, et je suis prêt à le défendre jusqu'à la dernière extrémité.

— Je n'en doute pas, sir chevalier; mais c'est contre le ménestrel vagabond, et non contre le chevalier anglais de haute naissance, que l'accusation est portée. — Eh bien! ce ménestrel vient en ce château, et il exprime le désir qu'il soit permis à son fils de se loger dans le vieux couvent de Sainte-Brigitte, où l'on a accordé à deux ou trois nonnes et à autant de moines écossais la permission de rester, plutôt par respect pour leur ordre qu'en considération de la bienveillance qu'on leur suppose pour les Anglais et pour leur souverain. On peut aussi remarquer qu'il a payé cette permission, si je suis bien informé, une somme plus forte que celle qui se trouve ordinairement dans la poche des ménestrels ambulans, voyageurs aussi remarquables par leur pauvreté que par leur génie. Que pensez-vous de tout cela?

— Moi? je me félicite que ma situation, comme servant sous vos ordres, me permette de ne pas y penser un seul instant. Comme votre lieutenant en ce château, ma situation est telle que, si je puis arranger les choses de manière à pouvoir dire que mon honneur et mon ame sont à moi, je dois me flatter d'avoir une portion bien suffisante de libre arbitre; et je vous promets que ce n'est point à cet égard que vous aurez jamais à me réprimander, ou à envoyer à mon oncle des rapports défavorables sur ma conduite.

— Cela excède les bornes de la patience! se dit sir John de Walton à lui-même; et il ajouta tout haut: — Pour l'amour du ciel! ne soyez pas assez injuste envers moi et envers vous-même pour supposer que je cherche à gagner quelque avantage sur vous en vous faisant ces questions. Souvenez-vous, jeune chevalier, que, lorsque vous refusez de donner votre avis à votre officier commandant quand il vous le demande, vous manquez à votre devoir comme si vous lui refusiez le secours de votre épée et de votre lance.

— En ce cas, dites-moi clairement sur quoi vous me demandez mon opinion ; je vous la ferai connaître avec franchise, et j'en subirai le résultat, quand même j'aurais le malheur, ce qui serait un crime impardonnable dans un homme si jeune et dans un officier si inférieur, qu'elle fût différente de celle de sir John de Walton.

— Je vous demanderai donc, sire chevalier de Valence, ce que vous pensez relativement à ce ménestrel Bertram, et si les soupçons auxquels il donne lieu, ainsi que son fils, ne sont pas de nature à m'obliger, par suite de mes devoirs, à leur faire subir un interrogatoire sérieux, accompagné de la question ordinaire et extraordinaire, comme c'est l'usage en cas semblable, et à les chasser ensuite, non-seulement du château, mais de toute la vallée de Douglas, à peine de passer par les verges s'ils y remettent jamais les pieds.

— Vous me demandez mon opinion, sire chevalier de Walton, et je vous la dirai aussi librement et aussi franchement que si nous étions sur le même pied de cordialité qu'autrefois. Je conviens avec vous que la plupart de ceux qui suivent aujourd'hui la profession de ménestrels ne sont nullement faits pour soutenir les prétentions de cet ordre honorable. Les vrais ménestrels sont des hommes qui se sont consacrés à la noble occupation de célébrer les exploits chevaleresques et les principes généreux. Ce sont leurs vers qui conduisent à la renommée le vaillant chevalier ; et le poète a le droit et même est tenu d'imiter les vertus dont il fait l'éloge. La licence du temps a diminué leur importance et relâché leurs principes de morale. Il n'arrive que trop souvent qu'ils distribuent la satire et les louanges suivant ce qu'ils comptent y gagner. Espérons pourtant qu'il en existe encore parmi eux quelques-uns qui connaissent leurs devoirs et qui les accomplissent. Mon opinion est que ce Bertram se regarde comme un homme qui ne partage pas la dégradation de ses confrères, et qui n'a pas fléchi le genou devant le Mammon du siècle. C'est à vous, monsieur, qu'il appartient de juger si un tel homme, ayant des principes d'honneur et de morale, peut causer quelque danger au château de Douglas. Mais croyant, d'après les sentimens qu'il m'a manifestés, qu'il est incapable de jouer le rôle de traître, je dois combattre de toutes mes forces le projet de le punir comme s'il en était un, ou de lui faire subir la torture dans un château occupé par une garnison anglaise. Je rougirais de mon pays s'il exigeait que ceux qui le servent infligeassent à plaisir de pareilles souffrances à des voyageurs dont le seul crime est la pauvreté. Vos propres sentimens chevaleresques vous en diront plus à cet égard qu'il ne me convient de suggérer à sir John de Walton, et je n'ai parlé comme je viens de le faire que parce qu'il était nécessaire d'alléguer mes motifs pour garder mon opinion.

La rougeur monta au front de sir John de Walton en entendant le jeune chevalier émettre une opinion contraire à la sienne, et qui allait clairement jusqu'à lui reprocher de manquer de générosité, de grandeur d'âme et de sensibilité. Il fit un effort sur lui-même pour conserver son sang-froid, et lui répondit avec un certain calme : — Vous m'avez donné votre opinion, sir Aymer de Valence ; vous me l'avez donnée franchement et hardiment, sans égard à la mienne, et je vous en remercie. Il n'est pas tout-à-fait aussi clair que je doive renoncer à ma manière de penser pour adopter la vôtre, dans le cas où les devoirs de ma place, — les ordres du roi — et les remarques que je puis avoir faites personnellement — me porteraient à suivre une ligne de conduite différente de celle que vous croyez qu'il serait convenable d'adopter.

En achevant ces mots, Walton salua le jeune chevalier avec beaucoup de gravité, et celui-ci, lui ayant rendu son salut exactement avec la même raideur, lui demanda s'il avait quelques ordres particuliers à lui donner en ce qui concernait ses devoirs dans le château. Le gouverneur lui répondit négativement, et sir Aymer de Valence se retira.

Sir John de Walton, dont la physionomie avait une expression d'impatience, comme s'il eût été désappointé en voyant que les avances qu'il avait faites pour amener une explication avec son jeune ami avaient échoué, contre son attente, prit alors un air pensif, et se promena quelque temps en long et en large dans l'appartement, réfléchissant à ce qu'il devait faire en pareille circonstance. — Il m'est difficile de le blâmer sévèrement, se dit-il à lui-même ; car je me souviens qu'en entrant dans le monde j'aurais pu penser et parler comme ce jeune homme impétueux et inconsidéré, mais plein de générosité. La prudence m'apprend aujourd'hui à soupçonner les hommes en mille occasions, peut-être sans en avoir des motifs suffisans. Si je suis disposé à hasarder mon honneur et ma fortune plutôt que d'infliger quelques souffrances à un fainéant de ménestrel ambulant, ce dont, dans tous les cas, je puis le dédommager avec de l'argent, ai-je le droit de m'exposer aux suites d'une conspiration contre le roi, et de faciliter ainsi la prise du château de Douglas, objet de tant de plans de trahison, comme je ne puis en douter, plans qui, quelque désespérés qu'ils fussent, trouveraient toujours des agens assez hardis pour entreprendre de les exécuter? Un homme remplissant mes fonctions, quoique esclave de sa conscience, doit apprendre à écarter ces faux scrupules qui ont l'air de naître d'un sentiment moral, tandis que, dans le fait, ils nous sont suggérés par une délicatesse affectée. J'en jure par le ciel, la folie d'un jeune homme comme Aymer ne sera pas contagieuse pour moi. Je ne perdrai pas, pour céder à ses caprices, tout ce que l'amour, l'honneur et l'ambition peuvent me promettre pour la récompense du service qui m'est imposé pendant un an, service peu agréable, et qui exige tant de surveillance. J'irai droit à mon but, et j'emploierai en Écosse les mêmes précautions que j'emploierais en Normandie ou en Gascogne. — Holà, page! qui est de service ici?

Un de ses officiers se présenta sur-le-champ.

— Cherchez Gilbert Greenleaf, et dites-lui que je désire lui parler relativement aux deux arcs et au paquet de flèches que je l'ai chargé de me rapporter d'Ayr.

Quelques minutes après que cet ordre eut été donné, l'archer arriva, tenant en main deux bois d'arc non encore façonnés, et quelques flèches liées avec une courroie. Il avait l'air mystérieux d'un homme dont l'affaire apparente n'est pas de très-grande importance, mais sert de passeport à quelque autre qui doit rester secrète. Le chevalier gardant le silence, et ne donnant pas occasion à Greenleaf de parler d'autre chose, ce judicieux négociateur entama la conversation sur le sujet qui s'offrait naturellement.

— Voici, noble gouverneur, les bois d'arc que vous m'avez chargé de vous rapporter d'Ayr, quand j'ai été à l'armée du comte de Pembroke. Ils ne sont pas aussi bons que je l'aurais désiré, et pourtant ils sont de meilleure qualité que ceux qu'aurait pu choisir quiconque ne connaîtrait pas bien cette arme. Il règne dans tout le camp du comte de Pembroke une sorte de fureur pour avoir du vrai bois d'arc d'Espagne, venant de Grogne, et d'autres ports de ce pays ; mais quoiqu'il soit entré dans le port d'Ayr deux bâtimens qui en étaient chargés, et qu'on disait destinés pour l'armée du roi, je ne croirai jamais que la moitié en soit tombée entre les mains des Anglais. Ceux-ci ont été coupés dans la forêt de Sherwood du temps de Robin Hood ; par conséquent le bois a fait son effet, et il n'est pas probable qu'ils manquent de force ou qu'ils n'envoient pas la flèche au but, lancée par un bras aussi vigoureux et avec un coup d'œil aussi juste que ceux des archers qui servent sous Votre Honneur.

— Et qui a eu les autres, puisque tu dis qu'il en est arrivé deux cargaisons dans le port d'Ayr, et que ce n'est qu'avec difficulté que tu as pu me procurer ces deux vieux bois d'arc ?

— Sur ma foi! je ne suis pas assez savant pour vous le dire, répondit Greenleaf en haussant les épaules. On parle de complots là-bas aussi bien qu'ici. Ils disent que leur Bruce et ses amis ont dessein de jouer un nouveau jeu de mai, et que le roi proscrit se propose de débarquer près de Turnberry au commencement de l'été, avec un nombre de bons bras venant d'Irlande; et sans doute les habitans de son prétendu comté de Carrick se munissent d'arcs et de javelines pour seconder une entreprise qui donne de si belles espérances. Je compte bien qu'il ne nous en coûtera que la peine de vider quelques carquois de flèches pour mettre bon ordre à cette affaire.

— On parle donc de conspiration dans cette partie de l'Écosse, Greenleaf? Je sais que tu as de la sagacité, que ce n'est pas d'aujourd'hui que tu sais manier l'arc et la flèche, et que de pareilles trames ne peuvent avoir lieu à ta barbe sans que tu y fasses attention.

— Dieu sait que je suis assez vieux, que j'ai acquis assez d'expérience dans ces guerres d'Ecosse, et que je sais si ces Écossais sont un peuple auquel un chevalier ou un soldat puisse se fier. Dites hardiment que c'est une génération pleine de fausseté, et que celui qui vous l'a appris est un viel archer qui, en visant bien, a rarement envoyé sa flèche à quatre doigts du blanc. — Mais Votre Honneur sait comment les traiter. — Tenez-vous ferme en selle, et serrez les rênes de près. — Vous n'êtes pas un de ces simples novices qui s'imaginent qu'on peut tout faire avec la douceur, et qui veulent faire parade de courtoisie et de générosité à l'égard de ces perfides montagnards qui, dans tout le cours de leur vie, n'ont jamais su ce que c'est que d'être courtois et généreux.

— Tu fais allusion à quelqu'un, Gilbert, et je t'ordonne de me parler avec franchise et sincérité. Je crois que tu sais que tu ne risques rien en te fiant à moi.

— C'est vrai, gouverneur, c'est vrai, répondit le vétéran en portant la main à son front; mais il serait imprudent de communiquer toutes les idées qui peuvent naître dans le cerveau d'un vieux soldat, pendant les momens de désœuvrement d'une garnison comme celle-ci. L'esprit s'arrête, sans le vouloir, sur des chimères comme sur des réalités, et l'on se fait ainsi, non tout-à-fait sans le mériter, la réputation, parmi ses camarades, d'être un rapporteur et un malveillant; et il me semble que je ne voudrais pas encourir volontairement ce reproche.

— Parle-moi franchement, et ne crains pas que tes paroles soient mal interprétées, de qui que ce soit que tu aies à me parler.

— Il est bien vrai que je ne crains pas la grandeur de ce jeune chevalier, étant, comme je le suis, le plus vieux soldat de la garnison, et ayant tiré la corde d'un arc bien long-temps avant que sa nourrice l'eût sevré.

— C'est donc contre Aymer de Valence, mon lieutenant, mon ami, que tes soupçons se dirigent?

— Je n'ai aucun soupçon contre l'honneur du jeune chevalier, qui est aussi brave que le sabre qu'il porte, et qui, vu sa jeunesse, est déjà placé bien haut dans les rangs de la chevalerie anglaise. Mais il est jeune, comme Votre Honneur le sait, et j'avoue que je suis inquiet et alarmé de la compagnie qu'il fréquente.

— Tu sais, Greenleaf, que, dans les momens de loisir d'une garnison, un chevalier ne peut toujours borner ses plaisirs et ses amusemens à la société des hommes de son rang, qui sont en petit nombre, et qui peuvent ne pas avoir l'humeur aussi joviale et aussi folâtre qu'il pourrait le désirer.

— Je sais tout cela; et, si le lieutenant de Votre Honneur se joignait à quelques braves garçons, quelque inférieur que fût leur rang, soit pour lutter, soit pour jouer au bâton à deux bouts avec eux, je n'aurais pas le moindre reproche à lui faire. Mais si sir Aymer de Valence a tant de goût pour entendre raconter les histoires des anciennes guerres, il ferait mieux de les apprendre de la bouche des vieux soldats qui ont combattu sous Edouard Ier, — à qui Dieu fasse paix, — et qui, même avant lui, ont vu les guerres des barons, et d'autres combats dans lesquels les chevaliers et les archers de la joyeuse Angleterre ont fait tant d'exploits dignes d'être publiés par la renommée; cela, dis-je, conviendrait mieux au neveu du comte de Pembroke, que de s'enfermer tous les jours avec un ménestrel vagabond, qui gagne son pain en racontant des balivernes et des mensonges aux jeunes gens qui sont assez fous pour l'écouter; — dont personne ne sait rien, pas même s'il est Anglais ou Ecossais, ni pour quel motif il reste à rôder dans ce château; et qui peut aisément communiquer tout ce qui se passe ici à ces vieux chanteurs de matines de Sainte-Brigitte, dont la bouche dit : *Vive le roi Édouard !* mais qui crient au fond du cœur : *Vive le roi Robert Bruce !* Cette communication lui est facile par le moyen de son fils, qui, comme Votre Honneur le sait, est resté dans une des cellules de Sainte-Brigitte, sous prétexte de maladie.

— Que veux-tu dire? s'écria le gouverneur : sous prétexte! — N'est-il donc pas véritablement indisposé?

— Il peut être malade, il peut être à toute extrémité, pour ce que j'en sais. Mais si cela était, ne serait-il pas naturel que son père fût près de lui pour le soigner, au lieu de rester à rôder dans le château, où on le trouve éternellement, soit dans le cabinet du vieux baron, soit dans le coin où l'on s'attend le moins à le rencontrer?

— Tu pourrais avoir raison, s'il n'avait pas quelque motif légitime pour y rester ; mais on dit qu'il s'y occupe à chercher d'anciens poèmes, d'anciennes prophéties de Merlin, de Thomas le Rimeur, ou de quelque autre vieux barde ; et, dans le fait, il est naturel qu'il cherche à augmenter son fonds de connaissances, et à ajouter à ses moyens d'amuser les autres ; et où trouverait-il plus de ressources à cet égard que dans un cabinet rempli de livres?

— Sans doute, répondit l'archer avec une sorte de ricanement d'incrédulité, j'ai rarement entendu parler d'une insurrection en Ecosse qui n'ait été prédite dans quelques vieux vers tirés de la poussière et tout couverts de toiles d'araignée, afin de donner du courage à ces rebelles du Nord, qui, sans cela, n'oseraient pas écouter siffler une de nos flèches. Mais les têtes bien frisées sont inconsidérées, et, si vous me permettez de le dire, sire chevalier, ceux qui vous entourent conservent trop du feu de la jeunesse pour un temps aussi incertain que celui où nous vivons.

— Tu m'as convaincu, Gilbert Greenleaf, et je surveillerai la conduite et les occupations de cet homme de plus près que je ne l'ai fait jusqu'à présent. Ce n'est pas le moment de compromettre la sûreté d'un château royal pour le plaisir d'afficher de la générosité à l'égard d'un homme que nous connaissons si peu, et contre lequel nous pouvons concevoir de graves soupçons, sans être injustes envers lui, jusqu'à ce qu'il nous ait donné une explication très-complète. — Est-il en ce moment dans l'appartement qu'on appelle le cabinet du baron?

— Votre Honneur est sûr de l'y trouver.

— En ce cas, suis-moi avec deux ou trois de tes compagnons, et tenez-vous hors de vue, mais à portée de m'entendre; il peut être nécessaire d'arrêter cet homme.

— Mon aide ne vous manquera pas quand vous m'appelerez, mais....

— Mais quoi? — J'espère que je ne trouverai pas de toutes parts des doutes et de la désobéissance?

— Ce ne sera certainement pas de la mienne. Je voulais seulement rappeler à Votre Honneur que ce que je vous ai dit était mon opinion sincère, exprimée pour répondre à votre question; et que, comme sir Aymer de Valence s'est déclaré le protecteur du ménestrel, je ne voudrais pas courir le risque de devenir l'objet de sa vengeance.

— Bah, bah! Qui est gouverneur de ce château? Est-ce Aymer de Valence ou moi? Envers qui t'imagines-tu être responsable de tes réponses aux questions que je puis te faire?

— Croyez-moi, sire chevalier, répondit l'archer, secrètement peu fâché de voir Walton se montrer jaloux de son autorité : je connais ma situation et celle de Votre Honneur, et je n'ai pas besoin qu'on me dise à qui je dois obéissance.

— Allons donc à ce cabinet, et voyons cet homme.

— C'est une belle affaire en vérité, dit Greenleaf en le suivant, qu'il faille que Votre Honneur aille en personne ordonner l'arrestation d'un homme de si bas degré. Mais Votre Honneur a raison : ces ménestrels sont souvent des jongleurs, et ils savent quelquefois s'échapper par des moyens que des ignorans comme moi attribuent à la nécromancie.

Sans faire attention à ces derniers mots, sir John de Walton s'avança vers le cabinet, marchant à grands pas, comme si cette conversation eût augmenté son désir de s'emparer de la personne du ménestrel qui lui était suspect.

Ayant traversé les anciens corridors du château, le gouverneur arriva sans difficulté au cabinet du baron, qui était couvert d'une voûte solide en grosses pierres, et dans lequel était une espèce d'armoire en fer, destinée à mettre les livres et les papiers à l'abri du feu. Il y trouva le ménestrel assis devant une petite table, sur laquelle était un manuscrit paraissant d'une grande antiquité, et dont il semblait faire des extraits. Les croisées de cette chambre étaient fort petites, et quelques traces prouvaient encore que l'histoire de sainte Brigitte avait autrefois été peinte sur les vitres : — autre marque de la dévotion de la grande famille des Douglas pour leur sainte tutélaire.

Le ménestrel semblait profondément occupé de sa tâche; mais en étant distrait par l'arrivée imprévue de sir John de Walton, il se leva avec tous les signes du respect et de l'humilité, et resta debout en présence du gouverneur, paraissant attendre qu'il l'interrogeât, comme s'il eût prévu que cette visite le concernait particulièrement.

— Je dois supposer, sire ménestrel, dit sir John de Walton, que vous avez réussi dans vos recherches, et que vous avez trouvé les poésies et les prophéties que vous désiriez, au milieu de ces tablettes brisées et de ces volumes vermoulus? — J'ai été plus heureux, sire chevalier, répondit Bertram, que je n'aurais pu l'espérer, d'après les effets de l'incendie. Voici le livre que je cherchais; et, après ce qui est arrivé à la plupart des autres livres contenus dans cette bibliothèque, il est étrange que j'aie pu en retrouver quelques fragmens, même imparfaits.

— Puisqu'il vous a été permis de contenter votre curiosité, j'espère, ménestrel, que vous ne trouverez pas de difficulté à satisfaire aussi la mienne.

Le ménestrel répondit, avec le même ton d'humilité, que, s'il se trouvait dans la sphère bornée de ses talens quelque chose qui pût faire le moindre plaisir à sir John de Walton, il allait prendre son luth, et il attendrait ses ordres.

— Vous vous méprenez, monsieur, répondit sir John d'un ton un peu dur; je ne suis pas de ces gens qui ont du temps à perdre pour écouter les histoires et les airs des anciens temps. Ma vie m'a laissé à peine assez de loisir pour apprendre les devoirs de ma profession, et je n'en ai eu aucun pour m'amuser de telles folies. Peu m'importe qui le sache ; mais mon oreille est tellement incapable de juger du mérite de votre art, que vous regardez sans doute comme très-noble, que je pourrais à peine dire en quoi un air diffère d'un autre.

— En ce cas, dit le ménestrel avec calme, je ne puis guère me promettre le plaisir de procurer quelque amusement à Votre Honneur, comme j'aurais pu le faire sans cela.

— Et je n'en attends aucun de vous, répondit le gouverneur en s'avançant plus près de lui, et en prenant un ton plus sévère. J'ai besoin d'informations que je suis sûr que vous pouvez me donner, si vous en avez envie ; et je dois vous dire que si vous ne vous montrez pas disposé à parler franchement, je connais des moyens qu'il sera de mon devoir pénible d'employer pour vous arracher la vérité d'une manière plus désagréable que je ne le voudrais.

— Si vos questions, sire chevalier, sont de telle nature que je puisse et que je doive y répondre, vous n'aurez pas besoin de me les faire deux fois. Mais, dans le cas contraire, croyez que nulle menace de violence ne pourra m'arracher une réponse.

— Vous parlez avec hardiesse ; mais croyez-en ma parole, votre courage sera mis à l'épreuve. Je n'ai pas plus envie d'en venir à de telles extrémités que vous ne pouvez désirer de les éprouver, mais telle serait la suite naturelle de votre obstination. — Je vous demande donc si Bertram est votre véritable nom, — si vous avez quelque autre profession que celle de ménestrel ambulant, — et enfin si vous avez quelque accointance, quelque liaison avec quelque Anglais ou quelque Écossais, hors des murs de ce château de Douglas.

— Le digne chevalier sir Aymer de Valence m'a déjà fait ces questions, j'y ai répondu ; et l'ayant pleinement satisfait, je ne crois pas qu'il soit nécessaire que je subisse un second interrogatoire, qui ne conviendrait d'ailleurs ni à votre honneur ni à celui de votre lieutenant.

— Vous prenez grand intérêt à mon honneur et à celui de sir Aymer de Valence, dit le gouverneur ; mais soyez sans crainte à cet égard, notre honneur est en parfaite sûreté entre nos mains, et vous pouvez vous dispenser d'y veiller. Je vous demande si vous voulez répondre aux questions qu'il est de mon devoir de vous faire, ou s'il faut que je vous force à l'obéissance en recourant à la torture ? Mon devoir est de vous dire que j'ai déjà vu les réponses que vous avez faites à mon lieutenant, et je n'en suis pas satisfait.

A ces mots il frappa des mains, et deux ou trois archers se montrèrent sans tuniques, et n'ayant que leurs chemises et leurs pantalons.

— Je comprends, dit le ménestrel, que vous avez dessein de m'infliger un châtiment qui est contraire à l'esprit des lois anglaises, attendu que vous n'avez aucune preuve que je sois criminel. J'ai déjà dit que je suis Anglais de naissance et ménestrel de profession, et que je n'ai de liaison avec personne qui puisse concevoir quelques projets contre ce château de Douglas, son gouverneur et sa garnison. Pour vous parler en chrétien et avec franchise, je vous dirai que je ne pourrai me regarder comme responsable des réponses que vous pourrez m'arracher par la torture. Je crois pouvoir endurer la souffrance aussi bien que tout autre ; je suis sûr que je n'en ai jamais éprouvé aucune que je ne préférasse supporter encore, plutôt que de violer ma parole ou de calomnier des innocens ; mais j'ignore jusqu'à quel point on peut porter l'art de la torture ; et quoique je ne vous craigne pas, sir John de Walton, je dois avouer que je me crains moi-même, puisque je ne sais pas à quelle extrémité de tourmens votre cruauté peut me soumettre, et jusqu'à quel point je puis être en état de les soutenir. Je proteste donc d'abord que je ne serai aucunement responsable de tout ce que je pourrai répondre à un interrogatoire accompagné de torture ; et c'est d'après cette déclaration que vous devez procéder à l'exécution d'une barbarie qui, permettez-moi de le dire, n'est pas ce que j'attendais d'un chevalier aussi accompli.

— Écoutez-moi, monsieur, dit le gouverneur : vous et moi nous ne sommes pas d'accord ; et si je faisais mon devoir, je devrais employer sur-le-champ les voies extrêmes dont je vous ai menacé. Mais peut-être avez-vous moins de répugnance à subir la torture que je n'en éprouverai à l'ordonner. Je vous enverrai donc, quant à présent, dans un lieu de détention convenable pour un homme qui est soupçonné de jouer le rôle d'espion dans cette forteresse. Jusqu'à ce qu'il vous plaise d'écarter ces soupçons, vous serez traité comme prisonnier. En attendant, et avant de vous faire donner la question, faites attention que je me rendrai moi-même à l'abbaye de Sainte-Brigitte, afin de voir si le jeune homme que vous faites passer pour votre fils montrera la même obstination que vous. Il peut se faire que ses réponses et les vôtres jettent du jour les unes sur les autres, et prouvent décidément votre crime ou votre innocence sans m'obliger à m'en assurer par la question extraordinaire. S'il en est autrement, tremblez pour votre fils, sinon pour vous-même. — Ah! ai-je fait impression sur vous? — Craignez-vous pour les nerfs et la chair délicate de votre fils la torture que vous semblez disposé à braver vous-même?

— Monsieur, répondit le ménestrel, réprimant l'émotion momentanée qu'il avait montrée, je vous laisse à décider en homme loyal, en homme d'honneur, si vous devez, avec justice, concevoir une plus mauvaise opinion d'un homme, quel qu'il soit, parce qu'il est disposé à souffrir lui-même des tourmens qu'il ne voudrait pas qu'on fît subir à son fils, jeune homme d'une faible santé, et relevant à peine d'une maladie dangereuse.

— Mon devoir exige, répondit Walton, après un intervalle de quelques instans, que je ne néglige rien pour remonter à la source de cette affaire. Si tu désires que ton fils obtienne merci, tu l'obtiendras aisément toi-même, en lui donnant l'exemple de la franchise et de l'honnêteté.

Le ménestrel se rassit sur sa chaise, comme bien déterminé à endurer toutes les tortures qui pourraient lui être infligées, plutôt que de répondre autrement qu'il ne l'avait déjà fait. Sir John de Walton lui-même semblait, jusqu'à un certain point, incertain sur la conduite qu'il devait tenir. Il sentait une répugnance invincible à faire, sans de mûres réflexions, ce que bien des gens auraient considéré comme leur devoir positif, c'est-à-dire à condamner à la torture le père et le fils. Mais quelque profond que fût son dévouement au roi, et quelque nombreuses que fussent les espérances qu'il avait fondées sur l'exact accomplissement des devoirs qui lui avaient été confiés, il ne pouvait se résoudre à recourir sur-le-champ à cette cruelle manière de sortir d'embarras. Bertram avait un air noble et vénérable, et son langage y répondait. Le gouverneur se rappelait que sir Aymer de Valence, à qui il lui était impossible de refuser du jugement, lui avait parlé de ce ménestrel comme d'un de ces hommes rares qui, par leur bonne conduite personnelle, vengeaient l'honneur d'une profession dégénérée; enfin il s'avouait à lui-même que ce serait le comble de la cruauté et de l'injustice que de refuser de croire à la véracité et à l'honnêteté du prisonnier, avant de lui avoir disloqué les membres par la torture, ainsi que ceux de son fils, pour mettre à l'épreuve son intégrité. — Je n'ai pas de pierre de touche, se dit-il à lui-même, pour distinguer la vérité du mensonge. — Bruce et ses partisans sont aux aguets; — c'est certainement lui qui a équipé les galères qui étaient à l'ancre à Rachrin pendant l'hiver; — cette histoire de Greenleaf, qu'on se procure des armes pour une nouvelle insurrection, se rattache étrangement à l'apparition à la chasse de cet homme d'un aspect sauvage; — tout concourt à prouver qu'il se trame quelque chose, et il est de mon devoir de prévenir le danger. Je ne négligerai donc nul moyen de faire naître l'espoir ou la crainte dans le cœur de ce ménestrel ; mais s'il plaît à Dieu de m'éclairer de quelque autre manière, je ne croirai pas loyal de tourmenter ces hommes infortunés, et peut-être innocens. — Il sortit alors du cabinet, après avoir dit quelques mots à voix basse à Greenleaf concernant le prisonnier.

Il venait de passer la porte du cabinet, et ses satellites avaient déjà mis la main sur le vieillard, quand il entendit la voix de Bertram le prier de rentrer un seul instant.

— Qu'as-tu à me dire? demanda le gouverneur; parle promptement, car j'ai déjà perdu à t'écouter plus de temps que je ne l'aurais dû. Je te conseille donc, par égard pour toi...

— Et c'est par égard pour toi, sir John de Walton, répondit le ménestrel, que je te conseille de faire de mûres réflexions avant d'exécuter ton dessein ; car, de tous les hommes vivans, c'est toi qui en souffrirais le plus cruellement. — Si tu prives d'un seul cheveu la tête de ce jeune homme, si tu permets qu'il endure la moindre privation qu'il soit en ton pouvoir de lui éviter, tu te prépareras à toi-même, en agissant ainsi, une agonie de souffrances plus aiguës que tout ce que tu pourrais jamais éprouver en ce monde. Je jure par tout ce qu'il y a de plus respectable dans notre sainte religion, je prends à témoin ce saint-sépulcre où j'ai été en pélerinage, tout indigne que j'en étais, que je ne te dis que la vérité, et que tu me sauras gré un jour d'avoir agi comme j'agis aujourd'hui. Il est de mon intérêt, comme du tien, de t'assurer la possession tranquille de ce château, quoique assurément je sache, sur ce château et sur toi-même, certaines choses qu'il ne m'est pas permis de dire sans le consentement de ce jeune homme. Apporte-moi un écrit de sa main déclarant qu'il consent que je t'admette dans ce mystère, et, crois-moi, tu verras tous ces nuages se dissiper comme par enchantement ; car jamais une pénible incertitude ne s'est changée plus promptement en joie, jamais les brouillards de l'adversité n'ont cédé plus rapidement aux rayons du soleil de la prospérité, que ne disparaîtraient les soupçons qui te semblent si formidables.

Bertram parlait avec tant de chaleur qu'il fit quelque impression sur sir John de Walton, qui se trouva plus embarrassé que jamais pour décider ce qu'il devait faire.

— Je désire de tout mon cœur, dit le gouverneur, arriver à mon but par les moyens les plus doux qui soient en mon pouvoir ; et ce pauvre jeune homme ne souffrira aucun mal, à moins que ton obstination et la sienne ne paraissent le mériter. En attendant, ménestrel, songe que mon devoir prescrit des bornes à mon indulgence, et que, si je ne l'exécute pas strictement aujourd'hui, il est à propos que tu fasses de ton côté tous tes efforts pour m'en récompenser. Je te permets d'écrire quelques lignes à ton fils, et j'attendrai sa réponse avant de prendre un dernier parti dans cette affaire, qui paraît très-mystérieuse. Cependant, si tu as une âme à sauver, je te conjure de me dire la vérité, et de me déclarer si les secrets dont tu parais n'être que le trop fidèle dépositaire, ont rapport aux projets de Douglas, de Bruce, ou de qui que ce soit en leur nom, contre ce château.

Le prisonnier réfléchit un instant, et répondit ensuite : — Je connais, sire chevalier, les conditions sévères auxquelles le commandement de ce château vous a été confié, et s'il était en mon pouvoir de vous aider de mon bras ou de mes discours, je m'y croirais tenu comme fidèle ménestrel et comme sujet loyal. Mais je suis si loin d'être ce que vous me soupçonnez, que je vous avouerai que j'étais convaincu que Bruce et Douglas avaient rassemblé leurs partisans dans le dessein de renoncer à leurs tentatives de rébellion, et de passer dans la Terre-Sainte avant l'apparition de l'étranger qui, comme je l'ai appris, vous a bravé aujourd'hui à la chasse, ce qui me porte à croire que pendant qu'un partisan si dévoué de Douglas était sans crainte à table avec vous, son maître et ses compagnons ne pouvaient être bien loin. — Jusqu'à quel point ses intentions à votre égard pouvaient-elles être amicales, je vous laisse le soin d'en juger. Croyez seulement que ni le chevalet, ni les poulies, ni les tenailles n'auraient pu me forcer à jouer le rôle de délateur ou de conseiller, dans une querelle à laquelle je ne prends que peu ou point de part, si je n'avais désiré vous convaincre que vous avez affaire à un homme franc et qui a vos propres intérêts à cœur. — Maintenant faites-moi donner ce qu'il me faut pour écrire, ou ordonnez qu'on me rende mon écritoire, car je possède, jusqu'à un certain point, les connaissances les plus élevées de ma profession ; et je ne doute guère que je ne puisse vous procurer l'explication de tous ces mystères, sans perdre beaucoup de temps.

— Dieu le veuille ! dit le gouverneur, quoique je ne voie pas trop comment je pourrais espérer que cette affaire finisse si heureusement, et que trop de confiance puisse m'être très-préjudiciable en cette occasion. Cependant mon devoir exige qu'en attendant vous soyez détenu prisonnier.

— Je dois donc subir toute la sévérité d'une détention rigoureuse! dit Bertram. N'importe ; je ne demande aucun adoucissement à mon sort, pourvu que je vous dissuade d'agir avec un degré de précipitation dont vous vous repentiriez toute votre vie, sans pouvoir y remédier.

— C'en est assez, ménestrel, dit le gouverneur ; et puisque j'ai fait mon choix, — choix qui peut être très-dangereux pour moi, — essayons ce talisman que tu prétends devoir m'être utile, comme les marins disent que l'huile répandue sur les flots soulevés en apaise la furie.

CHAPITRE IX.

―――

> Oh! prends bien garde au moine noir?
> Il conserve encor son pouvoir;
> Il est de droit héritier de l'Église,
> Quoiqu'un laïque en agisse à sa guise.
> Amundeville est le seigneur le jour,
> Le moine noir la nuit l'est à son tour.
> Contre ces droits accordés à ce frère,
> Le vin, la table ni le verre,
> N'armeraient le bras d'un vassal.
> Don Juan.

Ce n'était pas à tort que le ménestrel vantait son talent à se servir de la plume. Dans le fait, aucun prêtre de ce temps n'aurait pu produire un petit billet plus promptement rédigé, plus nettement composé, ou mieux écrit, que le peu de lignes adressées au jeune homme nommé Augustin, fils de Bertram le ménestrel.

— Je n'ai pas plié cette lettre, dit-il à sir John de Walton, et je ne l'ai pas entourée de soie, car je ne m'y suis pas exprimé de manière à vous découvrir le mystère; et, pour vous parler franchement, je ne crois pas qu'elle puisse rien vous apprendre; mais il peut être satisfaisant de vous faire voir ce que cette lettre contient, et de vous montrer qu'elle est écrite par un homme bien intentionné envers vous et votre garnison, et adressée à une personne qui ne l'est pas moins.

— C'est un moyen de tromper, facile à employer, répondit le gouverneur; cependant cela tend à prouver, quoique d'une manière douteuse peut-être, que vous êtes disposé à agir avec bonne foi; et jusqu'à ce que le contraire me soit démontré, je croirai devoir vous traiter avec autant d'indulgence que le cas le permet. Je vais moi-même me rendre à l'abbaye de Sainte-Brigitte, j'interrogerai le jeune prisonnier, et comme vous dites qu'il en a le pouvoir, je prie le ciel qu'il ait la volonté d'expliquer une énigme qui nous cause tant d'embarras. — A ces mots, il ordonna qu'on sellât son cheval, et pendant qu'on lui obéissait, il lut avec beaucoup de calme la lettre du ménestrel. Elle contenait ce qui suit:

« Mon cher Augustin,

» Sir John de Walton, gouverneur de ce château, a conçu les soupçons dont je vous ai parlé, et que devait naturellement lui inspirer notre arrivée en ce pays sans motif avoué. Du moins, je suis emprisonné, et menacé d'un interrogatoire et de la torture, jusqu'à ce que j'aie déclaré la cause de notre voyage. Mais on m'arrachera la chair qui couvre mes os, avant de me faire violer le serment que j'ai prêté. Et le but de cette lettre est de vous apprendre que vous courez le danger de vous trouver dans la même situation, à moins qu'il ne vous plaise de m'autoriser à tout découvrir à ce chevalier. Mais à cet égard, vous n'avez besoin que de m'exprimer vos propres désirs, et soyez assuré qu'ils seront exécutés de point en point par votre dévoué. BERTRAM. »

Cette lettre ne jetait pas le moindre jour sur le mystère qui couvrait celui qui l'avait écrite. Le gouverneur la lut plus d'une fois, et la tourna et retourna dans sa main, comme s'il eût espéré, par ce mouvement machinal, tirer de cette missive quelque chose que les mots n'exprimaient pas à la première vue. Mais n'étant arrivé à aucun résultat de cette sorte, Walton entra dans la grande salle du château, et informa sir Aymer de Valence qu'il allait à l'abbaye de Sainte-Brigitte, et qu'il le priait de remplir les fonctions de gouverneur pendant son absence. Sir Aymer, comme de raison, lui répondit qu'il était prêt à s'en charger, et la désunion dans laquelle ils vivaient ne permit pas d'autre explication.

Quand sir John de Walton fut arrivé à l'abbaye délabrée de Sainte-Brigitte, l'abbé, avec toute la hâte de la crainte, se fit un devoir de se présenter sur-le-champ devant le commandant anglais à qui cette maison était redevable non-seulement de l'indulgence avec laquelle elle était traitée, mais même de son existence, et de la protection dont elle avait besoin dans un temps si dangereux. Ayant interrogé ce vieillard sur le jeune homme qui résidait à l'abbaye, Walton fut informé qu'il avait été indisposé depuis qu'il y avait été amené par son père, ménestrel nommé Bertram. Il paraissait à l'abbé que son indisposition pouvait ressembler à cette maladie contagieuse qui ravageait à cette époque les frontières de l'Angleterre, et qui avait déjà fait quelques incursions en Écosse, où elle fit ensuite des progrès effrayans. Après quelques minutes de conversation, sir John de Walton remit à l'abbé la lettre adressée au jeune homme qui logeait dans son couvent, et l'abbé l'ayant remise à Augustin, en reçut pour le gouverneur anglais un message qui lui parut si hardi qu'à peine osa-t-il s'en charger. Ce message portait qu'Augustin ne voulait ni ne pouvait recevoir en ce moment le chevalier anglais; mais que, s'il revenait le lendemain après la messe, il était probable qu'il pourrait apprendre quelque chose de ce qu'il désirait savoir.

—Ce n'est point là une réponse, dit John de Walton, qu'un jeune homme de cette classe doive faire au commandant d'une forteresse; et il me semble, père abbé, qu'en vous chargeant d'un message si insolent, vous consultez peu le soin de votre propre sûreté.

L'abbé trembla sous les larges plis de son froc grossier. Walton, attribuant ces signes de crainte à une conscience coupable, lui rappela les devoirs auxquels il était tenu envers l'Angleterre, les services qu'il avait reçus de lui, et les suites probables qu'aurait sa conduite s'il prenait le parti d'un jeune insolent qui bravait le pouvoir du gouverneur de la province.

L'abbé mit le plus grand empressement à se justifier de ces reproches. Il donna sa parole sacrée que le ton inconsidéré du message du jeune homme n'était que la suite d'une humeur fantasque occasionée par son indisposition. Il rappela au gouverneur que, comme chevalier chrétien et anglais, il avait des devoirs à remplir à l'égard de la communauté de Sainte-Brigitte, qui n'avait jamais donné le moindre sujet de plainte au gouvernement anglais. A mesure qu'il parlait, il semblait puiser un nouveau courage dans les priviléges de son ordre. Il dit qu'il ne pouvait permettre qu'un jeune homme malade, réfugié dans le sanctuaire de l'église, y fût arrêté, et éprouvât aucune espèce de violence, à moins qu'il ne fût accusé d'un crime positif, dont la preuve pût être fournie sur-le-champ. Les Douglas, race violente et despotique, avaient toujours respecté le sanctuaire de Sainte-Brigitte, et il n'était pas à supposer que le roi d'Angleterre, fils soumis et obéissant de l'église de Rome, montrât moins de vénération pour les droits de ce monastère que les sectateurs d'un usurpateur, d'un homicide, d'un homme excommunié, comme Robert Bruce.

Walton fut ébranlé par cette remontrance. Il savait qu'à cette époque le pape avait un grand pouvoir dans toutes les querelles où son bon plaisir était d'intervenir; il savait même que dans la contestation relative à la souveraineté de l'Écosse, Sa Sainteté avait élevé sur ce royaume des prétentions que l'esprit du temps aurait peut-être pu regarder comme plus fondées que celles de Robert Bruce et d'Édouard, roi d'Angleterre. Il sentit donc que son souverain lui saurait peu de gré de tout ce qui pourrait amener une nouvelle querelle avec l'église. D'ailleurs, il lui était facile de faire surveiller le monastère de manière à empêcher qu'Augustin ne pût s'en évader pendant la nuit, et ce jeune homme serait le lendemain à sa disposition aussi complétement que s'il s'emparait sur-le-champ de sa personne. De son côté, l'abbé promit, en considération du respect qu'on aurait pour le sanctuaire pendant cet intervalle de temps, que, lorsqu'il serait expiré, il aiderait et faciliterait, par son autorité spirituelle, l'arrestation du jeune homme, s'il ne montrait de bonnes raisons pour s'y opposer. Cet arrangement parut flatter le gouverneur, en lui offrant la perspective de le tirer, comme il le désirait, d'une difficulté embarrassante, et il se détermina à accorder le délai qu'Augustin exigeait plutôt qu'il ne le sollicitait.

— A votre prière, père abbé, dit-il, attendu que je vous ai toujours trouvé fidèle à l'Angleterre, j'accorderai à ce jeune homme la grâce qu'il demande, avant de l'arrêter, bien entendu qu'il ne lui sera point permis de quitter ce monastère, ce dont je vous rends responsable. A cet effet, je vous autorise, comme cela est juste, à donner des ordres à ma petite garnison d'Hazelside, à laquelle j'enverrai un renfort dès que je serai de retour au château, dans le cas où vous auriez besoin d'avoir main-forte, ou que les circonstances m'obligeraient à prendre d'autres mesures.

— Digne chevalier, répondit l'abbé, je ne puis croire que l'obstination de ce jeune homme rende nécessaires d'autres mesures que celles de la persuasion, et j'ose dire que vous approuverez complétement vous-même la manière dont je répondrai à votre confiance.

L'abbé remplit ensuite les devoirs de l'hospitalité en offrant au chevalier la chère frugale que son cloître lui permettait de lui présenter; mais sir John de Walton ne voulut prendre aucun rafraîchissement. Il prit congé du dignitaire ecclésiastique avec politesse, et n'épargna pas son coursier jusqu'à ce que le noble animal l'eût reconduit devant le château de Douglas. Sir Aymer de Valence vint le recevoir sur le pont-levis, et lui dit que la garnison était dans le même état où il l'avait laissée. Il ajouta qu'on avait reçu avis que douze à quinze hommes venant des environs de la ville d'Ayr, et se rendant dans celle de Lanark, passeraient la nuit suivante à l'avant-poste d'Hazelside.

— J'en suis charmé, dit le gouverneur, car j'allais renforcer la garnison de ce poste. Ce jeune homme, le fils de ce ménestrel réel ou prétendu, a promis de se soumettre demain à un interrogatoire. Les soldats qui arrivent faisant partie des troupes de votre oncle lord Pembroke, puis-je vous prier de monter à cheval pour aller les joindre et leur ordonner de rester à Hazelside jusqu'à ce que vous ayez fait quelques nouvelles enquêtes sur ce jeune homme, qui a encore à expliquer le mystère qui le couvre, et à répondre à une lettre que j'ai remise moi-même à l'abbé de Sainte-Brigitte? J'ai montré trop d'indulgence dans cette affaire. Je compte donc sur vous pour veiller à ce que ce jeune homme ne puisse s'échapper, et pour l'amener ici avec soin et attention, comme un prisonnier de quelque importance.

— Certainement, sir John, vos ordres seront exécutés, puisque vous n'en avez pas de plus importans à donner à un homme qui occupe, après vous, la première place dans ce château.

— Je vous demande pardon, Sir Aymer, si cette mission vous paraît en quelque sorte au-dessous de votre dignité ; mais c'est notre infortune de ne pouvoir nous entendre, même en tâchant de parler de la manière la plus intelligible.

— Je ne conteste nullement vos ordres, sir John de Walton ; je demande seulement des informations. Que dois-je faire si l'abbé de Sainte-Brigitte s'oppose à ce que j'exécute ma mission ?

— Comment ! s'écria le gouverneur ; avec ce renfort des troupes de lord Pembroke, vous aurez à vos ordres au moins vingt hommes armés de flèches et de lances, contre cinq ou six vieux moines timides qui n'ont que leur froc et leur capuchon.

— Cela est vrai, sir John ; mais une sentence de ban et d'excommunication, dans le temps actuel, est quelquefois plus forte que la cotte de mailles, et je ne voudrais pas être rejeté du giron de l'église chrétienne.

— Eh bien donc ! jeune homme méfiant et scrupuleux, répondit Walton, sachez que si ce jeune homme ne se rend pas lui-même de bonne volonté, l'abbé m'a promis de le remettre entre vos mains.

Il n'y avait plus rien à répliquer, et Valence, quoique persistant encore à se regarder comme chargé, sans nécessité, d'une mission au-dessous de lui, prit cette sorte de demi-armure sans laquelle les chevaliers ne sortaient jamais des murs du château, et ne songea plus qu'à exécuter les ordres du gouverneur. Il était accompagné de deux cavaliers et de son écuyer Fabien.

La soirée se termina par un de ces brouillards

d'Écosse qu'on dit ressembler aux averses des climats plus heureux. Le chemin devenait de plus en plus sombre; les montagnes étaient plus enveloppées de vapeurs, et plus difficiles à traverser; et toutes les petites difficultés qui faisaient qu'on ne pouvait voyager dans ce district qu'avec lenteur et incertitude s'augmentaient par l'épaisseur du brouillard qui couvrait tous les environs.

Sir Aymer pressait de temps en temps le pas de son cheval, et il éprouvait souvent le sort d'un homme qui, déjà en retard, le devient encore davantage par suite des efforts qu'il fait pour aller plus vite. Il songea qu'il trouverait un chemin plus direct, en passant par la ville de Douglas, alors presque déserte; car les habitans en avaient été traités si sévèrement par les Anglais, pendant ces temps de troubles, que la plupart de ceux qui étaient en état de porter les armes l'avaient abandonnée, et s'étaient retirés dans différentes parties du pays. Cette place était défendue par une palissade grossière et par un pont-levis encore plus mauvais qui conduisait à des rues si étroites, que trois cavaliers pouvaient à peine y passer de front; ce qui prouvait combien les anciens seigneurs de cette ville tenaient à leurs préjugés contre les fortifications, et préféraient tenir la campagne, opinion si bien exprimée par le proverbe si connu de cette famille : — Mieux vaut entendre l'alouette chanter que la souris crier. — Les rues, ou pour mieux dire les allées, étaient plongées dans l'obscurité; mais un rayon de la lune, qui se levait en ce moment, frappait de temps en temps sur le pignon élevé de quelque toit. Nuls sons d'industrie domestique, nuls accens de plaisir dans l'intérieur des maisons ne se faisaient entendre, et l'on n'apercevait à travers les fenêtres aucune clarté produite par le feu ou les lumières; car l'ancienne ordonnance du *curfew* (1) que Guillaume-le-Conquérant avait promulguée en Angleterre, était alors en pleine vigueur dans toutes les parties de l'Écosse qui étaient suspectes et qu'on croyait disposées à la rébellion, et il n'est pas besoin de dire que tous les anciens domaines des Douglas étaient rangés dans cette catégorie. L'église, dont la construction gothique était magnifique, avait été détruite par le feu, autant que possible; mais le poids des pierres énormes qui en composaient les murailles en avait conservé une grande partie, et ces ruines prouvaient suffisamment la puissance d'une famille qui avait fait élever ce temple à ses frais, et dont les membres, de temps immémorial, avaient été ensevelis sous ses voûtes.

Faisant peu d'attention à ces restes d'une splendeur passée, sir Aymer de Valence s'avança avec sa petite suite; et il venait de traverser les débris épars du cimetière des Douglas, quand, à sa grande surprise, le bruit de la marche d'un cheval qui avançait dans la même rue, comme pour venir à sa rencontre, répondit à celui des pas du sien. Valence ne put deviner quelle était la cause de ces sons belliqueux; pourtant il entendait distinctement le cliquetis d'une armure,

---

(1) Cette ordonnance portait que chacun devait éteindre son feu et ses lumières au son d'une cloche qu'on sonnait au coucher du soleil. Ce signal s'appelait le *curfew*, par corruption du mot français *couvre-feu*. (*Note du traducteur.*)

et l'oreille d'un guerrier ne pouvait se tromper au bruit de la marche pesante d'un cheval de bataille. La difficulté d'empêcher les soldats de sortir de leurs quartiers pendant la nuit aurait suffisamment expliqué l'apparition d'un piéton battant la campagne, mais il était plus difficile d'assigner une cause à l'arrivée d'un cavalier complétement armé, qu'un rayon brillant de la lune fit apercevoir à sir Aymer à l'autre bout de la rue. Peut-être le guerrier inconnu entrevit-il aussi le jeune chevalier et sa suite ; du moins tous deux s'écrièrent en même temps : — Qui va là? cri d'alarme de ce temps. Deux voix fortes répondant sur-le-champ — Saint George! — d'un côté, et — Douglas! — de l'autre, éveillèrent les échos tranquilles de la petite rue et des ruines de l'église. Étonné d'un cri de guerre auquel se rattachaient tant de souvenirs, Valence mit son cheval au galop sur la chaussée raboteuse et inégale qui descendait vers la porte du sud ou du sud-est de la ville, et ce fut pour lui l'affaire d'un instant de s'écrier : — Holà! saint George! en avant tous contre cet insolent! — Vite à la porte, Fabien ; coupe-lui la retraite! — Saint George pour l'Angleterre! — A vos arcs et à vos bills! — Sir Aymer mit en même temps en arrêt sa longue lance, qu'il prit à son écuyer, qui en était chargé. Mais le rayon de lumière ne dura qu'un moment, et quoique le chevalier anglais calculât que le guerrier ennemi aurait à peine assez de place pour éviter sa rencontre, il ne put que diriger sa lance en avant et au hasard, sans but fixe; et il continua à descendre la rue en courant, dans les ténèbres complètes, au milieu des pierres éparses et d'autres obstacles, sans rencontrer l'ennemi qu'il cherchait. Il courut ainsi, au galop autant qu'il le put, environ à trente toises, sans avoir trouvé le cavalier qu'il avait vu, quoique la rue fût si étroite qu'il était presque impossible qu'il eût passé à côté de lui, à moins que le cheval et celui qui le montait ne se fussent évanouis comme une bulle d'air au moment de la rencontre. Ceux qui le suivaient furent saisis d'une sorte de terreur surnaturelle que nombre d'aventures singulières inspiraient à la plupart des soldats anglais au seul nom de Douglas; et quand sir Aymer arriva à la porte qui terminait la rue, il n'avait derrière lui que son écuyer Fabien, dans l'esprit duquel les suggestions d'aucune crainte ne pouvaient l'emporter sur le son de la voix de son cher maître.

Il se trouvait à cette porte un poste d'archers anglais qui sortaient de leur corps-de-garde en grande alarme, quand sir Aymer et son écuyer arrivèrent au milieu d'eux. —Misérables! s'écria de Valence, est-ce ainsi que vous faites votre devoir ? Quel est le traître qui vient de passer devant votre poste, en faisant entendre le cri de Douglas?

— Nous n'avons rien entendu de semblable, répondit le chef de la garde.

— Ce qui veut dire, indignes ivrognes, s'écria le jeune chevalier, que vous avez bu, et que vous vous êtes endormis.

Les soldats protestèrent qu'il n'en était rien, mais avec un air d'embarras qui fut loin de dissiper les soupçons de sir Aymer. Il demanda à grands cris des torches, des flambeaux; et le peu d'habitans qui restaient commencèrent à se montrer, fort à contre-cœur, chacun apportant telles lumières qu'il pouvait avoir. Ils écoutèrent avec surprise l'histoire du jeune chevalier anglais; mais quoiqu'elle fût attestée par tous ceux qui l'accompagnaient, ils n'y ajoutèrent pas foi, et ils crurent plutôt que les Anglais cherchaient l'occasion de faire une querelle aux habitans de la ville, en les accusant d'avoir reçu chez eux pendant la nuit un partisan de leur ancien seigneur. Ils protestèrent pourtant qu'ils étaient innocens de la cause de ce tumulte, et cherchèrent à montrer de l'activité, en allant avec des torches de maison en maison, et de coin en coin, pour découvrir le cavalier invisible. Si les habitans croyaient que toute cette affaire n'était qu'un prétexte saisi par le jeune chevalier pour les accuser de trahison, les Anglais, de leur côté, n'étaient pas moins disposés à les en soupçonner. Cependant les femmes, qui commençaient à sortir des maisons, trouvèrent une solution qui, dans ce temps, paraissait suffire pour expliquer tous les mystères. — Il faut, dirent-elles, que ce soit le diable en personne qui se soit montré au milieu de vous : idée qui s'était déjà présenté à l'esprit de ceux qui accompagnaient le jeune chevalier ; car qu'un homme et un cheval, l'un et l'autre, à ce qu'il paraissait, de taille gigantesque, eussent pu disparaître en un clin d'œil d'une rue où ils s'étaient montrés, ayant d'un côté un détachement des meilleurs archers, et de l'autre les cavaliers commandés par Valence lui-même, c'était ce qui semblait complétement impossible. Les habitans ne se hasardèrent pas à exprimer leurs pensées à ce sujet, de crainte d'offenser les Anglais, et ils ne témoignèrent que par quelques mots qu'ils se disaient à l'oreille en passant, le plaisir secret dont ils jouissaient en voyant l'embarras et la confusion des soldats. Ils continuèrent pourtant à affecter de prendre beaucoup d'intérêt à cette alarme, et au désir que Valence témoignait d'en découvrir la cause.

Enfin la voix d'une femme se fit entendre au milieu d'une confusion semblable à celle de la tour de Babel.
— Où est ce chevalier anglais ? Je suis sûre que je puis lui dire où il trouvera la seule personne qui puisse l'aider à sortir de la difficulté où il se trouve.

— Et quel est cet individu, bonne femme ? demanda sir Aymer, qui devenait de plus en plus impatient en voyant se dissiper rapidement le temps qu'il perdait à des recherches aussi infructueuses que ridicules. Cependant l'apparition d'un partisan armé des Douglas dans leur ville natale semblait de nature à faire craindre des suites trop sérieuses pour qu'il pût se dispenser de chercher à approfondir cette affaire.

— Approchez-vous de moi, reprit la même femme, et je vous dirai le nom de celui qui peut expliquer toutes les aventures de ce genre qui arrivent dans ce pays. — En entendant ces mots, le chevalier arracha une torche des mains d'un de ceux qui l'entouraient, et la levant en l'air, il vit la personne qui lui parlait ainsi : c'était une femme de grande taille, et qui cherchait évidemment à se faire remarquer. Quand il se fut approché d'elle, elle lui dit d'un ton grave et sentencieux :

— Nous avions autrefois force gens savans qui étaient en état d'expliquer toutes les paraboles qu'on aurait pu leur proposer dans ce pays. Si vous n'avez pas vous-même, messieurs, contribué à en diminuer le nombre, sur ma foi! ce n'est pas à une femme comme moi à le dire. Quoi qu'il en soit, il n'est plus aussi facile qu'autrefois d'obtenir un bon conseil, dans ce pays des Douglas; et peut-être n'est-il pas sûr de prétendre pouvoir le donner.

— Bonne femme, dit de Valence, si vous me donnez l'explication de ce mystère, je vous devrai un jupon du meilleur drap gris.

— Ce n'est pas moi, reprit la vieille femme, qui prétends posséder les connaissances qui peuvent vous aider. Mais je voudrais être sûre que l'homme que je vous nommerai n'éprouvera ni mal ni violence. Me le promettez-vous, foi de chevalier, et sur votre honneur?

— Très-certainement, répondit sir Aymer, et il aura même des remerciemens et une récompense, s'il me donne de bons renseignemens; — oui, et son pardon en outre, s'il a pris part à quelques pratiques criminelles, et s'il est entré dans quelques complots.

— Rien de tout cela, répliqua la femme; c'est le bon vieux Powheid, qui est chargé du soin des *munimens*; — voulant probablement dire des monumens; — c'est-à-dire de ce que vous autres Anglais n'en avez pas détruit. Je parle du vieux fossoyeur de l'église de Douglas, qui pourrait vous raconter tant d'histoires de ces gens d'autrefois que Votre Honneur ne se soucie pas beaucoup d'entendre nommer, qu'elles dureraient d'ici jusqu'à Noël.

— Quelqu'un sait-il de qui parle cette vieille femme? demanda le chevalier.

—Je présume, répondit Fabien, qu'elle parle d'un

5.

vieux radoteur qui est, je crois, le registre vivant de l'histoire et des antiquités de cette vieille ville, et de la famille de sauvages qui y demeurait, peut-être avant le déluge.

— Et qui, j'ose dire, ajouta sir Aymer, n'en sait pas plus qu'elle sur l'affaire en question. — Mais où est cet homme? — Un fossoyeur, dites-vous? — Il peut connaître les cachettes qu'on pratiquait souvent dans les bâtimens gothiques. — Allons! ma bonne vieille dame, amenez-moi cet homme; ou, ce qui vaudra mieux, j'irai le trouver, car j'ai déjà perdu trop de temps.

— Trop de temps! répéta la femme. — Votre Honneur est-il si chiche de son temps? A coup sûr, c'est tout au plus si tout le mien peut me procurer de quoi me maintenir l'âme dans le corps. Mais vous n'êtes pas loin de sa demeure.

Elle marcha en avant, passant sur des monceaux de décombres, rencontrant tous les embarras d'une rue dont les maisons tombaient en ruine, et éclairant sir Aymer, qui, ayant donné son cheval à garder à un des hommes de sa suite, et ayant recommandé à Fabien de se tenir prêt à venir le joindre s'il l'appelait, la suivait aussi vite que la lenteur de son guide le lui permettait.

Tous deux se trouvaient alors au milieu des ruines de la vieille église, que les soldats anglais avaient dilapidée de gaieté de cœur, et qui était tellement remplie de décombres que le chevalier ne savait comment la vieille femme pouvait y marcher. Pendant qu'elle avançait ainsi péniblement, elle continuait à parler. Quelquefois elle criait d'une voix aigre: — Powheid!

Lazare Powheid ! — Enfin, elle murmura — Oui, oui, le vieillard est occupé de quelqu'un de ses devoirs, comme il le dit. Je voudrais bien savoir s'il en est fatigué par le temps qui court. Mais n'importe, je réponds que tout ceci durera autant que lui et moi ; et, d'après tout ce que je vois, Dieu me pardonne, le temps est assez bon pour ceux qui doivent y vivre.

— Êtes-vous sûre, bonne femme, demanda le chevalier, que quelqu'un demeure dans ces ruines ? Quant à moi, je croirais plutôt que vous me conduisez dans le charnier des morts.

— Vous avez peut-être raison, dit la vieille femme avec un sourire sombre : les charniers et les tombeaux conviennent aux vieilles gens des deux sexes, et quand un vieux fossoyeur demeure près des morts, vous savez qu'il vit au milieu de ses pratiques. — Holà ! Powheid ! Lazare Powheid ! voici quelqu'un qui voudrait vous parler. Et elle ajouta, avec une sorte d'emphase : — Un noble gentilhomme anglais, un officier de l'honorable garnison.

On entendit alors les pas d'un vieillard qui s'avançait si lentement, que la lumière tremblante qu'il tenait en main jeta sa faible lueur sur les murs en ruines quelque temps avant qu'on pût apercevoir celui qui la portait.

L'ombre du vieillard se peignit aussi sur les murailles avant que sa personne fût visible. Son costume était en grand désordre, parce qu'il s'était levé à la hâte ; car, comme il était défendu, par ordre de la garnison, d'avoir de la lumière, les habitans de la vallée de Douglas passaient à dormir le temps qu'ils ne pouvaient consacrer à rien de plus utile. Le fossoyeur était un homme de grande taille, maigri par les années et par les privations. Son corps était habituellement courbé, par suite de son occupation de creuser des tombeaux; et son œil se portait naturellement vers la terre, comme sur la scène de ses travaux. Il tenait en main une petite lampe, qu'il plaça de manière à en faire porter la lumière sur le visage du jeune chevalier, à qui elle laissait voir en même temps les traits de l'individu qui était alors en face de lui. Ces traits, sans avoir rien de beau ni d'agréable, indiquaient de la sagacité, et avaient en même temps un certain caractère de dignité que l'âge et même la pauvreté peuvent quelquefois donner, comme pour accorder ce triste et dernier dédommagement à ceux dont la situation peut à peine devenir pire que les années et la fortune ne l'ont déjà rendue. Le costume de frère lai ajoutait une sorte d'importance religieuse à son extérieur.

— Que désirez-vous de moi, jeune homme? demanda le fossoyeur. Votre air de jeunesse et l'élégance de vos vêtemens annoncent un homme qui n'a besoin de mon ministère ni pour lui ni pour d'autres.

— Je suis, dans le fait, un homme vivant, répondit le chevalier, et il s'ensuit que je ne viens pas vous demander d'employer pour moi la pioche et la pelle. Vous voyez que je ne porte pas des habits de deuil, et par conséquent je n'ai pas besoin de vos services pour quelque ami. Je désire seulement vous faire quelques questions.

— Quoi que vous vouliez qu'on fasse, il faut le faire, répondit le fossoyeur; car vous êtes à présent un de nos maîtres, et, à ce que je puis croire, un homme en dignité. Suivez-moi donc par ici dans ma pauvre habitation. J'en ai eu une meilleure autrefois; et cependant Dieu sait qu'elle est assez bonne pour moi, quand bien des gens de beaucoup plus haute importance sont forcés de se contenter d'une pire.

Il ouvrit une porte basse, irrégulièrement adaptée pour fermer l'entrée d'une chambre voûtée, où il paraissait que ce malheureux vieillard vivait solitaire et séparé de tous les vivans. Le plancher, formé de pierres à paver, assez bien assemblées, et sur lesquelles étaient inscrites çà et là des lettres et autres marques hiéroglyphiques, comme si elles eussent servi autrefois à distinguer des sépultures, était assez bien balayé, et un feu allumé à l'extrémité de l'appartement dirigeait la fumée vers un trou qui servait de cheminée. La pelle, la pioche, et les autres instrumens servant au chambellan de la mort étaient épars dans la chambre, et, avec une couple d'escabelles grossières, et une table faite par une main qui n'avait certainement jamais appris à manier le rabot, formaient tout le mobilier, si nous y ajoutons le lit de paille du vieillard, qui était dans un coin, et mal en ordre, comme s'il venait de le quitter. A l'autre bout de l'appartement, la muraille était presque entièrement couverte par un grand écusson, semblable à ceux qu'on a coutume de suspendre sur la tombe des personnes de haut rang, ayant ses seize quartiers distinctement blasonnés, et placés comme autant d'ornemens autour des armoiries principales.

— Asseyons-nous, dit le vieillard; dans cette attitude, mes oreilles entendront plus facilement ce que vous avez à me dire, et mon asthme me permettra mieux de vous faire comprendre ce que j'aurai à vous répondre.

Un accès de toux sèche et asthmatique prouva la violence du mal dont il se plaignait, et le jeune chevalier suivit l'exemple de son hôte en s'asseyant près du feu sur une escabelle tenant à peine sur ses pieds. Le vieillard alla chercher dans un coin de la chambre un tablier qu'il portait quelquefois, rempli de fragmens de planches brisées de toutes tailles et de toutes formes, les unes couvertes de drap noir, les autres percées de clous noirs ou dorés.

— Vous trouverez nécessaire cette nouvelle provision de bois, dit le fossoyeur, pour entretenir un certain degré de chaleur dans ce sombre appartement; et les vapeurs de la mort qui s'accumulent sous cette voûte, quand on y laisse éteindre le feu, ne sont pas une chose indifférente pour les poumons des hommes délicats et en bonne santé, comme Votre Honneur, quoique j'aie fini par m'y habituer. Ce bois prendra feu, quoiqu'il faille quelque temps pour que l'humidité de la tombe cède à un air plus sec et à la chaleur de l'appartement.

Les débris de cercueils que le vieillard avait jetés sur son foyer commencèrent par degrés à produire une vapeur épaisse et onctueuse, à laquelle succéda enfin une flamme qui, s'élevant jusqu'à l'ouverture par où sortait la fumée, donna un air de vie au séjour de la mort. La peinture du grand écusson répercuta la lumière qui le frappait, avec une réflexion aussi brillante que cet objet lugubre en était susceptible, et tout l'appartement prit un air de gaieté bizarre, qui se mêlait d'une manière étrange aux idées sombres que l'ameublement était fait pour présenter à l'imagination.

— Vous êtes étonné, dit le vieillard, et peut-être, sir chevalier, vous n'avez jamais vu ces débris de la dernière demeure des morts servir à rendre la situation des vivans, jusqu'à un certain point, plus agréable qu'elle ne le serait sans cela.

— Agréable ! répondit sir Aymer de Valence en haussant les épaules. Je serais bien fâché de savoir qu'un de mes chiens est aussi mal logé que tu l'es, toi dont les cheveux gris ont sûrement vu des jours plus heureux.

— Peut-être oui, dit le fossoyeur, et peut-être non. Mais je suppose que ce n'est pas sur mon histoire que Votre Honneur semblait disposé à me faire quelques questions, et je me hasarderai donc à vous demander ce qui vous amène ici.

— Je te parlerai clairement, répondit sir Aymer, et tu reconnaîtras la nécessité de me faire une réponse brève et distincte. Je viens de rencontrer dans les rues de cette ville un homme que je n'ai fait qu'entrevoir à l'aide d'un rayon fugitif de la lune, et qui a eu la hardiesse de déployer les armoiries et de pousser le cri de guerre des Douglas. Si même je puis m'en rapporter à un coup d'œil rapide, ce cavalier audacieux avait les traits et le teint basané de cette famille. On m'assure que tu as les moyens de m'expliquer cette circonstance extraordinaire, sur laquelle, comme chevalier anglais et comme représentant du roi Édouard, il est de mon devoir de faire une enquête.

— Permettez-moi de faire une distinction, dit le vieillard. Les Douglas des générations passées sont mes proches voisins, et, suivant les habitans superstitieux de cette ville, sont aussi des connaissances qui m'honorent de leurs visites. Mais je puis prendre sur ma conscience de répondre de leur bonne conduite, et je me rends caution qu'aucun de ces vieux barons jusques auxquels s'étendent, dit-on, les racines de ce grand arbre, ne troublera de nouveau par son cri de guerre les villes ou les villages de son pays natal; — qu'aucun ne fera parade, au clair de la lune, de l'armure noire rouillée depuis si long-temps sur sa tombe.

> Ces chevaliers sont réduits en poussière;
> La rouille ici range leur cimeterre;
> Avec les saints leur ame en ce moment,
> Nous l'espérons, est dans le firmament.

Regardez autour de vous, sire chevalier : vous êtes entouré des hommes dont nous parlons. Sous nos pieds, dans un petit caveau qui n'a pas été ouvert depuis le temps où cette chevelure grise et clairsemée était brune et épaisse, gît le premier homme de cette race puissante, qui soit justement célèbre. C'est lui que le Thane d'Athol présenta au roi d'Écosse sous le nom de *Sholto dhu Glass*, ou l'homme couleur de fer, dont les exploits remportèrent la victoire pour le roi de son pays natal, et qui, suivant cette légende, donna son nom à notre vallée et à notre ville; quoique d'autres disent que cette race prît le nom de Douglas d'après la rivière, qui le portait de temps immémorial, et bien avant qu'ils eussent construit leurs forteresses sur ses bords. D'autres, ses descendans, nommés Eachain ou Hector Ier, Orodh ou Hugues, William, le premier de ce nom, et Gilmour, qui fut le sujet des chants de bien des ménestrels qui ont célébré les exploits qu'il fit sous l'oriflamme de Charlemagne, roi de France, ont tous été ensevelis tour à tour dans leur dernier sommeil, et leur mémoire n'a pas été suffisamment préservée des ravages du temps. Nous savons quelque chose de leurs grands faits d'armes, de leur grand pouvoir, et hélas ! de leurs grands crimes. Nous savons aussi quelque chose d'un lord Douglas, qui siégea dans un parlement tenu à Forfar, où présidait le roi Malcolm Ier; et nous sommes informé que, d'après le goût qu'il avait pour la chasse du cerf sauvage, il se fit construire dans la forêt d'Ettrick une tour nommée Blacohkuse, qui peut-être existe encore.

— Je vous demande pardon, vieillard, dit le chevalier, mais je n'ai pas le temps d'écouter en ce moment la généalogie de la maison de Douglas. Un pareil sujet suffirait à un ménestrel infatigable, pour des récits qui dureraient un mois entier, en y comprenant les dimanches et fêtes.

— Et quelles autres informations pouvez-vous attendre de moi, demanda le fossoyeur, si n'est ce qui a rapport à ces héros, dont le sort a voulu que je déposasse quelques-uns dans ce lieu de repos éternel, qui sépare pour toujours les morts des devoirs de ce monde? Je vous ai dit où gît cette race jusqu'au règne du roi Malcolm. Je puis vous parler aussi d'un autre caveau, dans lequel sont ensevelis sir John de Douglas-Burn, son fils lord Archibald, et un troisième

William, connu par un contrat qu'il fit avec lord Abernethy. Enfin, je puis vous parler de celui à qui appartient justement ce noble et illustre écusson. Portez-vous envie à ce noble seigneur, que je n'hésiterai pas à nommer mon honorable patron, quand ces paroles devraient être ma sentence de mort? Avez-vous dessein d'insulter à ses restes? Ce sera une pauvre victoire; et il ne convient pas à un chevalier, à un noble seigneur, de venir en personne jouir d'un tel triomphe sur un guerrier mort, contre lequel, pendant sa vie, peu de chevaliers osaient tenir leur lance en arrêt. Il mourut pour la défense de son pays; mais il n'eut pas, comme la plupart de ses ancêtres, la bonne fortune de mourir sur le champ de bataille. La captivité, la maladie, le chagrin que lui causèrent les malheurs de sa patrie, mirent fin à ses jours dans sa prison, sur un sol étranger.

La voix du vieillard fut interrompue par son émotion, et sir Aymer trouva difficile de continuer son interrogatoire aussi sévèrement que son devoir l'exigeait.

— Vieillard, lui dit-il, je ne te demande pas tous ces détails; ils me sont aussi inutiles qu'ils te sont pénibles. Tu ne fais que ton devoir en rendant justice à ton ancien maître, mais tu ne m'as pas encore expliqué comment il se fait que j'aie rencontré dans cette ville, ce soir même, il n'y a pas une demi-heure, un cavalier portant ces armoiries et ayant le teint de la famille de Douglas-le-Noir, et qui a poussé son cri de guerre, comme pour narguer les conquérans de son pays.

— A coup sûr, répondit le fossoyeur, ce n'est pas

mon affaire d'expliquer de pareilles imaginations ; à moins que je ne suppose que les craintes naturelles qu'inspire un *Southron* ne suffisent pour évoquer le spectre de quelqu'un des Douglas, quand il vient à s'approcher de leurs sépulcres. Il me semble que, par une nuit comme celle-ci, le cavalier ayant la peau la plus blanche paraîtrait avoir le teint basané de cette race ; et je ne puis être surpris que le cri de guerre que poussait autrefois dans ce pays la voix de tant de milliers d'hommes, sorte encore quelquefois de la bouche d'un seul champion.

— Vous êtes hardi, vieillard, dit le chevalier anglais. Réfléchissez-vous que votre vie est en mon pouvoir, et qu'il peut être de mon devoir, en certains cas, de vous la faire perdre dans des souffrances qui font frémir l'humanité ?

Le vieillard se leva lentement ; la lumière brillante du feu éclairait ses traits maigris, semblables à ceux que les artistes donnent à saint Antoine du désert ; il montra la faible lampe qu'il avait placée sur la table, et regardant celui qui l'interrogeait ainsi, avec un air de fermeté inébranlable, et même avec une certaine dignité :

— Jeune chevalier anglais, lui dit-il, vous voyez cette lampe destinée à répandre la lumière sous ces voûtes funéraires ? — elle est aussi fragile que puisse l'être un vase de fer contenant l'élément du feu. Il est sans doute entièrement en votre pouvoir de la mettre hors de service en éteignant la flamme ou en détruisant la lampe : mais menacez l'une et l'autre d'anéantissement, sire chevalier, et voyez si cette menace produira quelque effet sur le feu ou sur le fer.

Apprenez que vous n'avez pas plus de pouvoir sur le faible mortel que vous menacez de mort. Vous pouvez arracher de mon corps la peau qui le couvre en ce moment ; mais quoique mes nerfs pussent frémir d'agonie pendant cette opération barbare, elle ne produirait pas plus d'impression sur moi que sur le cerf que vous écorchez après qu'une flèche l'a blessé au cœur. Mon âge m'élève au-dessus de votre cruauté. Si vous en doutez, faites venir vos bourreaux, et faites commencer mon supplice. Ni les menaces, ni les tourmens ne vous mettront en état de m'arracher un mot de plus que ce que je suis disposé à vous dire volontairement.

— Vous vous jouez de moi, vieillard, dit Valence. Vous parlez comme si vous étiez en possession de quelque secret concernant les mouvemens de ces Douglas qui sont pour vous comme des dieux ; et cependant vous refusez de me donner aucune information à cet égard.

— Vous pouvez bientôt savoir tout ce qu'un pauvre fossoyeur peut avoir à vous communiquer ; et ce qu'il vous dira n'augmentera pas vos connaissances relativement aux vivans, quoique cela puisse jeter quelque lumière sur mes propres domaines, qui sont ceux des morts. Les mânes des anciens Douglas ne se reposent pas dans leur tombe tant qu'on déshonore leurs monumens et qu'on fait écrouler leur maison. Que la plus grande partie des individus composant une famille quelconque soient consignés après leur mort dans les régions d'un bonheur éternel ou d'une misère sans fin, c'est ce que la religion ne nous permet pas de croire ; et dans une race qui a eu en ce monde une si grande part de triomphes et de prospérité, nous devons supposer qu'il a existé bien des hommes qui ont été soumis avec justice à un état de punition intermédiaire. Vous avez détruit les temples que leur postérité avait fait construire pour invoquer la clémence du ciel pour leurs ames; vous avez fait cesser les chœurs de prières, par la médiation desquelles la piété des enfans cherchait à désarmer le courroux du ciel en faveur de leurs pères condamnés à des feux expiatoires. Pouvez-vous être surpris que les ames tourmentées, privées du soulagement qui leur était destiné, ne dorment pas dans leurs tombes, comme on le dit communément? Pouvez vous être étonné qu'elles se montrent, comme des rôdeurs mécontens, dans les environs des lieux qui leur auraient procuré du repos, sans vos guerres barbares? Qu'y a-t-il de merveilleux, que ces guerriers dépouillés de leur chair interrompent vos marches, et fassent tout ce que peut leur permettre leur nouvelle existence, pour déjouer vos projets, et pour repousser, autant qu'ils le peuvent, les hostilités que vous vous faites une gloire de continuer, tant contre ceux qui sont privés de la lumière du jour, que contre ceux qui ont survécu à vos cruautés?

— Vieillard! dit Aymer de Valence, tu ne peux supposer que je me contente d'une histoire semblable pour toute réponse; c'est une fiction trop grossière pour endormir un enfant malade. Cependant je remercie le ciel de ne pas avoir à prononcer sur ton destin. Mon écuyer et deux cavaliers te conduiront prisonnier à sir John de Walton, gouverneur du château et de la vallée, afin qu'il agisse à ton égard comme il le jugera à propos; et il n'est pas homme à croire à tes apparitions, ni à tes esprits sortant du purgatoire.—Holà, Fabien ! Viens ici, et amène avec toi deux archers de la garde.

Fabien, qui était resté à l'entrée du batîment en ruines, trouva son chemin, grâce à la clarté de la lampe du fossoyeur et au son de la voix de son maître, et il entra dans l'appartement singulier du vieillard, dont les décorations étranges le frappèrent d'une grande surprise, non sans quelque mélange d'horreur.

—Prends ces deux archers avec toi, Fabien, lui dit le chevalier, et, avec leur aide, conduis ce vieillard, soit à cheval, soit sur une litière, en présence de l'honorable sir John de Walton. Dis-lui ce que nous avons vu, et dont tu as été témoin aussi bien que moi, et ajoute que ce vieux fossoyeur, que je lui envoie pour qu'il l'interroge lui-même, dans sa sagesse supérieure, paraît plus instruit relativement à notre cavalier invisible qu'il n'est disposé à l'avouer, puisque tout ce qu'il veut bien nous dire à ce sujet, c'est de nous donner à entendre que c'est un esprit des anciens Douglas, sorti du purgatoire ; histoire à laquelle sir John de Walton donnera tel degré de croyance que bon lui semblera. Tu peux lui dire aussi que, quant à moi, je pense que l'âge, le besoin et l'exaltation ont troublé la raison de cet homme, ou qu'il est entré dans quelque complot qui se couve en ce pays. Tu peux ajouter encore que je n'userai pas de beaucoup de cérémonie avec le jeune homme qui est sous les soins de l'abbé de Sainte-Brigitte, car il y a quelque chose de suspect dans tout ce qui se passe autour de nous.

Fabien lui promit de lui obéir, et le chevalier le prenant à part, lui recommanda de se conduire dans cette affaire avec beaucoup d'attention, attendu qu'il devait se rappeler que le gouverneur ne paraissait faire beaucoup de cas du jugement ni de l'écuyer ni du maître, et qu'il ne serait pas honorable pour eux de faire quelque méprise dans une affaire où il pouvait y aller de la sûreté du château.

— Ne craignez rien, sire chevalier, répondit le jeune homme. Je retourne d'abord dans un air pur, et ensuite près d'un bon feu, échange fort agréable, au lieu des vapeurs étouffantes et des odeurs exécrables de ce souterrain. Vous pouvez être sûr que je ne mettrai aucun délai à exécuter vos ordres, et il ne me faudra pas bien long-temps pour retourner au château de Douglas, même en marchant avec les égards convenables pour ce vieillard.

— Traite-le avec humanité, dit le chevalier. — Et toi, vieillard, si tu es insensible aux menaces qui te concernent personnellement dans cette affaire, souviens-toi que, si tu cherches à nous en imposer, ton châtiment sera peut-être plus sévère que toutes les souffrances qu'on pourrait infliger à ton corps.

— Pouvez-vous donner la torture à l'ame ? demanda le fossoyeur.

— En ce qui te concerne, nous avons ce pouvoir. Nous détruirons tous les monastères et tous les établissemens religieux où l'on prie pour les ames de ces Douglas, et nous ne permettrons aux moines d'y rester qu'à condition qu'ils prieront pour l'ame du roi Édouard Ier, de glorieuse mémoire, le *Malleus Scotorum;* et si les esprits des Douglas sont privés du secours des prières et des services de ces églises, ils pourront dire que ton obstination en est cause.

— Une telle vengeance, répliqua le vieillard avec le même ton de hardiesse qu'il avait pris jusqu'alors, serait plus digne d'esprits infernaux que de chrétiens.

L'écuyer leva la main. Le chevalier l'arrêta. — Ne le touche pas, Fabien, lui dit-il; il est très-vieux, et peut-être en démence. — Et toi, fossoyeur, fais attention que la vengeance dont je te menace sera légitimement exercée contre une famille qui s'est montrée opiniâtrément l'appui du rebelle excommunié qui a assassiné Comyn-le-Roux dans l'église de Dumfries[1].

A ces mots, Aymer sortit des ruines, à travers lesquelles il marcha non sans difficulté. Il monta sur son cheval, qu'il trouva à l'entrée, répéta à Fabien l'avis de se conduire avec prudence, et s'avança vers la porte du sud-est, où il fit à la garde les plus fortes injonctions d'exercer la surveillance la plus active, tant par des patrouilles que par des sentinelles faisant sentir en même temps que les devoirs du poste devaient avoir été négligés au commencement de cette soirée. Les archers cherchèrent à s'excuser, mais leur air de confusion semblait prouver que cette réprimande était jusqu'à un certain point méritée.

Sir Aymer continua alors son chemin vers Hazel-

---

(1) C'est à Robert Bruce qu'il est fait ici allusion.
(*Note du traducteur.*)

side, sa suite étant diminuée par le départ de Fabien et des archers. Après un voyage fait à la hâte, quoique la durée n'en eût pas été courte, Valence descendit de cheval chez Thomas Dickson, où le détachement venant d'Ayr était arrivé avant lui, et avait déjà été logé pour la nuit. Il envoya un archer annoncer son arrivée à l'abbaye de Sainte-Brigitte et à son jeune hôte, en faisant dire en même temps que l'archer devrait garder le dernier à vue jusqu'à ce qu'il arrivât lui-même, ce qui ne tarderait pas.

CHAPITRE X.

Pendant que l'hiver fuit, et que dans la nature
Tout s'anime, tout chante, et renait, et fleurit ;
L'amour m'a fait au cœur si profonde blessure
Que tout mon sang en coule, et que mon cœur me duyt.
Vieille ballade.

Sir Aymer de Valence suivit de près son archer au couvent de Sainte-Brigitte; et à peine y fut-il arrivé qu'il manda l'abbé devant lui. Celui-ci se présenta de l'air d'un homme aimant ses aises, qui se voit arraché subitement à la couche sur laquelle il goûtait les douceurs d'un tranquille repos, et qui se rend à l'appel d'un personnage auquel il ne juge pas prudent de désobéir, tout en étant bien tenté de laisser percer, s'il l'osait, sa mauvaise humeur.

— C'est à une heure bien avancée, dit-il, que Votre Honneur a quitté le château pour venir ici. Puis-je en apprendre la cause, après l'arrangement conclu si récemment avec le gouverneur ?

— J'espère, dit le chevalier, que vous, mon révérend père, vous ne la connaissez pas. On soupçonne, — et moi-même j'ai vu cette nuit quelque chose qui semblerait confirmer ce bruit, — que quelques-uns des rebelles obstinés de ce pays recommencent de dangereuses menées, au grand péril de la garnison; et je viens voir, mon père, si, en échange des nombreuses faveurs que vous avez reçues du monarque anglais, vous ne voudrez pas justifier ses bienfaits et sa protection, en contribuant à la découverte des projets de ses ennemis.

— Il n'y a pas le moindre doute, répondit le père Jérôme d'une voix agitée. Sans contredit, il est de mon devoir de vous dire tout ce que je sais, c'est-à-dire, si je savais rien qui pût vous être utile de connaître.

— Révérend abbé, reprit le chevalier anglais, bien qu'il soit téméraire de se porter caution pour un homme du Nord dans des temps comme ceux-ci, cependant j'avoue que je vous regarde comme un homme qui a toujours été le fidèle sujet du roi d'Angleterre, et j'espère fermement que vous le serez toujours.

— J'en suis bien payé, vraiment! dit l'abbé. Me voir tiré de mon lit, à minuit, par un semblable temps, pour supporter l'interrogatoire d'un chevalier, le plus jeune peut-être de son honorable classe, et qui, refusant de m'apprendre le motif de ses questions, me retient sur ce pavé glacial, au risque de faire remonter dans l'estomac, suivant l'opinion de Celse, la goutte qui me tient aux pieds! Et alors, adieu l'abbaye et tous les interrogatoires du monde!

— Bon père! dit le jeune homme, le malheur des temps doit vous apprendre la patience. Faites bien attention que le devoir que je remplis en ce moment n'est pas un plaisir pour moi, et que, si une insurrection éclatait, les rebelles, qui vous en veulent assez d'avoir reconnu le monarque anglais, pourraient bien vous pendre au haut de votre clocher pour servir de pâture aux corbeaux; ou bien, si vous aviez assuré votre tranquillité par quelque contrat secret avec les insurgés, que le gouverneur anglais, qui tôt ou tard aura l'avantage, ne manquerait pas alors de vous traiter comme un rebelle.

— Vous pourrez remarquer, mon noble fils, répondit l'abbé évidemment déconcerté, que je me trouve pris aux cornes du dilemme que vous avez posé vous-même; néanmoins je vous proteste que, si quelqu'un m'accuse de conspirer avec les rebelles contre le roi d'Angleterre, je suis prêt, pourvu que vous me donniez le temps d'avaler une potion recommandée par Celse dans la position critique où je me trouve, à répondre avec la plus grande sincérité à toutes les questions que vous pourrez m'adresser à ce sujet.

En disant ces mots, il appela un moine qui l'avait aidé à se lever; et, lui donnant une grosse clef, il lui dit quelques mots à l'oreille. La capacité de la coupe que le moine apporta prouvait que la dose prescrite par Celse était considérable, et une odeur forte qui se répandit dans toute la salle confirma les soupçons du chevalier, que la potion se composait en grande partie de ce qu'on appelait alors eaux distillées, préparation connue dans les monastères quelque temps avant que cet heureux secret se fût répandu parmi les laïques en général. L'abbé, sans être effrayé ni de la force ni de la dose du breuvage, l'avala avec ce qu'il eût appelé lui-même un sentiment de liesse et de plaisir, et sa voix prit beaucoup plus d'assurance. Il annonça que la médecine lui avait fait éprouver un grand soulagement, et qu'il était prêt à répondre à toutes les questions que son jeune et brave ami pourrait juger à propos de lui faire.

— A présent, dit le chevalier, vous savez, mon père, que les étrangers qui voyagent dans ce pays doivent être les premiers objets de nos soupçons et de nos enquêtes. Que pensez-vous, par exemple, du jeune Augustin, fils ou du moins se disant fils d'un ménestrel nommé Bertram, qui a passé quelques jours dans votre couvent?

A cette question, les yeux de l'abbé exprimèrent sa surprise que ce fût le chevalier qui la lui adressât.

— Certes, dit-il, tout ce que j'ai vu de ce jeune homme me porte à croire que, sous le rapport des sentimens politiques et religieux, il est animé des dispositions les plus honorables, à en juger d'après la personne estimable qui l'a confié à mes soins.

En même temps l'abbé salua le chevalier, comme s'il lui semblait que cette repartie lui donnait un avantage signalé pour toutes les questions qui pourraient suivre sur le même sujet; aussi sa surprise fut-elle grande quand il entendit sir Aymer lui répondre en ces termes :

— Il est très-vrai, révérend abbé, que je vous ai recommandé ce jeune homme comme annonçant un caractère doux et inoffensif, et qu'il me semblait qu'il était inutile d'exercer sur lui cette vigilance sévère prescrite contre d'autres dans une position semblable ; mais les témoignages qui me semblaient garantir son innocence n'ont pas paru si satisfaisans à mon commandant ; et c'est d'après ses ordres que je viens prendre de plus amples renseignemens auprès de vous. Vous devez penser que la chose est assez importante pour que nous venions vous troubler de nouveau, à une heure aussi indue.

— Je ne puis que protester par mon ordre et par le voile de sainte Brigitte, répondit l'abbé sur lequel la potion de Celse semblait commencer à perdre de son influence, que, s'il existe quelque méfait au fond de cette affaire, je n'en sais exactement rien, et il n'est point d'instrumens de torture qui pourraient m'arracher un aveu contraire. Si ce jeune homme a laissé entrevoir quelques indices de déloyauté ou de trahison, je puis assurer que ce n'est pas en ma présence ; et cependant j'ai toujours observé attentivement sa conduite.

— Sous quel rapport ? dit le chevalier ; — et quel est le résultat de vos observations ?

— Ma réponse, dit l'abbé de Sainte-Brigitte, sera franche et sincère. Le jeune homme a consenti au paiement d'un certain nombre de couronnes d'or, non pas en aucune manière pour payer l'hospitalité de Sainte-Brigitte, mais uniquement....

— Un instant, mon père, répondit le chevalier ; vous pouvez vous dispenser d'en dire davantage à cet égard, puisque le gouverneur et moi nous savons parfaitement à quelles conditions les moines de Sainte-Brigitte exercent l'hospitalité. Mais ce que je vous demande, et ce qu'il est plus nécessaire de me dire, c'est de quelle manière le jeune Augustin a reçu cette hospitalité.

— Avec autant de douceur que de modération, noble chevalier, répondit l'abbé. A dire vrai, je craignis, dans le premier moment, que ce ne fût pour nous un hôte un peu incommode; car le don qu'il avait fait au couvent était assez considérable pour l'enhardir, et même, jusqu'à un certain point, pour l'autoriser à demander à être traité avec plus de cérémonie que nous ne pouvions le faire.

— Et alors, dit sir Aymer, vous auriez eu le désagrément de devoir rendre une partie de l'argent que vous aviez reçu?

— C'eût été, dit l'abbé, un arrangement tout-à-fait contraire à nos vœux. Ce qui a été une fois payé au trésor de Sainte-Brigitte ne peut plus être rendu, c'est notre règle. Mais, noble chevalier, il n'en a été nullement question. Une croûte de pain blanc et une jatte de lait étaient tout ce qu'il fallait pour nourrir ce pauvre jeune homme pendant une journée, et ce fut uniquement par intérêt pour sa santé que je mis dans sa cellule un lit plus doux et plus chaud que ne le comportent entièrement les règles sévères de notre ordre.

— Maintenant, sire abbé, écoutez bien ce que je vais vous dire, et répondez-moi franchement, dit le chevalier de Valence. Quels rapports ce jeune homme a-t-il eus avec les membres de votre couvent et avec les personnes du dehors? Réunissez bien vos souvenirs, et que votre réponse soit précise; la sûreté de votre hôte et la vôtre en dépendent.

— Aussi vrai que je suis chrétien, dit l'abbé, je n'ai rien observé qui pût motiver les soupçons de Votre Seigneurie. Le jeune Augustin, bien différent de ceux qui ont été élevés dans le monde, recherchait la société des sœurs que renferme le couvent de Sainte-Brigitte, de préférence à celle des moines, mes frères, quoiqu'il se trouvât parmi eux des hommes instruits et d'un commerce agréable.

— La médisance, dit le jeune chevalier, pourrait trouver à expliquer cette préférence.

— Oui, dit l'abbé, s'il ne s'agissait pas des sœurs de Sainte-Brigitte, qui presque toutes ont éprouvé cruellement les ravages du temps, ou bien dont la beauté a subi la funeste influence de quelque accident, avant leur admission dans cette retraite.

En faisant cette observation, le bon père ne put retenir un certain mouvement de gaieté, excité sans doute par la supposition burlesque que les nonnes du couvent pussent faire des conquêtes par leur beauté personnelle, elles qui, sous ce rapport, étaient disgrâciées de la nature au point d'en être presque ridicules. Le chevalier anglais, à qui les sœurs étaient bien connues, laissa échapper un sourire.

— Je rends justice aux pieuses sœurs, dit-il; et, si elles veulent charmer, ce n'est que par leurs soins compatissans et par leurs attentions pour l'étranger souffrant.

— Il est certain, dit le père en reprenant sa gravité, que la sœur Béatrice a le don enchanteur de faire des confitures et des conserves; j'ai beau rassembler mes souvenirs, je ne me rappelle pas que le jeune homme en ait goûté. La sœur Ursule n'a pas été non plus si maltraitée par la nature que par les suites d'un accident ; mais Votre Honneur sait que, lorsqu'une femme est laide, les hommes s'inquiètent peu de savoir quelle en est la cause. Je vais aller voir, si vous le permettez, dans quel état ce jeune homme est à présent, et je l'amènerai devant vous.

— Je vous en prie, mon père, car l'affaire est urgente, et je vous recommande expressément de surveiller de très-près la conduite de cet Augustin ; vous ne sauriez y mettre trop de soin. J'attendrai votre retour, et alors, ou je l'emmènerai au château avec moi, ou je le laisserai ici, selon que les circonstances me paraîtront le demander.

L'abbé s'inclina, promit la vigilance la plus complète, et sortit de la salle pour se rendre dans la cellule du jeune Augustin ; jaloux de satisfaire, s'il était possible, les désirs de sir Aymer, que les circonstances lui faisaient regarder comme son protecteur militaire.

Son absence dura long-temps, et ce retard commençait à paraître suspect à de Valence, lorsqu'enfin l'abbé revint, le trouble et l'inquiétude peints dans tous les traits.

— Je demande pardon à votre Seigneurie de l'avoir fait attendre si long-temps, dit Jérôme d'un air très-embarrassé ; mais j'ai eu moi-même à lutter contre des scrupules et des formalités sans nombre de la part de ce sot enfant. D'abord, dès qu'il a entendu le bruit de mes pas, au lieu d'ouvrir la porte, ce qu'il aurait dû faire, ne fût-ce que par égard pour ma dignité, le drôle, au contraire, ferma le verrou en dedans. Il faut vous dire que ce verrou a été mis à sa porte par l'ordre d'Ursule, afin que son sommeil ne pût être troublé. Je lui signifiai de mon mieux qu'il fallait qu'il se rendît sur-le-champ auprès de vous, et qu'il se disposât à vous suivre au château de Douglas; mais il ne voulut pas me répondre un seul mot, si ce n'est pour me recommander la patience, à laquelle il me fallut bien avoir recours, ainsi que votre archer, que je trouvai en sentinelle devant la porte de la cellule, et qui s'était contenté de l'assurance que lui avaient donnée les sœurs qu'il n'y avait point d'autre issue par où Augustin pût s'évader. Enfin, la porte s'ouvre, et mon jeune homme se présente tout équipé pour son voyage. Le fait est que je crois qu'il a souffert une nouvelle attaque de son mal. Peut-être est-il tourmenté de quelque accès d'hypocondrie ou humeur noire, espèce de faiblesse d'esprit qui parfois se trouve être concomitante et symptomatique de cette maladie; mais il est plus calme à présent, et si votre Seigneurie veut le voir, il est prêt à paraître devant vous.

— Faites-le venir ici, dit le chevalier. Un espace de temps considérable s'écoula encore avant que l'abbé, par son éloquence, en employant tour à tour les exhortations et les remontrances, fût parvenu à décider la jeune dame, qui avait repris son déguisement, à descendre auprès de sir Aymer. Lorsque enfin elle fit son entrée dans la salle, elle avait encore sur son visage des traces de larmes, et elle avait ce petit air boudeur et en même temps déterminé d'un garçon, ou, qu'on me pardonne la comparaison, d'une jeune fille qui est bien décidée à n'agir qu'à sa tête, et qui en même temps a bien résolu de ne donner aucune raison de sa conduite. Son brusque lever ne l'avait pas empêchée de mettre le plus grand soin à sa toilette, et d'arranger ses habits de pélerin de manière à ce qu'il fût impossible de soupçonner son sexe. Mais comme la politesse l'empêcha de garder sur sa tête son grand chapeau rabattu, elle fut obligée de laisser voir son visage plus qu'en plein air. Elle offrait donc au chevalier la vue de traits charmans, mais qui cependant n'étaient pas incompatibles avec le déguisement qu'elle avait pris, et qu'elle était déterminée à conserver jusqu'à la fin. Avant d'entrer, elle avait rassemblée un degré de courage qui ne lui était pas naturel, et que soutenaient peut-être des espérances que sa situation admettait à peine. Dès qu'elle se trouva dans le même appartement que Valence, elle prit des manières plus hardies et plus décidées que celles qu'elle avait montrées jusqu'alors.

— Votre Seigneurie, dit-elle en lui adressant la première la parole, est chevalier anglais, et je ne doute pas qu'elle ne possède les vertus qui conviennent à ce haut rang. Je suis un pauvre garçon, obligé, par des motifs que je suis forcé de tenir secrets, de voyager dans un pays dangereux où je suis soupçonné, sans aucune cause légitime, de prendre part à des complots et à des conspirations qui sont contraires à mon intérêt; que je déteste du fond du cœur, et que j'abjurerais au besoin de la manière la plus formelle, en appelant sur ma tête toutes les malédictions de notre religion, et en renonçant à toutes ses promesses, dans le cas où je serais pour rien dans de pareilles menées, soit en pensées, soit en paroles, soit en actions. Et cependant, malgré mes protestations solennelles, vous qui ne voulez pas y croire, vous allez sévir contre moi comme si j'étais coupable. En agissant ainsi, sire chevalier, je dois vous avertir que vous commettrez une grande et cruelle injustice.

— Je m'efforcerai d'éviter ce malheur, dit le chevalier, en en référant à sir John de Walton, le gouverneur, qui décidera ce qu'il convient de faire. Maintenant le seul devoir que j'aie à remplir, c'est de vous remettre entre ses mains au château de Douglas.

— Le faut-il en effet? demanda Augustin.

— Assurément, répondit le chevalier; autrement je serais responsable d'avoir manqué à mon devoir.

— Mais si je m'engageais à vous dédommager par une somme d'argent considérable, par des concessions de terre...

— Arrêtez, s'écria le chevalier, il n'est point de terres, point de trésors, — en supposant que vous en ayez à votre disposition, — qui puissent compenser la perte de l'honneur; et d'ailleurs, mon garçon, comment pourrais-je me fier à votre parole si la cupidité me décidait à écouter de semblables propositions?

— Il faut donc que je me prépare à vous suivre à l'instant au château de Douglas, et à paraître devant sir John de Walton, dit Augustin.

— Jeune homme, répondit sir Aymer, il faut prendre votre parti; car, si vous me faites attendre plus long-temps, je serai obligé de vous y conduire de force.

— Et mon père, qu'en résultera-t-il pour lui?

— Cela dépendra de la nature de vos aveux et des siens. Vous avez l'un et l'autre quelque chose à révéler; la lettre que sir John de Walton vous a transmise l'indique clairement : et je vous assure qu'il vaudrait mieux le déclarer tout de suite que de vous exposer aux conséquences qu'entraînerait un plus long silence. Je ne saurais plus admettre d'excuses, et songez bien que votre sort dépend entièrement de votre véracité et de votre franchise.

— Il faut donc que je me prépare à me mettre en route, puisque vous l'exigez. Mais cette cruelle maladie me poursuit encore, et l'abbé Jérôme, dont les talens en médecine sont connus, vous dira lui-même que je ne saurais voyager sans courir risque de la vie; et que, pendant mon séjour dans ce couvent, j'ai résisté aux offres obligeantes de promenade qui me furent faites par la garnison d'Hazelside, dans la crainte de porter par malheur la contagion parmi vos soldats.

— Le jeune homme dit vrai, ajouta l'abbé. Les archers et les hommes d'armes lui ont envoyé demander plusieurs fois s'il voulait venir prendre part à leurs jeux militaires, ou peut-être les amuser de quelques-uns de ses chants de ménestrel; mais il a constamment refusé; et, suivant moi, ce ne peut être que sa maladie qui l'ait empêché d'accepter une partie de plaisir si naturelle à son âge, surtout lorsqu'il se voyait renfermé dans une retraite aussi triste que celle de Sainte-Brigitte doit le paraître à un jeune homme élevé dans le monde.

— Pensez-vous donc, révérend père, dit sir Aymer, qu'il y ait vraiment du danger à transporter ce jeune homme au château, cette nuit, comme j'en avais l'intention ?

— Oui, sans doute, répondit l'abbé, et non-seulement le pauvre jeune homme pourrait en avoir une rechute ; mais il serait surtout à craindre qu'aucune précaution n'ayant pu être prise, la contagion ne se répandît dans votre honorable garnison, car c'est dans cette dernière période de la maladie, plutôt que dans sa plus grande violence, qu'elle est le plus contagieuse.

— En ce cas, mon jeune ami, dit le chevalier, vous voudrez bien partager votre chambre avec un archer, que je placerai près de vous en guise de sentinelle.

— Je ne demande pas mieux, dit Augustin, pourvu que mon malheureux voisinage ne compromette pas la santé du pauvre soldat.

— Il pourra faire tout aussi bonne garde en dehors de la porte qu'en dedans, dit l'abbé ; et si le jeune homme fait un bon somme, ce que la présence de l'archer dans sa chambre pourrait empêcher, il n'en sera que plus en état de vous accompagner demain.

— Eh bien ! soit, dit sir Aymer. Mais êtes-vous bien sûr qu'il n'aura aucun moyen de s'évader ?

— La chambre, répondit le moine, n'a pas d'autre entrée que celle qui est gardée par l'archer ; mais, pour vous ôter toute inquiétude, je barricaderai la porte en votre présence.

— Allons, j'y consens, dit le chevalier de Valence. Cela fait, je me coucherai moi-même sans ôter ma cotte de mailles, et j'essaierai de fermer l'œil jusqu'à ce que le point du jour me rappelle à mon devoir ; et alors, Augustin, vous vous tiendrez prêt à partir avec moi pour le château de Douglas.

Au lever de l'aurore, les cloches du couvent appelèrent les habitans et les hôtes de Sainte-Brigitte à la prière du matin. Quand ce devoir fut rempli, le chevalier demanda son prisonnier. L'abbé le conduisit à la porte de la chambre d'Augustin. La sentinelle qui y était en faction, armée d'une pertuisane, déclara qu'elle n'avait entendu aucun mouvement dans la chambre de toute la nuit. L'abbé frappa doucement à la porte, mais il ne reçut point de réponse. Il frappa plus fort, sans plus de succès.

— Qu'est-ce à dire? s'écria le révérend chef du couvent du Saint-Brigitte ; il faut que mon jeune malade soit tombé en syncope, ou qu'il soit évanoui!

— Je désire qu'il ne se soit pas plutôt évadé, dit le chevalier; car alors nous aurions, vous et moi, une grande responsabilité à supporter, puisque nous devions, d'après notre consigne, ne point le perdre de vue et le retenir étroitement prisonnier jusqu'au point du jour.

— Le malheur que présage Votre Seigneurie me paraît à peine possible, dit l'abbé ; et j'ai la ferme confiance qu'elle se trompe.

— C'est ce que nous allons voir, dit le chevalier. Et élevant la voix, il s'écria de manière à pouvoir être entendu de l'intérieur de la chambre: — Qu'on apporte des barres de fer et des leviers, et qu'à l'instant même cette porte soit brisée en mille pièces!

Sa voix retentissante attira bientôt autour de lui les frères du couvent et deux ou trois de ses soldats, qui étaient déjà occupés à seller leurs chevaux. Il était facile de voir le mécontentement du jeune chevalier à ses joues ardentes et au ton brusque avec lequel il commanda de nouveau d'enfoncer la porte. Cette opération ne fut pas longue, bien qu'elle exigeât de grands efforts ; et au moment où les débris épars tombèrent avec fracas, sir Aymer s'élança dans la cellule du prisonnier, et l'abbé l'y suivit en trébuchant ; et, à leur grande surprise, ils virent se réaliser leurs plus sinistres soupçons : — elle était vide.

CHAPITRE XI.

Où donc est-il ? comment a-t-il donc disparu ?
Fantôme, du soleil a-t-il fui la lumière,
Ou bien, ombre légère,
S'est-il perdu dans l'ombre de la nuit ?
              Anonyme.

La disparition du jeune homme, dont le déguisement et la situation ont, je l'espère, inspiré quelque intérêt au lecteur, exige qu'avant d'aller plus loin nous quittions un moment les autres personnages de notre histoire pour donner quelques explications sur cet événement.

Lorsque, la veille au soir, Augustin avait été, pour la seconde fois, emprisonné dans sa cellule, le moine et le jeune chevalier de Valence l'avaient enfermé à clef, et l'avaient entendu de son côté garantir sa sûreté au moyen d'un verrou intérieur, qui avait été placé à sa prière par sœur Ursule, dans le cœur de laquelle la jeunesse d'Augustin, sa beauté remarquable, et, par-dessus tout, son air souffrant et sa mélancolie, avaient excité un profond intérêt.

Aussitôt donc qu'Augustin fut rentré dans son appartement, il vit s'approcher avec précaution la nonne, qui, pendant son absence, avait réussi à s'introduire dans la cellule, et à se cacher derrière le petit lit. Elle vint au-devant du jeune homme en témoignant une extrême joie. Une foule de petites attentions, et spécialement des rameaux de buis sacré, et d'autres arbres toujours verts, unique ressource de cette triste saison, disposés avec soin dans l'appartement, prouvaient le zèle des saintes sœurs pour l'ornement de la chambre de leur hôte: l'accueil que lui fit sœur Ursule témoignait la même bienveillance, en même temps que le désir de lui faire sentir qu'elle était déjà en partie maîtresse du secret de l'étranger.

Tandis qu'Augustin et la pieuse novice se faisaient de mutuelles confidences, le contraste extraordinaire qu'offraient leurs physionomies et leurs personnes eût frappé quiconque eût été par hasard témoin de leur conversation. La sombre robe de pèlerin que portait la jeune femme déguisée ne tranchait pas d'une manière plus frappante avec le vêtement de laine blanche de la novice de Sainte-Brigitte, que le visage de la nonne, défiguré par de hideuses cicatrices, et privé d'un œil, dont l'orbite présentait un vide effrayant, avec les beaux traits d'Augustin, animés par le regard de confiance et même d'affection qu'il jetait sur la singulière figure de sa compagne.

— Vous connaissez, dit le prétendu Augustin, le fond de mon histoire: pouvez-vous, ou voulez-vous me secourir? Si je ne puis l'espérer, ma chère sœur, vous serez témoin de ma mort plutôt que de mon déshonneur. Non, sœur Ursule, je ne veux point que l'on me montre au doigt avec mépris, comme la jeune folle qui a tout sacrifié pour un homme de l'attachement duquel elle ne s'était point assurée, comme elle l'aurait dû. Je ne veux point me laisser traîner devant Walton pour me voir forcée, par la crainte de la torture, à me déclarer la femme en l'honneur de laquelle il occupe le Château Périlleux. Sans doute, il ne demanderait pas mieux, en définitive, que de donner sa main à une jeune fille qui possède une si riche dot ; mais qui peut me répondre que je lui inspirerais ce respect que toute femme doit désirer de commander, ou qu'il me pardonnerait la témérité dont j'ai été coupable, lors même que cette témérité aurait eu pour lui des conséquences favorables ?

— Allons, ma chère fille ! répondit la nonne, ne vous découragez point : car, après tout, je puis vous aider, et bien certainement j'en ai la volonté. J'ai peut-être plus de moyens de vous être utile que ma situation présente ne semble l'indiquer, et soyez sûre que je les emploierai dans toute leur étendue. Il me semble encore entendre le lai que vous nous chantiez, aux autres sœurs et à moi, quoique moi seule, touchée d'une vive sympathie pour les sentimens que vous exprimiez, j'aie su comprendre que c'était votre propre histoire.

— Je m'étonne encore, répondit Augustin à voix basse, que j'aie eu la hardiesse de faire entendre à vos oreilles un lai qui n'était que le récit de mon propre malheur.

— Hélas ! dans tout ce que vous disiez, répondit

la nonne, il n'y avait pas un mot qui ne rappelât ces beaux traits d'amour et d'héroïsme qu'aiment tant à célébrer les bardes inspirés, et qui font à la fois pleurer et sourire les plus nobles de nos chevaliers et de nos damoiselles. Lady Augusta de Berkely, riche héritière, suivant le monde, en biens mobiliers et immobiliers, tombe sous la garde du roi par la mort de ses parens, et se trouve ainsi sur le point d'être donnée en mariage à un mignon du roi d'Angleterre, que, dans ces vallées d'Écosse, nous ne craignons pas d'appeler un véritable tyran.

— Je ne pense point comme vous, ma sœur, dit le prétendu pélerin; et cependant il est vrai que le cousin de l'obscur flatteur Gaveston, à qui le roi voulait donner ma main, n'était ni d'une naissance, ni d'un mérite à obtenir une pareille alliance. Cependant la renommée de sir John de Walton était parvenue jusqu'à moi; je n'entendais pas sans intérêt le récit de ces hauts faits de chevalerie qui honoraient un guerrier, riche de brillantes qualités, mais pauvre en biens de ce monde et en faveurs de la fortune. Je vis ce John de Walton, et je confesse qu'une pensée, qui m'était déjà venue à l'esprit, se présenta dès lors plus souvent à mon imagination, et me devint pour ainsi dire familière. Il me semblait que la fille d'une puissante famille d'Angleterre, si elle pouvait assurer au possesseur de sa main autant de richesses que le monde le disait, ferait de sa fortune un usage plus légitime et plus honorable, en réparant l'injustice du sort à l'égard d'un brave chevalier comme Walton, qu'en restaurant les affaires délabrées d'un mendiant français, qui n'a d'autre mérite que d'être le parent d'un homme universellement détesté par tout le royaume d'Angleterre, à l'exception de l'aveugle monarque.

— Noble dessein, ma fille, dit la nonne. Quoi de plus digne d'un grand cœur, qui possède richesses, beauté, honneur et noblesse, que de faire participer à tous ces biens la vertu pauvre, mais héroïque?

— Telle était mon intention, ma chère sœur; mais je ne vous ai peut-être point suffisamment expliqué la manière dont je comptais m'y prendre. Par le conseil d'un vieux ménestrel de notre maison, le même qui est maintenant prisonnier à Douglas, je donnai un grand festin la veille de Noël, et j'envoyai des invitations à tous les chevaliers de noble naissance, qui passaient leurs loisirs à chercher les tournois et les aventures. Quand les tables furent enlevées et le festin terminé, Bertram, comme nous en étions convenus, fut invité à prendre sa harpe. Il chanta au milieu du profond recueillement avec lequel on doit écouter un ménestrel d'une si haute renommée. Il prit pour sujet de ses chants ce château de Douglas, pris et repris sans cesse, ce *Château Périlleux*, comme l'appelait le poète. — Où sont les champions du grand Edouard Ier, dit le ménestrel, quand le royaume d'Angleterre ne peut fournir un homme assez brave ou assez expérimenté dans l'art de la guerre pour défendre une misérable bicoque du nord contre les rebelles écossais, qui ont juré de la reprendre à la face de nos soldats, avant que l'année soit écoulée? Où sont les nobles dames, dont les sourires encourageaient si puissamment les chevaliers de la croix de Saint-George? Hélas! le génie de l'amour et de la chevalerie est presque éteint parmi nous. — Nos chevaliers se consument dans de misérables entreprises, et nos plus nobles héritières deviennent la proie d'étrangers, comme s'il n'y avait dans leur pays personne qui fût digne d'aspirer à leur main! — Ici la harpe se tut; — et je rougis de l'avouer moi-même — comme si j'étais électrisée par le chant du ménestrel, je me levai, et détachant de mon cou une chaîne d'or à laquelle était suspendue une croix d'une vertu toute particulière, je fis vœu, sous le bon plaisir du roi, de ne donner ma main et l'héritage de mes pères qu'au brave chevalier d'un noble lignage qui tiendrait le château de Douglas, au nom du roi d'Angleterre, pendant un an et un jour. Je me rassis, ma chère sœur, au milieu d'un tonnerre d'applaudissemens, par lequel mes hôtes exprimèrent leur admiration pour mon patriotisme supposé. Toutefois un certain silence s'établit parmi les jeunes chevaliers, qu'on pouvait croire les plus disposés à accepter cette offre, même au risque d'avoir sur les bras Augusta de Berkely.

— Honte à l'homme qui penserait ainsi! dit sœur Ursule. Quand votre beauté serait le seul prix offert à la vaillance, un chevalier devrait braver les dangers de vingt châteaux de Douglas, plutôt que de laisser échapper une aussi belle occasion de mériter vos bonnes grâces.

— Telle était peut-être leur pensée; mais on fit réflexion qu'on courait risque de perdre la faveur d'Édouard en paraissant trop empressé de contrarier ses royales intentions à l'égard de sa pupille. Enfin, à ma grande joie, la seule personne qui parut profiter de l'offre que j'avais faite fut sir John de Walton ; et comme, en acceptant, il eut soin d'insérer une clause portant toutes réserves relativement à l'approbation du roi, j'espère qu'il n'a rien perdu de sa faveur.

— Soyez certaine, noble et généreuse damoiselle, qu'il n'est pas à craindre que votre honorable dévouement puisse faire tort auprès du roi d'Angleterre à celui que vous aimez. Nous ne sommes pas tout-à-fait étrangères aux choses du monde, même dans l'isolement du cloître de Sainte-Brigitte. Le bruit court parmi les soldats anglais que votre roi, il est vrai, a été offensé que vous ayez osé émettre une volonté contraire à la sienne; mais, d'un autre côté, l'amant que vous préférez, sir John de Walton, était un homme d'une haute renommée, et votre offre était trop digne de ces beaux jours d'héroïsme qui, bien que passés, ne sont pas encore sortis de la mémoire, pour que même un roi pût, au commencement d'une guerre longue et acharnée, enlever à un chevalier errant une fiancée qu'il aurait noblement conquise par la lance et par l'épée.

— Ah! chère sœur Ursule! s'écria en soupirant Augustin, que de temps aussi doit s'écouler encore durant ce siége, avant que nous puissions arriver au terme de l'épreuve! Tandis que j'étais tristement reléguée dans mon château solitaire, je recevais nouvelles sur nouvelles, qui venaient m'effrayer sans cesse par la pensée des nombreux, ou plutôt des continuels périls qui environnaient mon amant. Enfin, dans un moment de folie, j'imagine, je résolus de me revêtir de ces habits d'homme, et, après avoir vu de mes propres yeux dans quelle situation j'avais placé mon chevalier, de me décider à prendre, pour abréger le terme de cette épreuve, telles mesures que pourrait m'inspirer la vue du château de Douglas, et, — dois-je l'avouer? — de sir John de Walton. Peut-être vous, ma chère sœur, ne comprendrez-vous pas bien comment j'ai été tentée de me relâcher de la rigueur d'une résolution conçue dans l'intérêt de mon honneur et de celui de mon amant : mais songez que cette résolution avait été la suite d'un moment d'exaltation ; et que le moyen que j'ai adopté depuis est la conséquence fatale d'un long état d'incertitude, dont la déplorable influence épuisait ma sensibilité, vivement excitée autrefois, à ce que je m'imaginais, par l'amour de la patrie ; mais en réalité, hélas! par des affections vives et passionnées, qui étaient d'une nature bien plus personnelle.

— Hélas ! dit sœur Ursule en témoignant le plus tendre intérêt à la jeune dame, est-ce bien moi, chère enfant, que vous pouvez soupçonner d'insensibilité pour les maux causés par un amour véritable ? Croyez-vous donc que l'air qu'on respire dans cette enceinte produise sur le cœur des femmes le même effet que l'on attribue à ces fontaines merveilleuses, qui ont le pouvoir de pétrifier toutes les substances que l'on plonge dans leur eau? Écoutez mon histoire, et jugez si cette insensibilité peut appartenir à une personne qui a autant à se plaindre que moi. Ne craignez pas de perdre du temps. Il faut attendre que nos voisins d'Hazelside soient rentrés dans leurs quartiers pour toute la nuit, avant que je puisse vous fournir les moyens de vous échapper ; et il faut que vous ayez un guide sûr, dont je vous garantirai la fidélité, qui dirige vos pas à travers ces bois, et qui vous protége contre les dangers trop communs dans ces temps de troubles. Il s'écoulera donc bien une heure avant que vous puissiez partir, et je suis sûre que vous ne pourrez mieux employer ce temps qu'à écouter le récit de malheurs trop semblables aux vôtres, et produits également par une passion funeste, qui ne peut manquer d'exciter votre sympathie.

Les malheurs de lady Augusta ne pouvaient l'empêcher de trouver presque plaisant le singulier contraste qu'offraient les traits hideux de cette victime d'une tendre passion avec la cause à laquelle elle attribuait ses chagrins; mais ce n'était pas le moment de se permettre une ironie, qui eût été une mortelle offense pour la sœur de Sainte-Brigitte, dont elle avait tant d'intérêt à se concilier les bonnes grâces. Elle parvint donc à se disposer à écouter la novice, avec une apparence de sympathie qui semblait la juste récompense de celle que lui avait témoignée sœur Ursule; tandis que la malheureuse recluse, avec un trouble qui faisait ressortir encore davantage sa laideur, lui faisait presque à voix basse le récit suivant :

— Mes infortunes ont commencé bien avant qu'on ne m'appelât sœur Ursule, et que je me fusse renfermée comme novice dans l'enceinte de ces murs. Mon père était un noble normand, qui, comme beaucoup de ses compatriotes, chercha et fit fortune à la cour du roi d'Écosse. Il fut nommé sheriff de ce comté, et Maurice de Hattely ou de Hautlieu était compté au nombre des plus riches et des plus puissans barons d'Écosse. Et pourquoi ne vous dirais-je pas que la fille de ce baron, appelée alors Marguerite de Haut-lieu, était également citée parmi les plus belles et les plus nobles damoiselles du pays? On peut me pardonner la vanité qui me porte ici à le rappeler; car, si je ne vous le disais moi-même, vous auriez peine à croire que j'aie pu avoir autrefois quelque ressemblance avec la belle lady Augusta de Berkely. Ce fut à cette époque qu'éclatèrent ces déplorables querelles de Bruce et de Baliol, qui ont été si long-temps le fléau de ce pays. Mon père, déterminé dans le choix d'un parti par les argumens de ses compatriotes, tout puissans à la cour d'Édouard, embrassa avec zèle la cause des Anglais, et devint un des plus chauds partisans, d'abord de John Baliol, puis ensuite du roi d'Angleterre. Aucun des Anglo-Écossais, nom que l'on donnait à son parti, n'avait autant de zèle pour la croix rouge, et aucun n'était autant détesté de ses compatriotes qui suivaient l'étendard national de saint André et du patriote Wallace. Parmi ces soldats de l'indépendance, Malcom Fleming de Bigger était le plus distingué par sa haute naissance, par ses nobles qualités, et par sa renommée dans la chevalerie. Je le vis, et cette femme hideuse qui vous parle aujourd'hui ne doit pas rougir de vous avouer qu'elle aima un des plus beaux hommes de l'Écosse, et en fut aimée en retour. Notre attachement fut révélé à mon père, presque avant que nous ne nous le fussions avoué l'un à l'autre: mon père devint furieux contre mon amant et contre moi; il me mit sous la garde d'une religieuse de cet ordre, et je fus enfermée dans le monastère de Sainte-Brigitte, où mon père ne rougit pas de déclarer qu'il me ferait prendre le voile de force, si je ne consentais à épouser un jeune homme élevé à la cour d'Angleterre, son neveu, dont, n'ayant point lui-même de fils, il voulait faire l'héritier de la maison de Hautlieu. Je n'hésitai point dans mon choix; je protestai que j'aimerais mieux mourir que d'épouser tout autre que Malcolm Fleming. Mon amant ne fut pas moins fidèle : il trouva moyen de m'indiquer une nuit où il se proposait de forcer le monastère de Sainte-Brigitte et de me rendre à la liberté, en m'emmenant dans les forêts, dont Wallace était appelé le roi. Dans un moment fatal, dans un moment, je le pense, d'aveuglement et de malédiction, je laissai pénétrer mon secret par l'abbesse, à laquelle j'aurais dû sentir que je devais paraître bien plus coupable qu'à toute autre femme au monde; mais je n'avais pas encore prononcé mes vœux; je pensais que les noms de Fleming et de Wallace électrisaient tous les autres comme moi-même, et l'artificieuse abbesse me persuada que sa fidélité à la cause de Bruce était à l'abri de tout soupçon; et elle prit part au complot dont ma liberté était le but. Elle s'engagea à faire éloigner les soldats anglais; ce qui se fit en apparence. En conséquence, au milieu de la nuit désignée, la fenêtre de ma cellule, qui était au second étage, fut ouverte sans bruit, et jamais bonheur plus vif ne fit tressaillir mon cœur que lorsque, déguisée et toute prête à fuir, portant même un habit de cavalier, comme le vôtre, belle lady Augusta, je vis Malcolm Fleming s'élancer dans mon appartement. Il se jeta dans mes bras. Mais en même temps mon père entra avec dix de ses hommes les plus robustes, qui remplirent la chambre, en faisant retentir le cri de guerre de Baliol. Aussitôt les coups commencèrent à pleuvoir de toutes parts. Cependant au milieu de la mêlée, on voyait dominer un homme de stature gigantesque, qui se faisait reconnaître, même à ma vue égarée, par la facilité avec laquelle il terrassait ou dispersait tous ceux qui combattaient contre notre liberté. Mon père seul tenta une résistance qui eût pu lui devenir fatale, car Wallace était, dit-on, capable de vaincre lui seul deux des guerriers les plus intrépides qui eussent jamais tiré l'épée. Écartant les hommes armés comme une dame écarterait avec son éventail un essaim d'insectes importuns, il me saisit d'une main, en se servant de l'autre pour nous défendre tous deux; et il commençait à descendre, en me portant dans ses bras, l'échelle par laquelle mes libérateurs avaient pénétré dans mon appartement, lorsqu'un fatal destin vint tromper mon espérance.

Mon père, que le champion de l'Écosse avait épargné par égard pour moi ou plutôt pour Fleming, tira de la compassion ou de l'humanité de son vainqueur un terrible avantage, dont il usa sans remords. N'ayant que le bras gauche à opposer aux violens efforts de mon père, la force de Wallace lui-même ne put empêcher les assaillans, animés par toute l'énergie du désespoir, de faire tomber l'échelle à laquelle sa malheureuse fille s'attachait, tremblant comme une colombe sous la serre d'un aigle. Le héros vit notre danger, et déployant une vigueur et une agilité incroyables, il sauta avec moi hors de l'échelle, et réussit à franchir les fossés du monastère, dans lesquels nous eussions été infailliblement précipités. Le champion de l'Écosse se sauva par un effort de désespoir : pour moi, je tombai sur un amas de pierres et de ruines, et la fille rebelle, je dirai presque la nonne infidèle, ne se réveilla d'un long sommeil d'épuisement que pour se retrouver horriblement défigurée, comme vous la voyez aujourd'hui. Je sus alors que Malcolm s'était échappé dans la mêlée; et peu de temps après, j'appris, avec moins de douleur peut-être qu'il n'était convenable, que mon père avait été tué dans une de ces batailles interminables que se livraient les factions ennemies. S'il avait vécu, j'aurais pu me soumettre à ma destinée; mais puisqu'il n'existait plus, je sentis que j'aimerais mieux mendier dans les rues d'un village d'Écosse que d'être abbesse dans cette maison de Sainte-Brigitte : d'ailleurs, cette triste perspective, sur laquelle mon père aimait à s'étendre lorsqu'il voulait me persuader d'embrasser la vie monastique par des moyens un peu plus doux que celui de m'expulser de son château, ne resta pas long-temps ouverte devant moi. La vieille abbesse mourut d'un refroidissement qu'elle avait gagné le soir même où se passèrent ces tristes événemens. Sa place eût pu rester vacante jusqu'à ce que je fusse capable de la remplir; mais il en fut décidé autrement, lorsque les Anglais jugèrent convenable de réformer, comme ils le dirent, la discipline de la maison, et, au lieu de nommer une nouvelle abbesse, envoyèrent ici deux ou trois moines de leur parti, qui ont maintenant un empire absolu sur la communauté, et font tout marcher suivant le bon plaisir de l'Angleterre. Mais moi du moins, qui ai eu l'honneur d'être défendue par le bras du champion de mon pays, je ne resterai point ici pour recevoir les ordres de cet abbé Jérôme. Je sortirai d'ici, et je ne manquerai point de parens et d'amis qui trouveront une retraite plus convenable pour Marguerite de Hautlieu, que le couvent de Sainte-Brigitte. Vous aussi, chère lady Augusta, vous allez recouvrer votre liberté; et vous ferez bien de laisser ici un écrit qui révèle à sir John de Walton le dévouement que son heureuse étoile vous a inspiré.

—Votre intention, dit lady Augusta, n'est-elle donc point de retourner dans le monde? et allez-vous renoncer à l'amant dont l'union avec vous devait assurer votre bonheur réciproque?

— C'est une question, ma chère enfant, dit sœur Ursule, que je n'ose me faire à moi-même, et à laquelle je ne saurais véritablement point répondre. Je n'ai pas encore prononcé de vœux définitifs et irrévocables; je n'ai rien fait pour changer ma position vis-à-vis de Malcolm Fleming. Lui aussi, contractant un engagement qui est enregistré dans le ciel, est devenu mon fiancé; et je puis me rendre le témoignage que je n'ai rien fait qui pût me rendre indigne de sa foi. Mais, je l'avoue, ma chère Augusta, il est venu jusqu'à moi des bruits qui m'ont blessée au vif; on dit que la nouvelle du triste changement qu'ont opéré en moi mes blessures a produit un étrange effet sur le chevalier que j'aimais. Il est vrai que je suis pauvre aujourd'hui, ajouta-t-elle en soupirant, et que je ne possède plus ces charmes personnels qui ont, dit-on, le pouvoir de captiver et de fixer l'autre sexe. Je cherche donc à me persuader, dans les momens où j'ai le plus d'empire sur moi-même, que tout est fini entre Malcolm Fleming et moi, à l'exception des vœux que nous pouvons former pour le bonheur l'un de l'autre ; et cependant il y a encore au fond de mon cœur une voix qui me dit, en dépit de ma raison, que, si je croyais fermement ce que je vous dis maintenant, rien au monde ne pourrait plus m'attacher à la vie. Malgré toutes les réflexions de la sagesse, mon ame nourrit un secret espoir que Malcolm Fleming, qui sacrifierait tout au salut de son pays, ne saurait entretenir dans son ame généreuse les sentimens bas et intéressés de ces caractères vulgaires qui changent avec le sort. Il me semble que, si c'était à lui que ce malheur fût arrivé, il n'aurait pas moins d'attraits pour moi, parce qu'il serait couvert d'honorables blessures, reçues en combattant pour la liberté de sa fiancée ; mais que de pareilles cicatrices l'embelliraient à mes yeux, quelque tort qu'elles pussent faire d'ailleurs à sa beauté personnelle. J'ose quelquefois m'imaginer que Malcolm et Marguerite pourraient encore être l'un pour l'autre ce que, dans leur affection, ils se promettaient autrefois avec tant de confiance, et qu'un changement qui n'affecte en rien l'honneur ni la vertu de la personne aimée doit plutôt augmenter que de diminuer le charme d'une union avec elle. Regardez-moi, ma chère lady Augusta, regardez-moi en face, si vous en avez le courage, et dites-moi si je n'extravague point, lorsque mon imagination ose envisager ainsi comme naturel et probable ce qui est à peine possible.

Lady Berkely leva les yeux, puisqu'il le fallait, sur l'infortunée novice, craignant de perdre la seule chance de délivrance qui lui restât par la manière dont elle se conduirait dans ce moment critique, mais en même temps ne voulant pas donner à la malheureuse Ursule des espérances qu'elle avait trop de raison pour ne pas juger dénuées de tout fondement. Mais son imagination, remplie des légendes chevaleresques de ces temps, lui rappela la Dame Repoussante du *Mariage de sir Gawain*, et elle fit la réponse suivante :

— Vous me faites là, ma chère Marguerite, une question embarrassante. Ce serait manquer à l'amitié que de n'y point répondre sincèrement, et il serait cruel d'y répondre avec trop de légèreté. Il est vrai que ce qu'on appelle beauté est la première qualité qu'apprennent à estimer les personnes de notre sexe; on nous flatte en vantant nos charmes plus ou moins réels, et il n'y a point de doute qu'on ne nous apprenne à y attacher une plus grande importance qu'ils n'en ont en réalité; cependant on sait que des femmes qui, aux yeux de leur propre sexe et peut-être en secret à leurs propres yeux, n'avaient aucune prétention à la beauté, sont devenues, grâce à leur esprit, à leurs qualités ou à leurs talens, l'objet de l'attachement le plus fidèle et le plus passionné. Pourquoi donc, lorsque vous n'avez encore contre vous que de pures présomptions, regarderiez-vous comme impossible que votre Malcolm Fleming, pétri d'un limon un peu moins grossier que les hommes vulgaires, fût capable de préférer à des attraits passagers les charmes d'une tendresse véritable, ou ceux des talens et de la vertu ?

La nonne pressa la main de sa compagne contre

son sein, et lui répondit avec un profond soupir:

— Je crains que vous ne me flattiez, et cependant, dans un moment aussi décisif, il n'est pas bien de flatter, quoique l'on fasse sagement d'administrer au moribond, dans la crise de l'agonie, des cordiaux généralement dangereux pour notre constitution, afin de l'aider au moins à supporter le mal qu'on ne peut guérir. Répondez à une seule question, et il sera temps de terminer cet entretien. Vous, aimable Augusta, vous que la nature a douée de tant d'attraits, aucun raisonnement au monde pourrait-il vous faire supporter avec patience la perte irréparable de vos charmes personnels, perte qui entraînerait, ce que je dois craindre sans doute pour moi-même, celle de l'amant pour lequel vous avez déjà tant sacrifié ?

La noble Anglaise jeta les yeux sur son amie, et ne put s'empêcher de frémir à l'idée que ses beaux traits pouvaient devenir semblables à la figure hideuse et cicatrisée de Marguerite de Hautlieu, rendue plus irrégulière encore par la perte d'un œil.

— Croyez-moi, dit-elle en levant solennellement les yeux au ciel, même dans le cas que vous supposez, je pleurerais moins sur moi-même que sur la bassesse des sentimens d'un amant qui m'abandonnerait parce que ces charmes passagers, — que, de toute manière, nous ne pouvons conserver long-temps, — se seraient évanouis avant le jour de notre union; mais il n'appartient qu'à la Providence de savoir comment et jusqu'à quel point d'autres personnes, dont les dispositions ne nous sont point parfaitement connues, peuvent être affectées par de pareils chan-

9.

gemens. Tont ce que je puis vous assurer, c'est que mes vœux sont conformes aux vôtres, et que votre sort n'aura à surmonter aucun obstacle qu'il serait en mon pouvoir d'écarter. — Mais écoutez !

— C'est le signal de notre liberté, dit Ursule, prêtant attentivement l'oreille à des sons qui ressemblaient au cri du hibou. Il faut nous préparer à quitter le couvent dans quelques minutes. Avez-vous quelque chose à emporter avec vous ?

— Rien, répondit lady Augusta, à l'exception de quelques bijoux que, je ne sais pourquoi, j'avais pris avec moi dans ma fuite. L'écrit que je laisse ici autorise mon fidèle ménestrel à assurer sa délivrance en déclarant à sir John de Walton quelle était la personne qu'il a eue en son pouvoir.

— Il est étrange, dit la novice de Sainte-Brigitte, de voir dans quel singulier labyrinthe nous égare l'amour, cette séduisante chimère ! Faites attention en descendant. Cette trappe, cachée avec tant de soin, conduit à une poterne secrète, où je pense que nous attendent déjà les chevaux qui nous permettront de dire adieu à sainte Brigitte. — Que le ciel la bénisse, elle et son couvent ! — Nous ne pouvons avoir de lumière jusqu'à ce que nous soyons en plein air.

Pendant ce temps, sœur Ursule, à qui nous donnons pour la dernière fois son nom de religieuse, dépouilla sa longue robe de laine blanche pour prendre le manteau plus étroit d'un cavalier. Elle conduisit sa compagne à travers divers passages, qui étaient compliqués à dessein, jusqu'à ce que lady Berkely, dont le cœur palpitait violemment, s'arrêtât à la clarté pâle et douteuse de la lune, qui jetait un reflet grisâtre sur les murs de l'ancien monastère. L'imitation du cri d'un hibou les attira du côté d'un grand orme voisin, et en s'approchant elles trouvèrent trois chevaux conduits par un homme, dont tout ce qu'elles pouvaient distinguer c'était qu'il était d'une taille vigoureuse et élancée, et qu'il portait le costume d'un homme d'armes.

— Lady Marguerite, dit-il, le plus tôt que nous serons partis d'ici sera le mieux. Vous n'avez qu'à m'indiquer la route que je dois suivre.

Lady Marguerite lui répondit à voix basse, et le guide recommanda à son tour de s'avancer lentement et en silence pendant le premier quart-d'heure, temps qui leur était nécessaire pour s'éloigner suffisamment des lieux habités.

CHAPITRE XII.

On peut juger quelle fut la surprise du chevalier de Valence et du révérend père Jérôme, lorsqu'en pénétrant dans la cellule ils s'aperçurent de l'absence du jeune pèlerin, et que les objets qu'ils trouvèrent leur donnèrent tout lieu de présumer que la malheureuse novice sœur Ursule l'avait accompagné dans sa fuite. Mille pensées accablantes venaient tourmenter sir Aymer, honteux d'avoir donné dans le piége que lui tendaient un enfant et une novice. Le vénérable prieur, mystifié comme lui, ne se repentait pas moins d'avoir recommandé au chevalier la modération dans l'exercice de son autorité. Le père Jérôme devait son titre d'abbé au zèle énergique qu'il affectait pour les intérêts du roi d'Angleterre; intérêts avec lesquels il ne savait comment concilier sa conduite pendant la nuit qui venait de s'écouler. On fit une enquête sur-le-champ; mais tout ce que l'on put découvrir, c'est qu'il était bien certain que le jeune pèlerin s'était échappé avec lady Marguerite de Hautlieu : événement que la partie féminine du couvent apprit avec autant d'horreur que de surprise, tandis que les moines, auxquels la nouvelle ne tarda pas à parvenir, exprimèrent surtout l'étonnement que leur inspirait avec raison la réunion de deux fugitifs d'une physionomie si différente.

— Sainte Vierge! dit une nonne, qui eût pu s'imaginer qu'une novice aussi fervente que sœur Ursule, qui naguère encore versait tant de larmes sur la mort prématurée de son père, fût capable de s'échapper avec un enfant à peine âgé de quatorze ans?

— Eh! bienheureuse sainte Brigitte! dit l'abbé Jérôme, quel motif peut avoir engagé un aussi beau jeune homme à prêter son aide à une créature aussi disgraciée que sœur Ursule, pour l'accomplissement d'une pareille énormité? Certes, il ne peut se dire victime de la tentation ou de la séduction : et il était difficile, comme dit le proverbe, d'aller au diable en plus vilaine compagnie.

— Je vais envoyer de tous côtés des soldats à la poursuite des fugitifs, dit le chevalier de Valence; à moins que cette lettre, que le pélerin a sans doute laissée en partant, ne nous donne quelque explication sur la fuite du prisonnier mystérieux.

Après en avoir examiné le contenu, non sans quelque surprise, le chevalier lut à haute voix ce qui suit :

« Je soussigné, habitant naguère le couvent de Sainte-Brigitte, signifie à vous, père Jérôme, abbé dudit monastère, que, vous voyant disposé à me traiter comme un prisonnier et comme un espion, dans le sanctuaire où vous aviez offert un asile à mon malheur, j'ai résolu de recouvrer ma liberté naturelle, dont vous n'avez aucun droit de me priver, et qu'en conséquence j'ai quitté votre abbaye. De plus, ayant trouvé la novice qu'on appelle dans votre couvent sœur Ursule, — laquelle est autorisée, par la règle et par la discipline monastique, à retourner dans le monde, s'il ne lui plaît, après un an de noviciat, de faire profession religieuse dans votre ordre, — l'ayant trouvée, dis-je, déterminée à user du même privilége, j'ai saisi avec joie l'occasion de l'aider dans ce but légitime, conforme à la loi de Dieu et aux préceptes de sainte Brigitte, qui ne vous autorisent nullement à retenir par force dans votre couvent une personne qui n'a point prononcé de vœux irrévocables.

» Quant à vous, sir John de Walton et sir Aymer de Valence, chevaliers d'Angleterre, commandant la garnison de Douglas-Dale, tout ce que j'ai à vous dire, c'est que votre conduite passée et présente à mon égard était sous l'influence d'un mystère, dont vous aurez la solution en apprenant un secret qui n'est connu que de mon fidèle ménestrel Bertram, *aux lais inépuisables*, dont j'ai jugé à propos de me faire passer pour le fils. Mais comme je ne puis prendre sur moi maintenant de vous découvrir ce secret, que je ne saurais révéler sans quelque honte, je permets audit Bertram le ménestrel, et lui recommande expressément de vous apprendre dans quel but je suis venu originairement au château de Douglas. Quand ce secret leur sera connu, il ne me restera plus qu'à exprimer aux deux chevaliers ma reconnaissance des peines et des angoisses que m'ont fait souffrir leurs violences et leurs menaces de rigueurs plus grandes encore.

» Et d'abord, pour ce qui regarde sir Aymer de Valence, je lui pardonne de tout mon cœur l'erreur dans laquelle il est tombé et à laquelle j'ai donné lieu moi-même; je serai toujours heureux de le revoir comme une ancienne connaissance, et de ne plus me rappeler le rôle qu'il a joué dans les événemens de ces derniers jours que comme un sujet de plaisanterie.

» Mais quant à sir John de Walton, je le prie de se demander si, dans la position où nous nous trouvons maintenant respectivement, sa conduite envers moi est telle que nous puissions jamais, lui l'oublier, moi la pardonner : et je pense qu'il me comprendra lorsque je lui déclare que toutes relations doivent cesser désormais entre lui et le prétendu

Augustin. »

— C'est de la folie! s'écria l'abbé, à la lecture de cette lettre, c'est de la folie toute pure! et je n'en suis pas étonné, car la folie est l'accompagnement assez ordinaire de cette maladie pestilentielle. Je ferai bien de recommander aux soldats qui arrêteront ce jeune Augustin de le mettre de suite au pain et à l'eau, sans pousser toutefois la diète jusqu'à le priver de ce qui est nécessaire au soutien de la vie ; et, certes, les plus savans docteurs ne pourraient que m'approuver, si je recommandais qu'on employât pour le guérir une dose convenable de discipline, à l'aide de courroies, de cilices, et, au besoin, de houssines et de fouets.

— Paix, mon révérend père! dit de Valence. La

vérité commence à se faire jour à mes yeux. Ou je me trompe fort, ou John de Walton aimerait mieux être écorché tout vivant que de souffrir que cet Augustin fût exposé même à la piqûre d'un moucheron. Au lieu de traiter ce jeune homme comme un fou, je suis prêt pour ma part à reconnaître que j'ai été sous le joug d'une illusion et d'un aveuglement incroyable ; et de par mon honneur ! si j'envoie mes gens à la recherche des fugitifs, ce sera en leur recommandant expressément, quand ils seront maîtres de leurs personnes, de les traiter avec le plus grand respect, et de les escorter, s'ils refusent de rentrer dans cette maison, jusqu'à toute autre place de sûreté qui pourra leur convenir.

— J'espère, dit l'abbé, qui semblait pénétré d'une étrange confusion, que je serai entendu au nom de l'église dans une affaire où il s'agit de l'enlèvement d'une nonne ? Vous voyez vous-même, sire chevalier, que ce vaurien de ménestrel ne témoigne ni regret ni repentir d'avoir pris part à un aussi énorme attentat.

— Soyez certain que vous serez entendu autant que vous pourrez le désirer, répondit le chevalier, si toutefois alors vous le désirez encore. En attendant, je vais retourner, sans tarder un instant, auprès de sir John de Walton, pour l'informer de la tournure qu'ont prise les choses. Adieu, révérend père. Sur mon honneur ! nous pouvons nous féliciter tous deux d'être délivrés d'une charge pénible qui pesait sur nous comme le plus horrible cauchemar ; et nous pouvons maintenant dissiper nos terreurs par un moyen bien simple : c'est de réveiller le dormeur. Mais, de par sainte Brigitte! le prêtre et le laïque doivent également compatir aux infortunes de sir John de Walton. Je vous assure, mon père, que si cette lettre, poursuivit-il en la montrant du doigt, doit s'interpréter dans son sens littéral en ce qui le concerne, depuis les bords du Solway jusqu'au lieu où nous sommes, il n'existe pas d'homme plus malheureux que lui. Faites trève à votre curiosité, digne prêtre, de crainte que cette affaire ne soit plus grave encore que je ne le pense, et qu'en croyant avoir rencontré la véritable explication, je n'aie encore à me reprocher de vous avoir induit en erreur. — Qu'on sonne le boute-selle! cria-t-il par la fenêtre de l'appartement, et que la troupe que j'ai amenée ici se prépare à battre les bois à son retour.

— Par ma foi! s'écria le père Jérôme, il est fort heureux que ce jeune écervelé m'abandonne enfin à mes propres réflexions. Je ne puis souffrir qu'un jeune homme prétende comprendre tout ce qui se passe autour de lui, quand des personnes qui valent mieux que lui sont obligées de convenir qu'elles n'y voient que ténèbres. Une pareille présomption ressemble à celle de cette folle et vaine sœur Ursule, qui prétendait lire avec son seul œil un manuscrit que je ne pouvais déchiffrer, moi, avec le secours de mes lunettes.

Ce discours n'aurait guère été du goût du jeune chevalier, et ce n'était pas là une des vérités que l'abbé eût aimé à faire entendre à ses oreilles; mais déjà sir Aymer avait pris congé de lui, en lui serrant la main, et il était à Hazelside, donnant des ordres particuliers à la petite troupe des archers et autres soldats. Il eut plus d'une fois occasion de réprimander Thomas Dickson, qui, avec une curiosité que le chevalier anglais n'était nullement disposé à excuser, s'efforçait d'obtenir quelques renseignemens sur les événemens de la nuit.

— Paix, drôle! dit-il; laisse aux autres le soin de leurs affaires, et sois certain que le moment viendra où tu auras assez de t'occuper des tiennes, sans t'embarrasser de celles d'autrui.

— Si je suis soupçonné de quelque chose, répondit Dickson d'un ton plus rude et plus brusque que de coutume, il me semble qu'il faudrait au moins me faire connaître quelle accusation on porte contre moi. Je n'ai pas besoin de vous dire que les lois de la chevalerie ne permettent point d'attaquer un ennemi sans défense.

— Quand tu seras chevalier, répondit sir Aymer de Valence, il sera assez temps d'examiner avec toi quelles sont les formalités prescrites à ton égard par les règles de la chevalerie. En attendant, tu ferais mieux de m'apprendre la part que tu as eue à l'apparition du fantôme guerrier qui a fait retentir le cri séditieux de Douglas dans la ville de ce nom.

— Je ne sais ce que vous voulez dire, répondit l'habitant d'Hazelside.

— Eh bien! alors, reprit le chevalier, prends bien garde de te mêler des affaires des autres, quand même ta conscience te garantirait que les tiennes ne doivent te donner aucune inquiétude.

En disant ces mots, il fit avancer son cheval sans attendre de réponse, et se livra au cours des pensées qui se succédaient en foule dans son cerveau.

— Je ne sais comment cela se fait, se disait-il; mais à peine un nuage s'est-il dissipé dans mon esprit, qu'il s'en élève à l'instant un nouveau. J'ai maintenant une parfaite certitude que cet Augustin n'est autre que l'objet secret de l'adoration de Walton, qui nous a causé tant de peines, et même occasioné quelques différends pendant ces dernières semaines. Sur mon honneur! cette belle dame est bien généreuse de me pardonner aussi sincèrement; et s'il lui plaît de ne pas se montrer aussi indulgente pour sir John de Walton, eh bien! alors..... — Eh bien! quoi ? — Ai-je le droit d'en conclure qu'elle m'a accordé dans ses affections la place qu'elle vient de retirer à Walton? Non! et quand même elle le ferait, serais-je capable de me prévaloir de ce changement pour chercher à l'emporter sur un compagnon et sur un frère d'armes? Ce serait une folie de songer seulement à une chose aussi invraisemblable. Quant à l'autre affaire, elle mérite une sérieuse considération. Ce fossoyeur a si long-temps vécu dans la compagnie des morts qu'il semble n'être plus fait pour la société des vivans! Et quant à ce Dickson d'Hazelside, comme ils l'appellent, il n'y a pas eu, dans ces guerres interminables, une seule tentative contre l'Angleterre dans laquelle cet homme n'ait été compromis. Quand ma vie en aurait dépendu, il m'était impossible de ne pas lui témoigner mes soupçons; qu'il en pense ensuite ce qu'il lui plaira.

En faisant ces réflexions, sir Aymer pressa son cheval, et arriva sans retard au château de Douglas, où il demanda, d'un ton plus aimable que de coutume, s'il pouvait être admis en la présence de sir

John de Walton, auquel il avait à annoncer d'importantes nouvelles. Il fut aussitôt introduit dans un appartement où le gouverneur était seul, occupé à déjeuner. Dans les termes où ils se trouvaient alors l'un vis-à-vis de l'autre, le gouverneur de Douglas-Dale témoigna quelque surprise d'une démarche aussi familière de la part de sir Aymer.

— Quelques nouvelles extraordinaires, dit gravement sir John, m'auront procuré aujourd'hui l'honneur de la compagnie de sir Aymer de Valence.

— C'est une nouvelle, répondit sir Aymer, qui paraît de la plus haute importance pour vos intérêts; et j'aurais mérité vos reproches si j'avais tardé un moment à vous la communiquer.

— Je recevrai avec bien du plaisir votre communication, répondit sir John.

— Et moi, répondit le jeune chevalier, je tiens singulièrement à avoir l'honneur de la découverte d'un mystère qui a échappé à la pénétration de sir John de Walton. En même temps, je ne voudrais pas que l'on me crût capable de m'amuser à vos dépens; ce qui m'arriverait infailliblement, si, par un malentendu, je donnais une fausse interprétation à cette affaire. Ainsi, avec votre permission, voici ce que nous allons faire. Nous irons ensemble à l'endroit où est renfermé Bertram le ménestrel. J'ai en ma possession un écrit de la personne qui était confiée aux soins de l'abbé Jérôme; cet écrit, tracé de la main délicate d'une femme, autorise le ménestrel à déclarer quels sont les motifs qui les ont amenés au château de Douglas.

— Il faut que cela soit comme vous le dites, répondit sir John de Walton, quoique je ne voie guère pourquoi nous devons attacher tant d'importance à un mystère qui peut être exprimé en si peu de mots.

En conséquence les deux chevaliers, conduits par un gardien, se rendirent au cachot où l'on avait relégué le ménestrel.

CHAPITRE XIII.

Les portes de la forteresse étant ouvertes laissèrent voir un de ces sombres cachots comme il y en avait beaucoup à cette époque, remplis de victimes qui avaient perdu tout espoir d'évasion, et dans lesquels pourtant l'ingénieux voleur de nos jours eût à peine daigné rester quelques heures. Les anneaux grossiers par lesquels les fers des prisonniers étaient joints entre eux et attachés au corps se trouvaient, quand on les examinait avec soin, n'être assujettis que par une rivure si faible, qu'en les frottant avec un acide mordant, ou en les limant patiemment avec une pierre à sablon, il était facile de la détacher complétement, de manière à les rendre inutiles. De même les verrous, quoique grands et forts en apparence, étaient d'une construction si grossière, que l'artisan le moins adroit pouvait aisément, par les mêmes moyens, réussir à les mettre en défaut. Le jour ne pénétrait dans le cachot souterrain qu'à midi, et par un passage tortueux fait exprès pour repousser les rayons de la lumière, tandis qu'il n'offrait aucun obstacle à la pluie et aux vents. Le principe qu'un prisonnier doit être regardé comme innocent jusqu'à ce que sa sentence soit prononcée par ses concitoyens n'était pas compris dans ces temps de force brutale : on lui procurait seulement une lampe, ou quelque autre adoucissement à sa misère, lorsque sa conduite était paisible et qu'il ne donnait aucune inquiétude à son geôlier en essayant de s'échapper. Telle était la solitude où l'on avait relégué Bertram, auquel toutefois sa douceur et sa patience avaient procuré tous les soulagemens qu'il était au pouvoir du gardien de lui accorder. On lui permit d'emporter avec lui dans sa prison le vieux livre qu'il s'amusait à parcourir dans sa solitude; on lui donna les matériaux nécessaires pour écrire; enfin on lui fournit tous les moyens de se distraire que peut avoir un homme enfermé dans l'intérieur d'un rocher, avec les connaissances que lui avait acquises son talent de ménestrel. Il leva la tête quand les chevaliers entrèrent, et le gouverneur dit à sir Aymer :

— Puisque vous semblez croire que vous possédez le secret de ce prisonnier, c'est à vous, sir Aymer de Valence, à mettre ce secret au jour de la manière que vous jugerez la plus convenable. Si cet homme ou son fils ont à se plaindre de violences inutiles, ce sera mon devoir de leur donner une indemnité; ce qui, je le pense, ne doit pas souffrir de difficulté.

Bertram regarda fixement le gouverneur, mais il n'aperçut rien dans sa physionomie qui pût faire soupçonner qu'il comprît mieux qu'auparavant le secret de cet emprisonnement; mais en tournant ses regards vers sir Aymer, il vit ses traits animés d'une singulière expression, et ils échangèrent entre eux un coup d'œil d'intelligence.

— Vous possédez donc mon secret? dit-il; et vous savez ce que cachait ce nom d'Augustin?

Sir Aymer fit un signe affirmatif, et le gouverneur, vivement ému, promenait alternativement ses regards sur le prisonnier et sur le chevalier de Valence.

— Sir Aymer, s'écria-t-il, au nom de vos titres de chevalier et de chrétien, au nom de l'honneur que vous avez à défendre sur cette terre, et de l'ame que vous ayez à sauver après la mort, je vous somme de me révéler ce que signifie ce mystère. Il se peut que vous ayez de justes sujets de plainte contre moi. — S'il en est ainsi, je vous donnerai la satisfaction que doit tout chevalier en pareille circonstance.

— Je conjure ce chevalier, interrompit vivement le ménestrel, au nom des vœux sacrés de son ordre, de ne divulguer aucun secret qui concerne une personne d'honneur et de courage, s'il n'a l'assurance positive qu'il agit avec le plein consentement de cette personne!

— Ce billet dissipera vos scrupules, dit sir Aymer en mettant l'écrit entre les mains du ménestrel; et quant à vous, sir John de Walton, loin de garder aucune rancune de la querelle qui a pu exister entre nous, je suis prêt à l'oublier entièrement, comme n'étant provenue que d'une suite de malentendus, qu'il n'était pas donné à l'intelligence humaine de prévenir. Et ne vous offensez pas, mon cher sir John, si je proteste, foi de chevalier! que j'éprouve une vive compassion pour la peine que va vous causer cet écrit, et que, si par mes efforts je pouvais vous aider le moins du monde à débrouiller les nœuds de cet écheveau, j'y travaillerais avec plus d'ardeur qu'à aucune autre entreprise de ma vie. Ce fidèle ménestrel verra bien maintenant qu'il peut sans difficulté révéler un secret que, j'en suis bien certain, sans cet écrit que je viens de lui remettre, il eût toujours gardé avec une fidélité inébranlable.

Sir Aymer donna alors à Walton une note rédigée par lui avant de quitter Sainte-Brigitte, dans laquelle il avait écrit l'interprétation qu'il donnait à ce mystère; et à peine le gouverneur eut-il lu le nom qui s'y trouvait que le même nom fut prononcé à haute voix par Bertram, qui présenta en même temps au gouverneur l'écrit que lui avait remis sir Aymer de Valence.

La plume blanche qui flottait au-dessus de la toque que l'on portait alors dans l'intérieur des appartemens n'était pas plus pâle que ne le devint le chevalier lui-même, lorsqu'il apprit, avec le plus profond étonnement, que la dame qui était, suivant le langage de la chevalerie, la reine de ses pensées et la maîtresse de ses actions, et à laquelle, même dans des temps moins héroïques, il aurait dû la plus vive reconnaissance pour le choix flatteur qu'elle avait fait de lui, était celle qu'il avait menacée de violences personnelles, et à qui il avait fait subir des rigueurs et des affronts, auxquels il n'eût pas soumis volontairement la dernière personne de son sexe.

Cependant sir John de Walton sembla d'abord comprendre à peine toutes les conséquences funestes qu'entraînerait pour lui cette déplorable complication de méprises. Il prit le papier des mains du ménestrel, et tandis que ses yeux, à la lueur de la lampe, se promenaient sur les caractères, sans que leur sens parût faire aucune impression distincte sur son esprit, Valence lui-même parut craindre qu'il ne fût sur le point de perdre la raison.

— Au nom du ciel, sir John, dit-il, soyez homme, et supportez avec un courage d'homme ces circonstances inattendues. J'aime à croire qu'elles n'entraîneront aucun fâcheux résultat qu'un homme d'esprit ne puisse prévenir. Cette belle dame, je l'espère, ne conservera pas un ressentiment exagéré d'une complication d'événemens qui sont la suite naturelle de votre empressement à accomplir un devoir d'où dépend le succès des espérances qu'elle vous a fait concevoir. Au nom de Dieu, prenez courage, sire chevalier; qu'on ne puisse pas dire que la crainte d'un regard défavorable d'une belle dame a pu abattre à ce point le plus brave chevalier de l'Angleterre, vous que l'on appelait Walton l'inébranlable. Au nom du ciel, voyons au moins si cette damoiselle a été réellement offensée, avant de conclure qu'elle est irrévocablement brouillée avec vous. Quelle est la cause première qui a fait naître toutes ces erreurs? Certainement, — on doit le dire, malgré tout le respect qui lui est dû, — c'est du caprice de cette dame elle-même que sont provenues tant de fatales méprises. Pensez un peu en homme et en soldat : supposez que vous-même, ou moi, soit pour éprouver la fidélité de nos sentinelles, soit pour toute autre raison, bonne ou mauvaise, nous tentions de pénétrer dans ce périlleux château de Douglas, sans donner le mot d'ordre aux soldats : aurions-nous droit de blâmer ceux qui seraient de faction, si, ne nous reconnaissant pas, ils nous refusaient énergiquement le passage, nous arrêtaient, et nous maltraitaient enfin, si nous voulions faire résistance, en exécution des ordres que nous leur aurions donnés nous-mêmes ? Quelle différence y a-t-il donc entre le devoir de ces sentinelles et le vôtre, John de Walton, dans cette singulière affaire, qui, de par le ciel ! devrait plutôt exercer la gaie science de cet excellent barde que fournir le sujet d'une solennelle lamentation ? Allons ! quittez ce sombre visage, sir John. Fâchez-vous, si vous le voulez, contre la dame qui a fait une pareille folie ; ou contre moi qui ai chevauché presque toute la nuit par monts et par vaux, et épuisé mon meilleur cheval, sans savoir comment je pourrai en avoir un autre tant que je ne serai pas réconcilié avec mon oncle Pembroke : ou enfin, si vous voulez que votre colère soit tout-à-fait extravagante, tournez-la contre ce digne ménestrel, coupable d'une fidélité si rare, et punissez-le d'une action pour laquelle il a mérité une chaîne d'or. Mettez-vous en fureur, s'il le faut ; mais bannissez ce sombre nuage qui ne doit pas obscurcir le front d'un homme, et d'un chevalier qui porte le baudrier.

Sir John de Walton fit un effort pour parler, et y réussit, non sans quelque peine. — Aymer de Valence, en irritant ainsi un homme furieux, vous jouez avec votre propre vie. Et — il se tut en achevant ces mots.

— Je suis charmé que vous puissiez en dire autant, répliqua son ami ; car je ne plaisantais pas quand je vous disais que j'aimerais mieux vous voir décharger sur moi une partie de votre colère, que vous attribuer tout le blâme à vous seul. Il serait honnête, je pense, de mettre sur-le-champ ce ménestrel en liberté; je vais toujours l'engager, pour l'amour de sa maîtresse, à être notre hôte, jusqu'à ce que lady Augusta de Berkely nous fasse le même honneur, et à nous aider à chercher le lieu où elle s'est retirée. — Bon ménestrel, ajouta-t-il, vous m'entendez; et vous ne vous étonnerez pas, je pense, si, avec tous les honneurs et tous les égards convenables, on vous retient encore quelques jours au château de Douglas.

— Il semble, sire chevalier, répondit le ménestrel, que vous songez moins au droit que vous pouvez avoir de faire une chose qu'au pouvoir qui vous est donné de la faire. Il faut nécessairement que je suive votre avis, puisque vous avez assez d'autorité pour que vos avis soient des ordres.

— Et j'espère, poursuivit Valence, que, lorsque vous retrouverez votre maîtresse, nous pourrons compter sur votre intercession pour nous obtenir le pardon de ce que nous avons fait contre son bon plaisir, puisque nos actions avaient un but si contraire aux apparences.

— Un seul mot, dit sir John de Walton. Je te donnerai une chaîne d'or assez lourde pour supporter le poids de ces menottes, afin de témoigner mon regret de t'avoir fait subir de pareilles indignités.

— En voilà assez, sir John, dit Valence. Ne faisons point d'autres promesses avant d'avoir donné à ce bon ménestrel quelque garantie de leur accomplissement. Suivez-moi par ici, et je vous communiquerai en particulier d'autres nouvelles qu'il est important que vous sachiez.

En disant ces mots, il entraîna Walton hors du cachot, et envoyant chercher le vieux chevalier sir Philippe de Montenay, dont nous avons déjà parlé, et qui remplissait les fonctions de maréchal du château, il lui donna l'ordre de faire sortir de prison le ménestrel, et de le traiter avec toutes sortes d'égards, en l'empêchant toutefois, aussi poliment que possible, de quitter le château sans être suivi d'un homme sûr.

— Maintenant, sir John, dit Valence, il me semble qu'il n'est guère civil de votre part de ne point me commander à déjeuner quand j'ai été toute la nuit occupé de vos affaires; et un verre de muscat serait, je pense, un préliminaire assez convenable, avant de traiter plus à fond cette matière difficile.

— Vous savez, répondit Walton, que vous êtes maître de donner tels ordres qu'il peut vous convenir, pourvu que vous m'appreniez sans retard ce que vous pouvez savoir encore sur les volontés de cette dame que nous avons offensée si grièvement, et moi, hélas! sans espoir de pardon.

— Vous pouvez être assuré, je l'espère, dit le chevalier de Valence, que la bonne damoiselle ne me veut aucun mal, puisqu'elle a expressément abjuré tout ressentiment contre moi. Ses expressions, vous le voyez, sont aussi claires que possible; lisez plutôt vous-même : — « Elle pardonne de tout son cœur au pauvre Aymer de Valence l'erreur dans laquelle il est tombé, et à laquelle elle-même a donné lieu; elle sera toujours heureuse de le revoir comme une ancienne connaissance, et de ne plus se rappeler l'histoire de ces derniers jours que comme un sujet de plaisanterie. » — Voilà ce qu'elle a expressément consigné par écrit.

— Oui, répondit sir John ; mais ne voyez-vous pas que l'amant qui l'a offensée est expressément exclu du pardon qu'elle accorde à celui qui est moins coupable ? N'avez-vous pas fait attention à la phrase suivante ? — Il prit l'écrit d'une main tremblante, et lut d'une voix altérée les mots qui le terminaient : — « Toute relation doit cesser désormais entre lui et le prétendu Augustin. » — Expliquez-moi quel sens peuvent avoir ces paroles, si elles ne signifient point la rupture et l'anéantissement de notre pacte, en un mot la destruction complète des espérances de sir John de Walton.

— Vous êtes un peu plus âgé que moi, sire chevalier, répondit Valence, et je confesse que vous avez plus de sagesse et d'expérience : je persiste pourtant à soutenir que l'on ne saurait donner à cette lettre le sens que votre esprit s'obstine à y attacher, sans supposer que la belle dame qui l'a écrite était dans un moment d'aberration mentale. — Pourquoi tressaillir, sir John, me regarder d'un œil courroucé, ou porter la main à votre épée ? Je n'affirme rien : ce que je répète, c'est qu'une femme sensée ne pourrait pardonner à une simple connaissance de lui avoir manqué involontairement de respect et d'égards, lorsqu'elle était cachée sous un déguisement, et en même temps rompre sans pitié avec l'amant auquel elle avait engagé sa foi, quoique l'erreur de celui-ci dans cette offense commune n'eût été ni plus grande

LE CHATEAU PÉRILLEUX.

ni plus prolongée que celle de la personne indifférente à son cœur.

— Ne proférez point de blasphèmes, dit si John de Walton ; et pardonnez-moi si, pour défendre la vérité et l'ange que je crains d'avoir à jamais perdu, je vous fais remarquer la différence que doit faire une damoiselle dont les sentimens sont un peu élevés, entre une offense commise par une simple connaissance, et la même offense provenant d'une personne que la préférence la moins méritée, les bienfaits les plus généreux, en un mot tout ce qui peut toucher le cœur de l'homme, obligeaient à faire de longues réflexions avant de prendre aucune part à rien de ce qui pouvait la toucher.

— Maintenant, sur mon honneur ! dit Aymer de Valence, je suis content de voir que vous essayez de raisonner, quoique vos raisonnemens soient bien peu raisonnables, puisqu'ils tendent à détruire vos espérances et à vous ôter toute chance de bonheur. Mais si, dans les détails de cette affaire, je me suis quelquefois conduit de manière à donner, soit au gouverneur, soit même à mon ami, quelques justes sujets de plainte, je veux maintenant réparer mes torts, John de Walton, en essayant de vous convaincre en dépit de votre fausse logique. — Mais voici le muscat et le déjeuner. Prendrez-vous quelques rafraîchissemens ? — ou partirons-nous sans goûter de ce vin généreux ?

— Au nom du ciel, répondit Walton, faites tout ce qu'il vous plaira, pourvu que vous me débarrassiez de votre babil importun.

— Non, vous ne me ferez point perdre le fil de

mes argumens, dit Valence en riant et en se versant une rasade à pleins bords. Si vous vous reconnaissez vaincu, j'aurai la modestie d'attribuer la victoire à la féconde inspiration de cette joyeuse liqueur.

— Faites ce que vous voudrez, dit Walton; mais mettez un terme à une discussion à laquelle vous n'entendez rien.

— Je repousse cette accusation, répondit le chevalier en essuyant ses lèvres après avoir vidé la coupe; et je vais vous parler, Walton l'intrépide, d'un chapitre de l'histoire des femmes auquel vous êtes un peu plus étranger que je ne le désirerais pour vous. Vous ne pouvez disconvenir que, à tort ou à raison, votre lady Augusta n'ait été beaucoup plus loin avec vous qu'il n'est d'usage de le faire dans la carrière de l'amour; elle vous a hardiment choisi, lorsqu'elle ne vous connaissait encore que comme la fleur de la chevalerie anglaise. — Je lui sais gré de sa franchise; — mais enfin c'était un choix que d'autres personnes de son sexe, d'une raison plus froide, eussent peut-être regardé comme téméraire et irréfléchi. — Ne vous offensez pas, je vous prie. — Je suis si loin de le penser ou de le dire, que je soutiendrais, la lance à la main, que la préférence qu'elle a donnée à sir John de Walton sur les mignons de la cour est le plus juste et le plus généreux de tous les choix, et que sa conduite a été aussi noble que sincère. Mais il est possible qu'elle-même craigne qu'on interprète mal sa conduite, et cette crainte peut l'avoir portée à saisir une occasion de témoigner à son amant une rigueur insolite et exagérée, pour compenser ce que pouvait avoir eu d'excessif, dans le commencement de ses relations avec lui, la franchise des encouragemens qu'elle lui avait accordés. Ne serait-il pas alors facile à son amant, au lieu de prendre parti contre lui-même, comme vous le faites lorsque votre raison s'égare, de se faire une arme contre elle de ces reproches que vous étiez assez fou pour approuver? Et alors, comme la jeune fille que l'on s'est trop hâté de prendre au mot pour un premier refus, elle aurait peut-être de la peine à retrouver une occasion d'agir suivant ses véritables sentimens, et de rétracter une sentence confirmée par celui même dont elle aurait détruit les espérances.

— Je vous entends, Valence, répondit le gouverneur de Douglas-Dale; et il ne m'est pas difficile de convenir que cette manière de voir peut être juste à l'égard de bien des femmes, mais non pas à l'égard d'Augusta de Berkely. Sur mon ame! je vous jure que j'aimerais mieux perdre la gloire du peu d'actions honorables qui m'ont valu, disiez-vous, une distinction aussi digne d'envie, que de m'en prévaloir pour avoir l'insolence de prétendre que l'attachement de cette dame pour moi fût si enraciné dans son cœur qu'il ne pût être ébranlé ni par le mérite d'un plus digne amant, ni par la faute énorme que j'ai commise envers l'objet de toutes mes affections. Non; elle seule aura le pouvoir de me persuader que sa bonté, égale à celle des saints qui intercèdent pour nous dans le ciel, me rendra dans son cœur la place que j'ai si indignement perdue par une stupidité qui n'est comparable qu'à celle des brutes.

— Si telle est votre pensée, dit Aymer de Valence; je n'ai plus qu'un mot à ajouter. — Pardonnez-moi si je m'explique aussi positivement. — C'est à lady Augusta, comme vous le dites avec raison, à décider la question en dernier ressort. Mes argumens ne vont pas jusqu'à vous conseiller de réclamer sa main, même contre sa volonté; mais, pour savoir sa détermination, il faut découvrir le lieu de sa retraite, ce que je suis malheureusement hors d'état de vous apprendre.

— Ciel! que dites-vous? s'écria le gouverneur qui commençait seulement à comprendre toute l'étendue de son malheur; où s'est-elle enfuie? et avec quel compagnon?

— Elle est allée, je suppose, dit Valence, à la recherche d'un amant plus entreprenant que celui qui est si disposé à croire que le moindre air de dédain suffit pour porter un coup mortel à ses espérances. Peut-être cherche-t-elle le Noir Douglas, ou quelque autre héros de l'ordre du Chardon, pour donner ses terres, ses seigneuries et sa beauté en récompense de la vertu et du courage qu'elle attribuait autrefois à sir John de Walton. Mais, à parler sérieusement, il se passe autour de vous des événemens d'une étrange gravité. J'en ai vu assez, la nuit dernière, en allant à Sainte-Brigitte, pour me défier de tout ce qui m'environne. Je vous ai envoyé le vieux fossoyeur de l'église de Douglas que j'avais fait arrêter. Je l'ai trouvé fort opiniâtre dans quelques interrogatoires que j'ai jugé à propos de lui faire subir. Mais nous reviendrons là-dessus une autre fois. La fuite de cette dame n'ajoute pas peu aux difficultés dont nous sommes entourés dans ce maudit château.

— Aymer de Valence, dit Walton d'un ton solennel et énergique, le château de Douglas sera défendu comme nous avons réussi à le faire jusqu'ici avec l'aide du ciel, et continuera à étaler sur ses créneaux les larges plis de la bannière de saint Georges. Advienne ce qui pourra de moi durant ma vie ; je mourrai le fidèle amant d'Augusta de Berkely, quand je ne devrais plus être le chevalier de son choix. Il y a des cloîtres et des solitudes...

— Oui, vraiment il y en a, interrompit sir Aymer ; et ce qui vaut mieux encore, des ceintures de chanvre et des chapelets de bois de chêne. Mais laissons tout cela, jusqu'à ce que nous ayons découvert où se trouve lady Augusta, et quelles sont ses intentions actuelles.

— Vous avez raison, reprit Walton ; consultons-nous pour imaginer quelque moyen de découvrir, s'il est possible, la retraite où s'est si précipitamment réfugiée la noble dame. Et, certes, elle m'a fait injure si elle a supposé que l'on n'eût pas fidèlement accompli les ordres dont elle aurait honoré le gouverneur de Douglas-Dale ou un des hommes qu'il commande.

— Maintenant, dit Valence, votre langage est celui d'un vrai fils de la chevalerie. Avec votre permission, nous ferons venir le ménestrel en notre présence. Il a montré une rare fidélité à sa maîtresse ; et, dans l'état actuel des choses, il faut que nous nous mettions sur-le-champ en mesure de découvrir le lieu de la retraite de lady Augusta.

CHAPITRE XIV.

> Le chemin, mes enfans, est long et raboteux ;
> Les rocs sont escarpés, les bois sont ténébreux :
> Mais, voyez-vous, celui qui, depuis sa naissance,
> N'a connu du destin que les douces faveurs,
> Ne saurait acquérir la rude expérience
> Qui seule peut former les grands et nobles cœurs.
> *Vers d'une ancienne comédie.*

La journée n'était pas encore avancée, lorsque le gouverneur et Aymer de Valence, après avoir appelé de nouveau Bertram à prendre part à leurs délibérations, rassemblèrent la garnison de Douglas ; et il fut décidé qu'un certain nombre de petits détachemens, indépendamment de ceux qui avaient déjà été expédiés d'Hazelside par sir Aymer, seraient envoyés à la poursuite des fugitifs, avec l'injonction sévère de les traiter, s'ils les atteignaient, avec le plus grand respect, d'obéir même à leurs ordres, mais seulement d'observer exactement le lieu où ils pourraient se retirer. Pour faciliter ce résultat, ils découvrirent à quelques soldats de confiance quels étaient véritablement le prétendu pélerin et la nonne fugitive. Tout le pays, forêt ou marécage, dans un rayon de plusieurs milles du château de Douglas, fut couvert et traversé par des détachemens, dont l'empressement à découvrir les fugitifs était égal à la récompense promise généreusement par Walton et Valence en cas de succès. Ils ne manquèrent pas en même temps de prendre de tous côtés toutes les informations qui devaient mettre sur la trace des machinations que les insurgés écossais pouvaient tramer dans ces contrées sauvages, ce que nous avons déjà vu que Valence en particulier soupçonnait fortement. Leurs instructions étaient, s'ils en découvraient, de sévir contre les personnes compromises de la manière la plus rigoureuse, en se conformant aux ordres que Walton avait donnés lui-même, à l'époque où Douglas-le-Noir et ses complices avaient été les principaux objets de son active défiance. Ces détachemens divers avaient considérablement réduit la force de la garnison; mais, malgré leur nombre, leur activité, et quoiqu'ils eussent été envoyés dans toutes les directions, ils n'eurent pas le bonheur de découvrir les traces de lady Berkely, ni de rencontrer aucune troupe d'insurgés écossais.

Cependant nos deux fugitives étaient parties, comme nous l'avons vu, du couvent de Sainte-Brigitte sous la conduite d'un cavalier, dont lady Augusta ne savait rien, si ce n'est qu'il devait guider leurs pas dans une direction où elles ne seraient pas exposées au danger d'être poursuivies. Enfin Marguerite de Hautlieu fit tomber elle-même la conversation sur ce sujet.

— Vous ne vous êtes pas informée, lady Augusta, dit-elle, ni du lieu où nous allions, ni du nom de notre conducteur, quoiqu'il me semble que ce fussent des renseignemens d'une haute importance pour vous ?

— Ne me suffit-il pas de savoir, répondit Augusta, que je voyage, ma bonne sœur, sous la protection d'un homme à qui vous vous confiez vous-même comme à un ami ! et pourquoi me tourmenterais-je à chercher d'autres garanties pour ma sûreté ?

— Simplement, dit Marguerite, parce que les personnes avec lesquelles je me trouve en rapport, par suite de l'état de mon pays et de ma famille, ne sont pas précisément les protecteurs auxquels vous, lady Augusta, vous pourriez vous confier en toute sûreté ?

— Dans quel sens employez-vous ces paroles ? dit lady Augusta.

— C'est que, voyez-vous, répondit Marguerite, les Bruce, les Douglas, Malcom Fleming et autres, tout en étant incapables de profiter d'un pareil avantage dans quelque intention coupable, pourraient néanmoins céder à la vive tentation de vous regarder comme un otage, jeté entre leurs mains par la Providence, et par l'entremise duquel ils pourraient entrevoir la possibilité d'obtenir des conditions plus favorables pour leur parti abattu et dispersé.

— Ils pourraient me faire l'objet d'un pareil traité après ma mort ; mais, croyez-moi, jamais de mon vivant. Soyez aussi bien convaincue que, quelle que fût la honte, la douleur, l'agonie que j'éprouvasse à me replacer sous le pouvoir de Walton; oui, je me remettrais plutôt entre ses mains, — que dis-je, entre ses mains! — je me rendrais plutôt à l'archer le plus obscur de mon pays natal, que de m'entendre avec ses ennemis pour nuire à la joyeuse Angleterre, — l'Angleterre ma patrie, — ce pays qui fait l'envie de tous les autres pays, et l'orgueil de tous ceux qui se peuvent dire ses enfans!

— Je pensais qu'en effet tel serait votre choix, dit lady Marguerite; et puisque vous m'avez honorée de votre confiance, je voudrais y répondre en vous plaçant dans la situation que vous désirez vous-même, autant du moins que les faibles ressources dont je puis disposer me le permettront. Avant une demi-heure, nous courons le risque d'être découvertes par les détachemens anglais qui ont été envoyés de tous côtés à notre poursuite. Maintenant, écoutez bien, lady Augusta, je connais un endroit où je puis me réfugier avec mes amis et mes compatriotes, ces braves Écossais qui, dans ce siècle déshonoré, n'ont jamais fléchi le genou devant Baal. Dans d'autres temps j'aurais pu vous répondre de leur honneur comme du mien : mais depuis peu, je ne dois point vous le cacher, ils ont été mis à ces épreuves terribles qui aigrissent les cœurs les plus généreux, et qui les poussent à des accès de frénésie d'autant plus effrayans qu'ils ont pour premier mobile les plus nobles sentimens. Celui qui se voit privé de son droit de naissance, dénoncé, exposé à la confiscation et à la mort, parce qu'il défend les droits de son roi, la cause de son pays; celui-là cesse de son côté d'être bien scrupuleux sur le degré de représailles qu'il lui est permis d'exercer pour venger de pareilles injures ; et, croyez-moi, je regretterais toute ma vie de vous avoir placée dans une situation qui pourrait vous affliger ou vous paraître humiliante.

— En un mot, dit la jeune anglaise, que pensez-vous que j'aie à craindre de vos amis, que vous m'excuserez de traiter de rebelles?

— Si, dit la sœur Ursule, vos amis, que vous m'excuserez de traiter d'oppresseurs et de tyrans, saisissent nos châteaux, confisquent nos biens, nous prennent jusqu'à la vie, vous conviendrez que les lois de la guerre accordent aux miens le droit de représailles. Il n'est pas à craindre que de pareils hommes, dans quelques circonstances qu'ils se trouvent placés, se portent jamais à des actes de cruauté, se permettent jamais aucun outrage envers une dame de votre rang; mais une autre chose à considérer, c'est s'ils s'abstiendront de tirer parti de votre captivité, comme c'est l'usage en temps de guerre. Vous ne vous soucieriez pas, je pense, d'être rendue aux Anglais, à condition que sir John de Walton remît le château de Douglas à son maître naturel; et cependant, si vous étiez entre les mains de Bruce ou de Douglas, quoique je pusse garantir que vous seriez traitée par eux avec tout le respect que vous méritez, je ne voudrais pas répondre qu'ils n'exigeassent pas pour vous une semblable rançon.

— J'aimerais mieux mourir! s'écria lady Augusta, que de voir mon nom compromis dans un traité aussi honteux; et Walton, j'en suis certaine, ne répondrait à un pareil message qu'en faisant décapiter le messager et en le jetant du haut de la tour la plus élevée du château de Douglas.

— Où voudriez-vous donc aller à présent, s'il était en votre pouvoir de choisir?

— Dans mon château, où, s'il le fallait, je pourrais me défendre, même contre le roi, jusqu'à ce que je pusse placer du moins ma personne sous la protection de l'église.

— En ce cas, reprit Marguerite, je n'ai que des moyens bien précaires de vous être utile. Cependant je vais vous donner à choisir entre deux partis, quoique par là j'expose mes amis à quelque risque de voir découvrir et déconcerter leurs projets. Mais la confiance que vous m'avez accordée me fait un devoir de n'être pas moins sincère avec vous. Il dépend de vous ou de vous rendre avec moi au rendez-vous secret de Douglas et de ses amis, que je ne devrais peut-être pas vous faire connaître, et d'y courir la chance de la réception qui vous y sera faite, puisque tout ce que je puis vous promettre, c'est que personnellement vous y serez traitée avec les plus grands égards ; ou bien, si ce parti vous semble trop hasardeux, de chercher tout de suite à gagner la frontière. Dans ce dernier cas, je vous accompagnerai aussi loin qu'il me sera possible dans la direction des postes anglais, et ensuite je vous laisserai poursuivre votre voyage et chercher un gardien et un conducteur parmi vos compatriotes. Trop heureuse si je parviens moi-même à éviter d'être prise, puisque l'abbé ne balancerait pas à infliger la mort à une nonne infidèle.

— Mais, ma sœur, il ne pourrait se permettre une pareille barbarie envers une personne qui n'a jamais prononcé de vœux religieux, et qui, d'après les lois de l'église, a encore le droit de choisir entre le monde et le voile !

— De choisir ! dit lady Marguerite. — Oui, de ces choix qu'ils offraient aux braves victimes qui sont tombées entre les mains des Anglais pendant ces guerres impitoyables ; — de ces choix qu'ils offraient à Wallace, le champion de l'Écosse ; — à Hay, le noble et le libre ; à Sommerville, la fleur de la chevalerie ; — à Athol, allié par le sang au roi Édouard lui-même : héros qui n'étaient pas plus des traîtres, bien qu'ils aient été exécutés comme tels, que Marguerite de Hautlieu n'est une nonne infidèle.

Elle parlait avec quelque vivacité ; car elle craignait que la jeune Anglaise ne l'accusât intérieurement de quelque froideur, tandis qu'elle se rendait le témoignage de manifester tout l'intérêt qu'il lui était possible d'accorder dans des circonstances aussi douteuses.

— Et après tout, ajouta-t-elle, vous, lady Augusta de Berkely, que risquez-vous, en vous exposant à tomber entre les mains de votre amant ? quel danger terrible courez-vous ? Vous n'avez pas à craindre, ce me semble, d'être enfermée entre quatre murailles, avec un panier de pain et une cruche d'eau pour toute nourriture. Car, si je venais à être arrêtée, je n'en aurais point d'autre pendant le peu de temps qui me resterait encore à vivre. Il y a plus : quand même vous seriez livrée à ces Écossais rebelles, comme vous les appelez, une captivité, au milieu de riantes collines, rendue tolérable par l'espoir d'une prompte délivrance et par tous les adoucissemens que vos gardiens pourraient inventer et que les circonstances où ils se trouvent pourraient permettre, ne serait pas, je crois, un sort si difficile à supporter.

— Néanmoins, dit Augusta, il a dû me paraître assez effrayant, puisque c'est pour l'éviter que je me suis jetée sous votre protection.

— Et quels que puissent être vos pensées ou vos soupçons, répondit la novice, je vous suis aussi dévouée que jamais fille le fut à une autre ; et je vous serai aussi fidèle que jamais sœur Ursule le fut à ses vœux, bien qu'elle ne les ait jamais prononcés complétement. Non, jamais je ne trahirai votre secret, même au risque de trahir le mien.

— Écoutez, dit-elle en s'arrêtant tout à coup. N'entendez-vous pas ?

Le son auquel elle faisait allusion était la même imitation du cri d'un hibou que lady Augusta avait déjà entendu sous les murs du couvent.

— Ces sons, dit Marguerite de Hautlieu, m'annoncent qu'il y a près d'ici quelqu'un qui est plus capable que moi de nous diriger dans cette circonstance. Je vais aller en avant pour lui parler ; et, pendant ce temps, cet homme, qui nous sert de guide, restera auprès de vous. Dès qu'il quittera la bride de votre cheval, n'attendez pas d'autre signal, mais élancez-vous en avant sur le chemin boisé, et suivez les avis et les instructions qui vous seront donnés.

— Arrêtez ! arrêtez ! s'écria lady Augusta ; — ne m'abandonnez pas dans ce moment d'incertitude et de détresse !

— Il le faut pour notre salut commun, répondit Marguerite. Moi aussi je suis dans l'incertitude, — moi aussi je suis dans la détresse ; et la patience et l'obéissance sont les seules vertus qui puissent nous sauver toutes deux.

En disant ces mots, elle frappa son cheval de sa houssine, et s'éloignant rapidement, elle disparut au milieu d'un épais taillis. Lady Augusta aurait voulu la suivre, mais le cavalier qui l'accompagnait mit la main sur la bride de son palefroi, en lui adressant un regard qui annonçait qu'il ne lui serait pas permis d'avancer dans cette direction. Effrayée, sans pouvoir se dire exactement pourquoi, Augusta resta les yeux fixés sur le bois, s'attendant, par une sorte d'instinct, à voir tout à coup sortir de ses sombres détours une bande d'archers anglais ou de farouches Écossais, et sachant à peine laquelle de ces deux apparitions lui causerait le plus d'horreur. Dans cet état d'angoisse, elle fit une nouvelle tentative pour continuer sa route; mais la vigueur avec laquelle son compagnon retint la bride de sa monture lui prouva suffisamment que, pour l'empêcher d'avancer, il ne manquerait pas d'employer la force qu'il possédait. Enfin, après un intervalle d'environ dix minutes, le cavalier retira sa main, et lui indiquant de la pointe de sa lance le taillis à travers lequel serpentait un sentier étroit qu'on distinguait à peine, il sembla intimer à lady Augusta que sa route était de ce côté, et qu'il ne l'empêchait plus de la suivre.

— Ne viendrez-vous pas avec moi? demanda la jeune Anglaise, qui, s'étant accoutumée à la compagnie de cet homme depuis qu'ils avaient quitté le couvent, en était venue par degrés à le regarder comme une sorte de protecteur. Mais celui-ci secoua gravement la tête, comme pour s'excuser de ne point accéder à une demande qu'il n'était pas en son pouvoir d'accorder; et lançant son cheval dans une autre direction, il s'éloigna avec une telle vitesse qu'il fut bientôt hors de vue. Lady Augusta n'avait d'autre alternative que de prendre le sentier du taillis, qui avait été suivi par Marguerite de Hautlieu; et il n'y avait pas long-temps qu'elle y était entrée, lorsqu'un singulier spectacle s'offrit à ses regards.

A mesure qu'elle s'était avancée, elle avait remarqué que, quoique bordé par une haie de broussailles, le bois ne se composait, dans l'intérieur, que de quelques arbres magnifiques, qui semblaient avoir dû être les ancêtres de la forêt, et qui, quoique peu nombreux, suffisaient pour couvrir tout l'espace libre, par la grande dimension de leurs branches entrelacées. Sous un de ces arbres était étendu une sorte de bloc grisâtre qui, en se déroulant, se trouva être un homme armé de pied en cap, mais dont le costume, aussi étrange que possible, indiquait un de ces bizarres caprices particuliers aux chevaliers de cette époque. Son armure était peinte avec beaucoup d'habileté, de manière à représenter un squelette; le corselet et la cuirasse de derrière formaient les côtes. Le bouclier représentait un hibou les ailes étendues, et cette devise était répétée sur le casque, qui semblait être entièrement couvert par la figure d'un de ces oiseaux de sinistre augure. Mais ce qui surtout était de nature à exciter la surprise, c'étaient la taille et la maigreur extraordinaire du personnage, qui, en se levant de terre et en se dressant sur ses pieds dans toute sa hauteur, ressemblait plutôt à une apparition qui sort lentement du tombeau, qu'à un homme ordinaire qui se relève. Le cheval que montait lady Augusta recula en arrière et se mit à hennir, soit par suite du changement subit de position de ce spectre animé, soit qu'il fût affecté désagréablement par une certaine odeur qui accompagna sa présence. La jeune dame elle-même manifesta quelque alarme, car, quoiqu'elle ne crût pas entièrement qu'elle était en présence d'un être surnaturel, cependant, de tous les déguisemens de chevalerie les plus étranges et les plus fous, c'était, sans contredit, le plus inconcevable qu'elle eût jamais vu ; et si l'on considère combien les rêveries extravagantes des chevaliers de cette époque approchaient souvent de la folie, on trouvera pour le moins qu'il n'était pas très-rassurant de se trouver seule, au milieu d'une forêt sauvage, avec un personnage couvert des emblèmes de la reine de la Terreur elle-même. Néanmoins, quels que pussent être et le caractère et les projets du chevalier, elle résolut de l'aborder en employant le langage et les manières en usage dans les romans dans des occasions semblables, espérant, si c'était un fou, que du moins ce pourrait être un fou paisible, sur lequel la politesse aurait quelque empire.

— Sir chevalier, dit-elle en cherchant à prendre un ton d'assurance, ce serait un vif sujet de regret pour moi si par ma brusque approche j'avais troublé vos méditations solitaires. Mon cheval, sentant sans doute le voisinage du vôtre, m'a amenée ici sans que je susse qui j'allais rencontrer.

— Je suis un être, répondit l'étranger d'un ton solennel, que peu d'hommes cherchent à rencontrer avant que le moment arrive où ils ne peuvent plus l'éviter.

— Vos paroles, sire chevalier, sont d'accord avec le personnage lugubre qu'il vous a plu de représenter. Me sera-t-il permis de m'adresser à celui dont l'extérieur est si formidable pour le prier de me donner quelques renseignemens qui servent à me guider à travers cette forêt sauvage? Pourrait-il, par exemple, me dire le nom du château, de la ville ou de l'hôtellerie la plus voisine, et m'indiquer le chemin qui m'y conduira le plus sûrement?

— C'est une singulière audace, répondit le chevalier du Tombeau, que d'entrer en conversation avec celui qui est surnommé l'Implacable, l'Inflexible, l'Inexorable, que même l'être le plus misérable s'abstient d'appeler à son secours, de peur que ses prières ne soient trop vite exaucées.

— Sire chevalier, reprit lady Augusta, le personnage que vous avez entrepris de soutenir, sans doute pour de bonnes raisons, vous dicte un langage particulier. Mais quoique votre rôle soit bien lugubre, il ne doit pas s'opposer, je suppose, à ce que vous remplissiez ces actes de civilité à l'accomplissement desquels vous avez dû vous astreindre en prononçant les nobles vœux de la chevalerie.

— Si vous voulez que je sois votre guide, reprit le chevalier, ce n'est qu'à une seule condition que je puis vous accorder les renseignemens que vous désirez ; et cette condition, c'est de suivre mes pas sans me faire aucune question sur le but de notre voyage.

— Il faudra bien que je m'y soumette, si vous consentez vous-même à me servir de guide. Je suis persuadée au fond du cœur que je vois en vous un de ces malheureux nobles d'Écosse qui ont pris les armes, comme ils le disent, pour la défense de leurs libertés. Une entreprise téméraire m'a conduite dans la sphère de votre influence; et maintenant la seule faveur que j'aie à vous demander, à vous à qui je n'ai jamais fait ni voulu faire aucun mal, c'est de me guider, ainsi que votre connaissance du pays doit vous mettre à même de le faire, vers les frontières d'Angleterre. Soyez bien convaincu que, partout où je pourrai passer, vos lieux de retraite, vos embuscades, seront pour moi des choses invisibles, comme si elles étaient effectivement cachées à mes yeux par le tombeau même de la reine dont il vous a plu de prendre les attributs; et si une somme d'argent, suffisante pour payer la rançon d'un comte opulent, peut acheter une semblable faveur, cette rançon sera remise avec la même fidélité que jamais rançon fut payée par un captif au chevalier qui l'avait fait prisonnier. Ne me refusez pas, illustre Bruce, ou noble Douglas : — car je ne doute pas que ce ne soit à l'un ou à l'autre de vous que je m'adresse dans cette cruelle extrémité. On parle de vous comme d'ennemis terribles, mais comme de chevaliers généreux et d'amis fidèles. Songez, songez, je vous en prie, combien il vous serait doux que vos amis et vos parens, dans des circonstances semblables, trouvassent pitié et compassion auprès des chevaliers d'Angleterre.

— Et en ont-ils montré? dit le chevalier d'une voix plus lugubre qu'auparavant. Et est-il sage à vous, lorsque vous implorez la protection d'un être que vous croyez être un vrai chevalier écossais, unique-

ment à cause de l'extravagance et de l'extrême misère de son costume; — est-il sage à vous, dis-je, de lui rappeler la manière dont les lords de l'Angleterre ont traité les charmantes filles et les nobles dames de l'Écosse? Les cages qui leur servaient de prison n'ont-elles pas été suspendues aux créneaux du château, afin que leur captivité fût à portée de la vue du plus vil bourgeois à qui il pourrait prendre envie de contempler les misères des plus nobles pairesses, — que dis-je? de la reine même d'Écosse (1)? Sont-ce là des souvenirs qui peuvent inspirer à un chevalier écossais de la compassion pour une dame anglaise? Est-ce une pensée qui puisse produire d'autre effet que d'augmenter cette haine profonde contre Édouard Plantagenet, l'auteur de tous nos maux, qui bouillonne dans toutes les gouttes de sang écossais?
— Non; tout ce que vous pouvez prétendre, c'est que, froid et insensible comme le tombeau que je représente, je vous laisse sans secours dans cet état désespéré où vous dites que vous êtes.

— Vous n'aurez point cette inhumanité! une pareille conduite vous ferait perdre tous les droits à la renommée que vous avez acquise par votre épée ou votre lance. Ce serait abjurer complètement ce sentiment de justice qui porte à défendre le faible contre le fort. Ce serait vouloir vous venger des outrages et de la tyrannie d'Édouard Plantagenet sur les dames et damoiselles d'Angleterre, qui n'ont pas accès dans

---

(1) L'épouse de Robert Bruce, et la comtesse de Buchan, qui, comme descendant de Macduff, le couronna à Scone, subirent un emprisonnement de ce genre.

son conseil, et qui peut-être n'approuvent pas ces guerres contre l'Écosse.

— Vous ne retireriez donc pas votre demande, quand même je vous apprendrais les maux que vous auriez à supporter, si nous venions à tomber entre les mains des Anglais, et qu'ils vous trouvassent sous une protection aussi fatale que la mienne?

— Soyez convaincu que cette perspective n'ébranle en rien ma résolution ni mon désir de vous prendre pour guide. Peut-être savez-vous qui je suis, et alors vous pouvez juger jusqu'à quel point Édouard lui-même se croirait en droit de me punir.

— Comment saurais-je qui vous êtes ou quelle peut être votre position? Il faut qu'elle soit bien remarquable en effet, si elle peut arrêter l'implacable Édouard, ou lui inspirer quelques sentimens de justice ou d'humanité. Tous ceux qui le connaissent savent bien que ce ne sont pas des considérations ordinaires qui l'empêcheraient de se livrer à ses penchans farouches. Mais quoi qu'il en soit, madame, si vous êtes une dame, puisque vous réclamez mon appui, il faut bien que je réponde de mon mieux à votre confiance. Pour cela il faut que vous vous laissiez guider implicitement par mes avis, qui vous seront donnés sous la forme du monde spirituel; car ce seront des ordres plutôt que des instructions détaillées, et ils seront le résultat de ma volonté plutôt que d'aucun raisonnement. C'est la seule manière dont je puisse vous être utile; autrement, il est très-probable que je vous manquerais au besoin, et je disparaîtrais d'auprès de vous, comme un fantôme qui craint l'approche du jour.

— Vous ne sauriez être aussi cruel ! — Un chevalier, un noble, — et je suis convaincue que vous êtes l'un et l'autre, — a des devoirs à remplir auxquels vous ne pouvez manquer.

— Il en a, je le sais, et ils sont sacrés pour moi. Mais il est aussi des devoirs qui sont doublement obligatoires, et auxquels je dois sacrifier ceux qui autrement me porteraient à me dévouer à votre service. La seule question est de savoir si vous vous sentez disposée à accepter ma protection dans les limites restreintes que je suis obligé de me prescrire, ou si vous préférez que nous suivions chacun notre chemin, abandonnés à nos propres ressources, et laissant le reste à la Providence ?

— Hélas ! menacée et poursuivie comme je le suis, me dire de prendre moi-même un parti, c'est demander au malheureux qui tombe dans un pricipice de calculer avec calme quelle branche d'arbre il fera mieux de saisir pour amortir sa chute. Il répondra nécessairement qu'il s'attachera à celle qui lui sera le plus facile d'atteindre, et qu'il abandonnera le reste à la Providence ? J'accepte donc votre protection avec les restrictions qu'il vous plaît d'y mettre, et c'est en vous et dans le ciel que je place ma confiance. Mais, pour pouvoir m'aider efficacement, il faut que vous connaissiez mon nom et ma position.

— Votre compagne m'en a déjà instruit; car ne pensez pas, jeune dame, que ni le rang, ni la beauté, ni les plus vastes domaines, ni les talens les plus accomplis, puissent être de quelque prix aux yeux de celui qui porte la livrée du tombeau, et dont les affections et les désirs sont depuis long-temps ensevelis dans le sépulcre.

— Que votre foi soit aussi ferme que vos paroles paraissent sévères, dit lady Augusta, et je me confie à vous sans la moindre crainte, persuadée que ma confiance ne sera point trompée.

CHAPITRE XV.

Comme le chien qui suit son maître, lorsque celui-ci veut lui apprendre quelque jeu dans lequel il désire qu'il excelle, lady Augusta se voyait traitée avec une rigueur qui semblait lui faire sentir la nécessité d'une obéissance aveugle à l'égard du chevalier du Tombeau, dans lequel elle avait cru voir, dès le premier abord, un des principaux partisans de Douglas, sinon James Douglas lui-même. Cependant, l'idée qu'elle s'était formée jusqu'alors du redoutable Douglas était celle d'un chevalier remplissant avec une scrupuleuse exactitude les devoirs de sa noble profession, dévoué notamment au service du beau sexe, n'ayant enfin rien de commun avec le personnage auquel elle se trouvait si étrangement unie comme par une espèce de sortilége.

Néanmoins, comme pour empêcher un plus long pourparler, le chevalier du Tombeau s'élança brusquement dans un des labyrinthes du bois, et fit adopter à sa monture un pas qu'à cause de la nature du terrain le palefroi que montait lady Augusta eut beaucoup de peine à prendre. Elle le suivait en montrant l'alarme et l'empressement du jeune épagneul qui, par crainte plus que par attachement, s'efforce de marcher sur la trace d'un maître sévère. La comparaison, il est vrai, n'est pas très-polie, et ne convient pas entièrement à un siècle où les femmes étaient adorées avec une sorte d'idolâtrie; mais les circonstances telles que celles que nous décrivons sont rares, et lady Augusta ne pouvait s'ôter de l'idée que le champion terrible dont le nom avait été si long-temps le sujet de ses inquiétudes et la terreur de tout le pays pourrait, d'une manière ou d'une autre, accomplir sa délivrance. Elle fit donc les plus grands efforts pour ne pas perdre de vue cette apparition sépulcrale, et elle suivit le chevalier comme l'ombre du soir accompagne le paysan en retard.

Comme il était évident que cette course forcée et la difficulté d'empêcher son palefroi de faire un faux pas dans ces sentiers raides et raboteux fatiguaient extrêmement la jeune dame, le chevalier ralentit le pas, regarda autour de lui d'un air inquiet, et se dit à lui-même, quoique sans doute dans l'intention que sa compagne l'entendît : — Il n'est pas nécessaire de tant se hâter.

Il alla plus lentement jusqu'au moment où, au milieu des nombreuses irrégularités que présentaient la surface du terrain, ils arrivèrent sur le bord d'un ravin formé par les torrens soudains, particuliers à cette contrée, et qui, serpentant autour des arbres et des taillis, offraient une foule de retraites profondes, donnant l'une dans l'autre, de telle sorte qu'il n'y avait peut-être pas au monde de lieu plus convenable pour une embuscade. L'endroit où l'habitant des frontières, Turnbull, avait effectué son évasion pendant la partie de chasse, offrait un échantillon de ce terrain continuellement coupé; et peut-être communiquait-il aux différens buissons et aux détours sans nombre par lesquels le chevalier faisait passer sa compagne, quoique cet endroit fût à une distance considérable de la route qu'ils suivaient alors.

Cependant le chevalier continuait à avancer, et il semblait plutôt chercher à égarer lady Augusta au milieu de ces bois interminables, que suivre un chemin fixe. Ils redescendaient par un autre sentier la même colline qu'ils venaient de gravir, ne trouvant partout que des solitudes sans bornes, et toutes les variétés que peut offrir un paysage boisé. Si une partie du pays offrait quelques traces de culture, le chevalier les évitait avec soin. Cependant, il ne pouvait diriger sa course avec tant de certitude qu'il ne passât pas quelquefois près d'habitans et de cultivateurs, que la vue d'un être si extraordinaire ne semblait pas surprendre, quoiqu'ils ne manifestassent jamais par aucun signe qu'ils le reconnussent. Il était facile d'en conclure que le chevalier-spectre était connu dans le pays, et qu'il y avait des partisans ou des complices qui lui étaient du moins assez dévoués pour ne pas donner l'alarme et trahir sa présence. L'imitation du cri du hibou, hôte trop assidu de ces solitudes pour que ces sons pussent être un sujet de surprise, semblait être un signal en usage parmi eux; car on l'entendait dans différentes parties du bois, et lady Augusta, qui dans ses autres voyages sous la conduite du ménestrel Bertram avait acquis de l'expérience à cet égard, put observer qu'en entendant ces cris sauvages, son guide changeait aussitôt de direction et s'enfonçait dans des sentiers qui conduisaient à des solitudes plus profondes ou à des taillis plus touffus. Cela finit par arriver si souvent que de nouveaux sujets d'alarme s'emparèrent de l'esprit de l'infortunée pélerine. N'était-elle pas la confidente et presque l'instrument de quelque adroite machination conçue sur un vaste plan, et se rapportant à un grand projet formé par Douglas lui-même et qu'il avait déjà tenté d'exécuter une fois ; projet dont le résultat devait être la reprise du château héréditaire de Douglas, le massacre de la garnison anglaise, et enfin le déshonneur et la mort de ce sir John de Walton, du sort duquel elle croyait depuis si long-temps que dépendait le sien ?

A cette pensée qui se présenta tout à coup à son esprit, qu'elle était engagée dans quelque conspiration semblable avec un insurgé écossais, lady Augusta tressaillit, effrayée des conséquences des événemens mystérieux dans lesquels elle se trouvait involontairement jouer un rôle, et qui semblaient prendre une tournure toute différente de celle qu'elle avait supposée d'abord.

La matinée de ce jour remarquable (c'était le dimanche des Rameaux) se passa ainsi à errer de place en place ; tandis que lady Augusta se répandait de temps en temps en supplications, prenant le ton le plus touchant et le plus pathétique pour émouvoir son guide étrange, et lui offrant des trésors, sans que celui-ci lui fît aucune espèce de réponse.

A la fin, comme s'il était fatigué de l'importunité de sa captive, le chevalier, rapprochant son cheval du palefroi de lady Augusta, lui dit d'un ton solennel :

— Je ne suis pas, — tu le croiras sans peine, — un de ces chevaliers qui rôdent à travers bois et forêts cherchant des aventures pour obtenir grâce aux yeux d'une gente damoiselle ; cependant je t'accorderai jusqu'à un certain point la grâce que tu sollicites avec tant d'ardeur, et ton sort dépendra de la volonté de celui auquel tu t'es dite prête à soumettre le tien. Dès que nous serons arrivés au lieu de notre destination, et nous n'en sommes pas loin, j'écrirai à sir John de Walton, et tu accompagneras toi-même le messager spécial qui sera porteur de ma lettre. Il ne tardera pas sans doute à nous répondre, et tu pourras te convaincre que celui qui jusqu'à présent a paru sourd à toute prière, et inaccessible à toute passion terrestre, éprouve cependant encore quelque sympathie pour la beauté et pour la vertu. Ta sûreté, ton bonheur dépendront de toi et de l'homme que tu as choisi ; ce sera donc à toi seule à prononcer sur ton sort.

Comme il achevait ces mots, un de ces ravins, si fréquens dans cette contrée, sembla s'ouvrir sous leurs pas. Le chevalier, avec une attention qu'il n'avait pas encore montrée, prit par la bride le palefroi de lady Augusta pour l'aider à descendre le sentier raboteux et rapide qui seul conduisait au fond de la sombre vallée.

Arrivée sur un sol ferme, après les dangers d'une descente dans laquelle son palefroi aurait manqué du pied plusieurs fois, sans la force et l'adresse de l'être singulier qui le tenait par la bride, la jeune Anglaise jeta un regard de surprise sur le site qui l'environnait. Il était impossible d'imaginer un emplacement plus propre à servir de lieu de refuge; et il était évident qu'il en servait en effet dans ce moment. Au premier son du cor que portait le chevalier du Tombeau, on entendit répondre de différens côtés avec précaution; et, lorsque ce signal fut répété, une demi-douzaine d'hommes armés, portant, les uns l'habit de soldat, les autres les vêtemens de laboureur et de berger, se montrèrent successivement, comme pour répondre à l'appel.

CHAPITRE XVI.

—Salut, mes braves amis! dit le chevalier du Tombeau à ses compagnons, qui semblaient accueillir son retour avec l'empressement de gens qui sont engagés dans la même entreprise périlleuse. L'hiver est passé, la fête du dimanche des Rameaux est arrivé; et, s'il est certain que la neige et la glace de cette saison ne resteront pas sur la terre pendant le prochain été, il ne l'est pas moins que nous tiendrons parole à ces fanfarons du Midi, qui pensent que leurs bravades et leurs propos malicieux ont autant d'influence sur nos cœurs écossais que les coups de vent et les bourrasques en ont sur les fruits d'automne; mais il n'en est rien. Tant qu'il nous plaira de rester cachés, les efforts qu'ils feront pour nous chercher seront aussi vains que ceux de la ménagère qui chercherait l'aiguille qu'elle aurait laissé tomber au milieu des feuilles desséchées de ce chêne gigantesque. Cependant encore quelques jours, et l'aiguille perdue deviendra le glaive exterminateur du génie de l'Écosse, tirant vengeance de dix mille injures et notamment du trépas du vaillant lord Douglas.

A ce souvenir de la mort récente de leur chef, un murmure étouffé s'échappa des lèvres des partisans assemblés, quoique en même temps ils parussent comprendre la nécessité de faire peu de bruit, de peur d'éveiller l'attention d'un des nombreux détachemens anglais qui traversaient alors différentes parties de la forêt. Dès que ce sourd murmure se fut éteint dans un morne silence, le chevalier du Tombeau, ou, pour lui donner son véritable nom, sir James Douglas, adressa de nouveau la parole à cette poignée de compagnons fidèles.

—Un effort peut encore être tenté, mes amis, pour terminer notre lutte contre les gens du Sud sans effusion de sang. Il y a quelques heures que la fortune a jeté en mon pouvoir la jeune héritière de Berkely; et vous savez qu'on dit que c'est pour elle que sir John de Walton défend avec tant d'obstination le château qui m'appartient par droit d'héritage. Est-il quelqu'un parmi vous d'assez hardi pour accompagner Augusta de Berkely, et porter une lettre qui explique les conditions auxquelles je consens à la rendre à son amant, à la liberté et à ses seigneuries anglaises ?

— A défaut d'autre, dit un grand gaillard, couvert de vêtemens de chasseur en lambeaux, et qui n'était autre que ce Michel Turnbull qui avait déjà donné une preuve si extraordinaire de son courage intrépide, je m'offre volontiers pour être le *henchman* (1) de cette expédition.

— On te trouve toujours, dit Douglas, quand il

(1) On a vu plus haut que ce mot signifie *page*.

y a des risques à courir et du courage à montrer. Mais remarque bien que cette dame doit nous donner sa parole qu'en tout état de choses elle se considérera comme notre captive; qu'elle se regardera comme garante de la vie et de la liberté de Michel Turnbull, ainsi que du traitement qui lui sera fait, et que si John de Walton refuse nos conditions, elle reviendra avec Turnbull se constituer de nouveau notre prisonnière, pour que nous disposions d'elle selon notre bon plaisir.

Il y avait dans de pareilles clauses de quoi frapper lady Augusta d'une horreur bien naturelle; et cependant, tout étrange que cela peut paraître, la déclaration de Douglas lui fit éprouver une sorte de soulagement, en mettant du moins fin à cette incertitude qui l'accablait. D'ailleurs, d'après la haute opinion qu'elle s'était formée du caractère de Douglas, elle aimait à croire que, dans la catastrophe qui se préparait, il ne jouerait jamais de rôle qu'un brave chevalier ne pût avouer, et que sa conduite, à l'égard de son ennemi, serait toujours basée sur les lois de l'honneur. Même à l'égard de Walton, elle se trouvait tirée d'une position pénible. La crainte d'être découverte par le chevalier lui-même sous des habits d'homme l'avait cruellement agitée. Il lui semblait qu'elle avait manqué à ses devoirs de femme, en sortant pour lui de la réserve imposée à son sexe; et elle tremblait d'ailleurs que cette démarche ne pût lui nuire aux yeux de l'amant pour qui elle avait tant hasardé; car elle savait que

> La victoire trop subite
> A peu de prix pour l'amant :

> Le cœur qui se rend trop vite
> Se perd presque au même instant.

D'un autre côté, se voir amener devant lui comme prisonnière, c'était une circonstance qui n'était ni moins pénible, ni moins embarrassante : mais il ne dépendait point d'elle de la modifier ; et Douglas, entre les mains duquel elle était tombée, lui semblait jouer le rôle du dieu dans quelques pièces de théâtre, dont l'intervention suffit pour dénouer les fils les plus compliqués de l'intrigue. Elle se prêta donc sans trop de répugnance à faire les promesses et les sermens exigés, à se considérer toujours comme prisonnière de bonne foi, quelque chose qui pût arriver. En même temps elle se conforma strictement aux instructions de ceux qui se trouvaient exercer une entière influence sur ses mouvemens, faisant des vœux ardens pour que des circonstances en apparence si contraires finissent par amener sa délivrance et assurer le salut de son amant.

Il y eut ensuite un intervalle de repos pendant lequel une légère collation fut servie à lady Augusta, dont les fatigues du voyage avait presque épuisé les forces.

Pendant ce temps, Douglas et ses partisans s'entretenaient à voix basse, comme s'ils ne voulaient pas qu'elle entendît le sujet de leur conférence ; tandis que, pour se faire bien venir d'eux, s'il était possible, elle évitait avec soin jusqu'à l'apparence de la curiosité.

Après quelques minutes de conversation, Turnbull, qui se regardait comme particulièrement chargé de la dame, lui dit d'une voix dure : — Ne craignez rien; on ne vous fera pas de mal : mais il faut vous résigner à avoir les yeux bandés pendant quelque temps.

Elle se soumit à cette opération dans une muette terreur; et Turnbull, après lui avoir enveloppé la tête dans les plis d'un manteau, au lieu de l'aider à monter à cheval, lui offrit le bras pour guider les pas chancelans de la jeune aveugle.

CHAPITRE XVII.

Le sol qu'ils traversaient était inégal et raboteux, et lady Augusta pensa même quelquefois qu'il était jonché de ruines, à travers lesquelles ils avaient beaucoup de peine à passer. Son compagnon lui prêtait alors son appui; mais c'était d'une manière si brutale qu'une ou deux fois la jeune dame, malgré tout son désir de cacher la crainte ou la douleur qu'elle éprouvait, ne put retenir un gémissement ou un profond soupir. Dans une de ces occasions, elle sentit distinctement que le rude chasseur s'était retiré d'auprès d'elle, et qu'à sa place se mettait un autre homme dont la voix, plus douce que celle de son compagnon, ne lui semblait pas inconnue.

— Noble dame, lui dit cette voix, ne craignez pas de nous la plus légère injure, et acceptez mes services à la place de ceux de mon *henchman* qui est parti en avant avec notre lettre; ne croyez pas que je veuille profiter de ma position, si je vous porte dans mes bras à travers des ruines parmi lesquelles il serait difficile que vous pussiez avancer seule et les yeux bandés.

En même temps lady Augusta se sentit doucement soulevée de terre; et, portée par des bras robustes avec la plus grande précaution, elle put continuer sa route sans faire ces efforts pénibles qui avaient presque épuisé ses forces. Elle éprouvait bien quelque honte de la situation dans laquelle elle se trouvait; mais, toute susceptible qu'elle fût, ce n'était pas le moment de s'abandonner à des plaintes qui pouvaient offenser des personnes qu'il était de son intérêt de ménager. Elle se soumit donc à la nécessité, et entendit ces mots murmurés à son oreille:

— Ne craignez rien, on ne vous veut point de mal; et sir John de Walton lui-même, s'il vous aime comme vous le méritez, n'aura rien à craindre de notre part. Tout ce que nous lui demandons, c'est de nous rendre justice ainsi qu'à vous; et soyez convaincue que le meilleur moyen d'assurer votre bonheur, c'est de seconder nos vues, qui se concilient également avec vos désirs et avec votre délivrance.

Lady Augusta aurait voulu répondre; mais la crainte qui l'accablait, et la précipitation avec laquelle elle était transportée, étaient telles que, hors d'haleine, il lui fut impossible de proférer des accens intelligibles. Cependant elle commença à sentir qu'elle était dans l'enceinte de quelque édifice, probablement en ruines; car bien que la manière dont elle voyageait alors ne lui permît plus de reconnaître en marchant la nature du terrain, cependant les variations de l'air extérieur, qui tantôt cessait de se faire sentir, tantôt entrait violemment par bouffées soudaines, annonçaient qu'elle traversait des bâtimens en partie intacts, mais qui dans d'autres places donnaient passage au vent par de larges ouvertures. Dans un endroit, il lui sembla qu'elle traversait une troupe nombreuse de gens, qui tous gardaient le silence, quoique parfois il s'élevât parmi eux un murmure que toutes les personnes présentes semblaient contribuer à former, bien que le son général ne s'élevât pas au-dessus d'un simple chuchotement. Sa situation lui faisait un devoir de remarquer les plus légères circonstances, et elle ne manqua point d'observer que ces personnes se retiraient pour faire place à celui qui la portait ; et enfin elle sentit qu'il descendait les marches régulières d'un escalier, et qu'elle était alors seule avec lui. Arrivés, à ce qui lui parut, sur un terrain plus uni, ils continuèrent leur singulier voyage par une route qui ne semblait ni directe ni facile, à travers une atmosphère lourde et suffocante, qui semblait imprégnée d'une humidité malsaine, qu'on eût dit produite par les exhalaisons d'une tombe nouvellement creusée. Son guide reprit alors la parole.

— Encore un peu de courage, lady Augusta ; continuez à supporter cette atmosphère qui doit un jour nous être commune à tous. Ma position me force à vous remettre entre les mains de votre premier guide ; mais je puis vous assurer que ni lui ni aucun autre ne se permettront à votre égard la moindre insulte, le moindre outrage. — Vous pouvez y compter, sur la parole d'un homme d'honneur.

En disant ces mots, il la déposa sur le gazon ; et elle éprouva un soulagement infini en sentant qu'elle était de nouveau en pleine campagne, et délivrée de ces vapeurs épaisses qui l'avaient suffoquée comme celles qu'exhale un charnier. En même temps elle manifesta à voix basse le désir ardent d'obtenir la permission de se débarrasser du manteau qui l'empêchait presque de respirer, quoiqu'il ne lui eût été mis que pour l'empêcher de voir quelle route elle suivait. A l'instant même les plis du manteau furent ouverts comme elle le désirait, et elle se hâta de faire usage de la vue qu'elle avait enfin recouvrée, pour examiner la scène qui l'entourait.

Le paysage était ombragé par des chênes épais, au milieu desquels s'élevaient quelques ruines de bâtimens, les mêmes sans doute à travers lesquels elle venait de passer. Une source d'eau vive sortait de dessous les racines entrelacées d'un de ces arbres; et lady Augusta, après avoir bu quelques gouttes de l'élément limpide, y eut aussi recours pour baigner son visage, qui avait reçu plus d'une écorchure pendant la route, malgré le soin et l'espèce de tendresse avec laquelle elle avait été portée dans la dernière partie du voyage. La fraîcheur de l'eau eut bientôt arrêté le sang qui sortait de ces légères blessures, en même temps qu'elle servit à ranimer les sens abattus de la pauvre voyageuse. Sa première idée fut de chercher à s'échapper; mais un moment de réflexion suffit pour lui faire comprendre qu'un semblable projet n'était pas praticable; et d'ailleurs elle ne put en douter en apercevant de loin la taille gigantesque du chasseur Turnbull, dont la voix rude se fit entendre avant que sa figure se montrât à ses yeux.

— Est-ce que vous vous impatientiez de ne pas me voir revenir, ma belle enfant? Les gaillards comme moi, ajouta-t-il d'un son de voix ironique, qui sont toujours les premiers à la chasse des daims sauvages et des animaux des forêts, ne sont pas dans l'usage de flâner en arrière quand ce sont de belles dames, comme vous, qui sont l'objet de la poursuite; et si je ne vous tiens pas aussi fidèle compagnie que vous pourriez le désirer, croyez-moi, c'est parce que j'ai d'autres occupations auxquelles je suis obligé de sacrifier même le plaisir de rester avec vous.

— Je ne fais aucune résistance, dit lady Augusta; dispensez-vous donc, en remplissant votre devoir, d'ajouter à mes tourmens par votre conversation, car votre maître m'a donné sa parole qu'il ne permettrait pas que je fusse insultée.

— Tout doux, la belle! reprit le chasseur. J'avais toujours cru qu'il était convenable de faire sa cour aux dames en leur disant des douceurs; mais si ce n'est pas votre goût, je n'irai pas me mettre l'esprit à la torture pour vous faire de beaux discours, quand il m'est tout aussi facile de me taire. Mettons-nous donc en marche, puisqu'il faut que nous joignions votre amant avant la fin de la matinée, et que nous sachions ce qu'il décidera enfin relativement à une affaire qui commence à devenir terriblement compliquée. Allons! c'est une chose convenue; je ne vous parlerai plus comme à une femme, mais comme à une personne de sens, tout Anglaise que vous êtes.

— Vous remplirez beaucoup mieux les intentions de ceux qui vous ont chargé de m'accompagner, en n'ayant avec moi d'autres rapports que ceux que nécessitent vos fonctions de guide.

Le chasseur fronça le sourcil; cependant il parut

consentir à ce que lady Augusta proposait ; et ils gardèrent tous deux le silence, livrés chacun de leur côté à leurs sujets de réflexions, qui sans doute étaient d'une nature toute différente. Enfin le son retentissant d'un cor se fit entendre à peu de distance de nos silencieux voyageurs.

— C'est la personne que nous cherchons, dit Turnbull ; je reconnaîtrais le son de son cor entre tous ceux qui retentissent dans cette forêt, et mes instructions sont de vous réunir à lui.

Le rouge monta au front de lady Augusta à la seule pensée d'être ainsi présentée sans cérémonie au chevalier pour lequel elle avait avoué témérairement son inclination : aveu plus conforme aux mœurs de ce temps, où des sentimens exagérés inspiraient souvent des actions d'une générosité extravagante, qu'aux habitudes de notre siècle où l'on regarde comme absurde tout ce qui ne repose pas sur un motif qui se lie essentiellement à nos intérêts immédiats. Lors donc que Turnbull prit son cor pour répondre au son qu'ils avaient entendu, lady Augusta, cédant à un premier mouvement de honte et de crainte, fut tentée de prendre la fuite. Mais Turnbull devina son intention, et, la saisissant sans trop de ménagemens par la main : — N'oubliez pas, noble dame, que vous jouez aussi votre rôle dans la pièce, et que, si vous ne restiez pas sur le théâtre, elle finirait d'une manière très-peu satisfaisante pour nous tous, par un combat à outrance entre votre amant et moi, combat dont l'issue déciderait qui de nous deux est le plus digne de votre attention.

— Je prendrai patience, dit lady Augusta, en pensant que la présence même de cet homme étrange, et l'espèce de violence qu'il exerçait à son égard, lui serviraient d'excuse pour paraître aux yeux de son amant, dans leur première entrevue, sous un déguiment que son cœur lui disait tout bas n'être pas tout-à-fait convenable ni d'accord avec la dignité de son sexe.

A peine ces pensées avaient-elles traversé son esprit, que les pas d'un cheval se firent entendre; et sir John de Walton, paraissant au milieu des arbres, vit sa bien-aimée qui semblait à la merci d'un bandit écossais qui ne lui était connu que par l'audace qu'il avait déployée lors de la partie de chasse.

Sa surprise, sa joie, ne permirent au chevalier que de dire ces mots entrecoupés : — Lâche-la, misérable ! ou meurs dans tes efforts profanes pour contrarier les mouvemens de celle à qui le soleil même serait fier d'obéir !

En même temps, craignant que le chasseur n'entraînât précipitamment lady Augusta pour la soustraire à ses regards au moyen de quelque sentier presque inaccessible, tel que celui qui avait servi à son évasion dans une circonstance semblable, sir John Walton jeta sa lance pesante dont les arbres ne lui permettaient pas de se servir avec aisance et s'élançant à terre, il s'approcha de Turnbull, l'épée nue à la main.

L'Écossais, tenant toujours de la main gauche le manteau de sa captive, souleva de la droite sa hache de bois de Jedwood afin de parer les coups de son antagoniste, et de lui en porter à son tour. Mais lady Augusta prit la parole.

— Sir John de Walton, s'écria-t-elle, au nom du

LE CHATEAU PÉRILLEUX. 163

ciel ! abstenez-vous de toute violence jusqu'à ce que vous ayez appris quel est l'objet de cette mission pacifique, et par quels moyens paisibles ces guerres peuvent enfin se terminer. Cet homme, quoique votre ennemi, m'a servi de guide et de protecteur ; je n'ai eu qu'à me louer de ses procédés, et je vous prie de l'écouter avec calme lorsqu'il va vous expliquer le motif pour lequel il m'a forcée de l'accompagner ici.

— Forcée! lady Berkely ! voilà des mots qui ne doivent jamais se trouver ensemble, et qui suffiraient seuls pour justifier sa mort, dit le gouverneur du château de Douglas; mais vous parlez, et j'épargne sa vie insignifiante, quoique j'aie contre lui des sujets de plainte, dont le moindre eût-il mille vies, suffirait pour qu'il les perdît toutes.

— John de Walton, dit Turnbull, cette dame sait bien que ce n'est pas moi qu'on effraie ; et si je n'étais pas retenu par d'autres considérations qui t'intéressent autant que Douglas, et qui me font désirer que cette entrevue soit pacifique, je n'hésiterais pas plus à t'attaquer face à face et à soutenir tous les assauts de ton courage, que je n'hésite maintenant à couper cet arbrisseau.

En disant ces mots, Michel Turnbull leva sa hache, et, en frappant un chêne voisin, il en détacha une branche de la grosseur d'un bras, qui tomba lourdement à terre, avec tous ses rameaux, entre Walton et l'Écossais ; preuve frappante de la bonté de son arme, et de la force ainsi que de l'adresse avec laquelle il la maniait.

— Eh bien! donc, mon garçon, dit Walton, qu'il y ait trêve entre nous, puisque c'est le bon plaisir de la beauté; et dis-moi sur-le-champ ce que tu as à m'apprendre.

— Mes paroles seront brèves, dit Turnbull; mais faites-y bien attention, sire Anglais. Lady Augusta Berkely, dans une de ses courses dans le pays, est devenue prisonnière du noble lord Douglas, héritier légitime du château de ce nom : et il se voit dans la nécessité de mettre à la délivrance de cette dame les conditions suivantes, qui n'ont rien sous tous les rapports qu'un brave et loyal chevalier ne soit en droit d'imposer en temps de guerre. Lady Augusta sera remise en tout honneur et en toute sûreté à sir John de Walton, ou à toute autre personne qu'il désignera pour la recevoir. En échange, le château de Douglas, avec tous les avant-postes et les garnisons qui en dépendent, sera remis par sir John de Walton, avec les munitions et l'artillerie qui sont maintenant dans ses murs; et une trêve d'un mois sera conclue entre sir James Douglas et sir John de Walton, pendant laquelle ils règleront les termes de la capitulation, ayant d'abord solennellement donné leur parole de chevalier que c'est l'échange de lady Augusta contre le château sus-nommé qui forme la clause essentielle du présent arrangement; et que tout autre sujet de contestation sera décidé à l'amiable entre les honorables chevaliers, ou, s'ils le préfèrent, vidé en champ-clos dans un combat singulier, devant tel juge qui sera trouvé compétent.

On ne saurait se peindre l'étonnement de sir John de Walton en entendant le contenu de ce cartel extraordinaire; il tourna vers lady Berkely des regards où se peignait le désespoir avec lequel un criminel verrait son ange gardien se préparer à partir. Des idées semblables paraissaient agiter Augusta, qui, au moment de voir se réaliser ses plus chers désirs, se voyait arrêtée par les conditions déshonorantes imposées à un amant, comme autrefois l'épée flamboyante du chérubin élevait une barrière entre nos premiers parens et les délices du paradis. Après un moment d'hésitation, sir John de Walton rompit le silence en ces termes :

—Noble dame, vous devez être étonnée qu'après les obligations que sir John de Walton vous a déjà, et qu'il est fier de reconnaître, il puisse hésiter un instant à accepter les conditions qui lui sont imposées, lorsqu'elles doivent assurer votre liberté et votre indépendance : mais le fait est que les paroles qui viennent d'être prononcées ont retenti à mon oreille sans pénétrer jusqu'à mon intelligence, et je prie lady Berkely de m'excuser si je prends un instant pour les méditer.

—Et moi, répondit Turnbull, je ne puis vous accorder qu'une demi-heure pour songer à une offre que vous devriez, ce me semble, accepter les yeux fermés, au lieu de vous amuser à demander le temps d'y réfléchir. Ce cartel exige-t-il de vous quelque chose que votre devoir, comme chevalier, ne vous oblige implicitement à faire? Vous vous êtes fait l'agent du tyran Édouard, en occupant en son nom le château de Douglas, au préjudice de la nation écossaise et du chevalier de Douglas-Dale, qui jamais, ni comme nation, ni comme individu, ne vous ont fait la moindre injure ; vous suivez donc une mauvaise route, indigne d'un bon chevalier. D'un autre côté, la liberté de votre maîtresse vous est offerte si vous voulez abandonner la ligne de conduite injuste dans laquelle vous vous êtes laissé imprudemment engager. En y persévérant, au contraire, vous mettez votre honneur, votre avenir, celui de la personne qui vous est chère, entre les mains d'hommes que vous avez tout fait pour réduire au désespoir, et qui, poussés à bout, ne prendront conseil, songez-y bien, que de ce désespoir.

— Ce n'est pas du moins de toi, dit le chevalier, que j'apprendrai comment Douglas explique les lois de la guerre, et comment Walton doit recevoir ses explications.

— On ne me fait donc pas l'accueil auquel un messager de paix a droit? — Adieu! et songez entre les mains de qui cette dame se trouve, pendant que vous réfléchirez à loisir au message que je vous ai apporté. Allons, madame, il faut partir.

En disant ces mots, Turnbull saisit la main d'Augusta, et la tira violemment comme pour la forcer à le suivre. Augusta était restée immobile et presque sans connaissance, pendant que ces paroles s'échangeaient entre les guerriers; mais quand elle sentit la pression de la main de Michel Turnbull, elle s'écria hors d'elle-même, dans l'excès de sa terreur: — A mon secours, Walton!

Saisi de rage, le chevalier s'élança sur le chasseur avec la plus grande furie, et avant qu'il eût pu se mettre sur ses gardes, il lui porta deux ou trois coups de sa longue épée, qui lui firent des blessures si profondes que le malheureux tomba à la renverse au milieu des broussailles. Walton allait l'achever, lors qu'un cri perçant d'Augusta arrêta son bras. — Hélas ! Walton, qu'avez-vous fait? s'écria-t-elle. Cet homme était revêtu du caractère sacré d'ambassadeur ; et sa personne devait être inviolable, tant qu'il se bornait à remplir le message dont il était chargé. Si vous l'avez tué, qui sait à quels affreux excès la vengeance peut se porter?

A la voix de lady Berkely, le chasseur parut reprendre ses forces. Il se releva et dit : — N'ayez pas d'inquiétude, et ne croyez pas que je veuille vous faire un mauvais parti. Le chevalier s'est tellement pressé qu'il n'a pas pris le temps de me prévenir ; c'est ce qui lui a donné un avantage dont autrement j'aime à croire qu'il aurait rougi de profiter en pareil cas. Nous recommencerons le combat à armes plus égales, ou bien j'appellerai un autre champion, au choix du chevalier. — En disant ses mots, il disparut.

— Ne craignez rien, reine des pensées de Walton, dit celui-ci. Une fois dans le château de Douglas, et à l'abri sous la bannière de saint George, vous pourrez vous rire de toutes leurs menaces. Et si je suis assez heureux pour que vous pardonniez, ce que je ne me pardonnerai jamais moi-même, l'aveuglement fatal qui m'empêcha de reconnaître le soleil pendant son éclipse temporaire, il n'est point de travaux pénibles, point de dangers insurmontables que je ne sois prêt à subir, pour effacer la mémoire d'une si coupable offense.

— N'en parlons plus, dit Augusta. Ce n'est pas dans un pareil moment, lorsqu'il y va pour nous de la vie, qu'il faut nous appesantir sur de futiles querelles. Je puis vous apprendre, si vous ne le savez pas encore, que les Écossais sont en armes dans les environs, et qu'on dirait que la terre elle-même s'entr'ouvre pour les dérober aux yeux de vos soldats.

—Qu'elle s'entr'ouvre si elle veut, et que toutes les furies de l'abîme infernal sortent de leur prison et renforcent les rangs de nos ennemis. Maintenant, beauté sans égale, que j'ai reçu dans ta personne une perle d'une valeur incomparable, que mes éperons soient arrachés de mes talons par le plus vil goujat, si je recule devant aucunes forces que ces misérables pourraient rassembler ou sur la surface ou dans les entrailles de la terre. C'est en ton nom qu'à l'instant même je les défie tous au combat.

Comme sir John de Walton prononçait ces derniers mots d'un ton d'exaltation, un chevalier de haute stature, couvert d'une armure noire de la plus grande simplicité, sortit de cette partie du bois par où Turnbull avait disparu. — Je suis James Douglas, dit-il, et votre défi est accepté. Puisque c'est à moi, qui l'ai reçu, de choisir, les armes seront celles que nous portons maintenant ; le lieu du combat, ce vallon qu'on appelle Bloody Sykes ; le temps, ce moment même ; et les combattans, en vrais chevaliers, renonceront à tous les avantages qu'ils pourraient avoir de part et d'autre.

— De par le ciel, ainsi soit-il ! dit le chevalier anglais, qui, quoique surpris de se voir provoqué si brusquement par un guerrier aussi formidable que le jeune Douglas, était trop fier pour songer à éviter le combat. Faisant signe à lady Augusta de se retirer derrière lui, pour ne point s'exposer à perdre l'avantage qu'il avait obtenu en la délivrant des mains du chasseur, il tira son épée, et, prenant l'attitude grave et calme du combat, il s'avança lentement vers son antagoniste. La rencontre fut terrible; car le courage et l'adresse du lord de Douglas-Dale et de sir John de Walton étaient alors également célèbres, et peut-être la chevalerie eût-elle trouvé difficilement dans son sein deux guerriers plus dignes de se mesurer ensemble. Les coups pleuvaient rapides et précipités, comme les pierres lancées par quelque engin formidable, et de part et d'autre ils étaient parés avec une égale dextérité, à tel point qu'au bout de dix minutes d'une lutte acharnée on n'eût pas su dire lequel des deux guerriers avait l'avantage sur l'autre. Alors, comme par un assentiment tacite, ils s'arrêtèrent un instant, comme pour reprendre haleine, et profitant de cet intervalle : — Je prie cette noble dame, dit Douglas, d'être convaincue que sa liberté n'est nullement attachée à l'issue de ce combat, qui n'a d'autre cause que l'outrage fait par sir John de Walton et par sa nation anglaise à la mémoire de mon père et à mes droits légitimes.

— Vous êtes généreux, sire chevalier, répondit Augusta; mais dans quelle position m'aurez-vous placée, si la mort ou la captivité me prive de mon protecteur, et que je reste seule sur une terre étrangère?

— Si telle est l'issue du combat, Douglas lui-même vous rendra saine et sauve à votre pays natal, car jamais son épée n'a causé de maux qu'il ne fût prêt à réparer avec cette même épée. Que sir John de Walton donne le moins du monde à entendre qu'il renonce pour le moment à soutenir cette lutte, ne fût-ce qu'en détachant une des plumes de son casque ; Douglas, de son côté, renoncera à tout ce qui de sa part pourrait porter la moindre atteinte à l'honneur ou à la sûreté de lady Augusta Berkely, et le combat pourra être suspendu jusqu'à ce que la grande querelle nationale nous ramène en face l'un de l'autre, en pleine campagne.

Walton réfléchit un instant, et quoique Augusta ne dît rien, elle jetait sur lui des regards où se peignait assez son vif désir qu'il choisît l'alternative la moins hasardeuse. Mais les nobles scrupules du chevalier anglais l'empêchèrent d'accepter de pareilles conditions.

— Il ne sera jamais dit, répondit-il, que sir John de Walton ait compromis, en aucune manière, son honneur ou celui de son pays. Ce combat peut se terminer par ma défaite, ou plutôt par ma mort. Dans ce cas, il n'y a plus d'avenir pour moi sur la terre ; et, en rendant le dernier soupir, je confie à Douglas lady Augusta, certain qu'il la défendra jusqu'à la mort, et qu'il saura la replacer en sûreté dans le palais de ses ancêtres. Mais, tant que je vivrai, elle n'aura point d'autre protecteur que celui à qui elle a fait l'honneur de le choisir pour tel ; et je ne détacherai point même une plume de mon casque, puisque ce serait avouer tacitement que j'ai soutenu une injuste querelle lorsque je défendais la cause de l'Angleterre ou celle de la plus belle de ses filles. La seule concession que je puisse faire à Douglas, c'est une trêve immédiate, sous la condition que lady Augusta pourra retourner librement en Angleterre, et que le combat sera repris un autre jour. Le châ-

LE CHATEAU PÉRILLEUX. 171

teau et le territoire de Douglas sont la propriété d'Édouard d'Angleterre ; le gouverneur qui le représente est le gouverneur légitime ; et c'est ce que je soutiendrai les armes à la main, tant que mes yeux resteront ouverts à la lumière.

— Le temps fuit sans attendre notre décision, dit Douglas ; et il ne s'écoule pas une seule minute qui dans ce moment ne soit pour moi aussi précieuse que l'air que nous respirons. Pourquoi remettre à demain ce qui peut aussi bien se terminer aujourd'hui ? Nos épées seront-elles mieux aiguisées, ou nos bras auront-ils plus de force pour les manier ? Douglas fera tout ce que doit faire un chevalier pour secourir une dame en détresse ; mais il n'accordera point à son défenseur la moindre marque de déférence, ce que sir John de Walton a la vanité de croire qu'il pourra lui arracher par la force des armes.

A ces mots les chevaliers recommencèrent leur lutte acharnée, et lady Augusta hésita un instant si elle chercherait à s'échapper à travers les détours du bois, ou si elle attendrait l'issue du combat. La vive anxiété qu'elle éprouvait pour le sort de Walton, plus que tout autre considération, la retint immobile et glacée d'effroi, sur la place où se vidait l'une des plus ardentes querelles entre deux des plus braves champions qui eussent jamais tiré l'épée. Enfin le son des cloches qui appelait les fidèles à l'église pour la fête des Rameaux se fit entendre, et lady Augusta s'empressa de profiter de cette circonstance pour tâcher de mettre fin au combat.

— Au nom du ciel, s'écria-t-elle, et par égard pour votre salut et pour les devoirs de la chevalerie, suspendez vos coups, ne fût-ce que pendant une heure ; et laissez-nous l'espoir que, dans une lutte où les forces sont si égales, il se trouvera quelques moyens de convertir la trêve en une paix solide. Songez que c'est aujourd'hui le dimanche des Rameaux. Voudrez-vous souiller de sang l'une des fêtes les plus solennelles du christianisme? Prenez au moins le temps d'aller jusqu'à l'église la plus proche, portant dans vos mains des rameaux, non pas en signe d'ostentation, à la manière des conquérans de ce monde, mais pour rendre à l'Église l'hommage qui lui est dû, et pour honorer les institutions de notre sainte religion.

— J'étais en chemin, noble et belle dame, pour me rendre à cet effet dans la sainte église de Douglas, dit Walton, quand j'ai eu le bonheur de vous rencontrer ici, et je suis prêt à m'y rendre en ce moment même, en observant une trêve d'une heure; d'autant plus volontiers que je ne manquerai pas d'y trouver des amis auxquels je pourrai vous confier en toute assurance, dans le cas où je succomberais dans le combat qui n'est suspendu que pour recommencer avec plus d'ardeur après la célébration du service divin.

— Je consens aussi à une courte trêve, dit Douglas, et je ne manquerai pas non plus, je l'espère, de trouver dans l'église bon nombre de fidèles chrétiens, qui ne seraient pas d'humeur à voir leur maître écrasé par la supériorité du nombre. Allons donc, et acceptons chacun la chance qu'il plaira au ciel de nous envoyer.

Sir John de Walton ne pouvait guère douter, d'après ces paroles, que Douglas ne fût assuré de trouver des partisans dans l'église; mais il n'était pas moins sûr d'y voir réunis un assez grand nombre des soldats de la garnison pour pouvoir prévenir toute tentative de soulèvement. Et d'ailleurs, au pis-aller, c'était un risque à courir, puisque par là il trouvait l'occasion de mettre lady Augusta en lieu de sûreté, ou du moins de faire que sa liberté dépendît de l'événement d'une bataille générale au lieu de l'issue précaire d'un combat entre Douglas et lui.

Ces deux illustres guerriers pensaient intérieurement, l'un et l'autre, que la proposition d'Augusta, tout en suspendant le combat, n'entraînait en aucune manière l'obligation de s'abstenir de profiter des avantages que l'arrivée d'un nombre plus ou moins grand de leurs partisans pourrait leur donner; et chacun d'eux, d'après ses calculs, se croyait sûr d'avance de la supériorité. Sir John de Walton comptait y retrouver plusieurs détachemens de soldats, qui par ses ordres battaient le pays et traversaient les bois dans tous les sens; et l'on peut supposer que Douglas ne s'était pas aventuré dans des lieux où sa tête était mise à prix, sans avoir à sa portée un certain nombre d'adhérens fidèles, postés plus ou moins près les uns des autres, mais tous de manière à pouvoir se prêter un mutuel secours. Chacun d'eux se flattait donc qu'en acceptant la trêve proposée il s'assurait l'avantage sur son antagoniste, quoique ni l'un ni l'autre ne sût exactement de quelle manière ni jusqu'à quel point cet avantage serait obtenu.

CHAPITRE XVIII.

> . . . . Son langage était d'un autre monde ;
> En présages sa voix étoit toujours féconde ;
> De noirs pressentimens l'esprit tout agité.
> D'un funeste délire on l'eût dit tourmenté.
> *Ancienne comédie.*

Dans cette même matinée du dimanche des Rameaux, pendant que Walton et Douglas mesuraient leurs épées, le ménestrel Bertram était plongé dans la lecture de l'ancien livre de prophéties dont nous avons déjà parlé, et qui était attribué à Thomas le Rimeur, quoiqu'il ne fût pas sans de vives inquiétudes sur le sort de sa maîtresse et sur les événemens qui se passaient autour de lui. Comme ménestrel, il avait désiré avoir un auditeur qui pût jouir avec lui des découvertes qu'il allait faire dans ce livre mystique, et l'aider à passer le temps. Sir John de Walton, en lui donnant la compagnie de Gilbert Greenleaf l'archer, lui avait assuré un auditeur qui serait resté à l'écouter depuis le point du jour jusqu'à la nuit, pourvu qu'un flacon de vin de Gascogne ou un pot de bonne ale anglaise fût constamment sur la table. Le lecteur peut se rappler qu'après avoir ouvert au ménestrel les portes de sa prison, Walton avait senti qu'il lui devait quelques dédommagemens pour les soupçons injustes qui l'avaient fait arrêter, lui le serviteur zélé, et, à ce qu'il paraissait, le confident fidèle de lady Augusta de Berkely, lui aussi qui pouvait le mieux les éclairer sur les motifs et sur les circonstances du voyage de sa maîtresse en Écosse. Il était donc d'une bonne politique de le contenter, et Walton avait fait entendre à son fidèle archer qu'il devait bannir toute méfiance à l'égard de Bertram, et, tout en ayant l'œil sur lui, chercher à le disposer favorablement pour le gouverneur du château. Greenleaf pensa que le meilleur moyen de faire sa cour à un ménestrel, c'était d'écouter avec patience et avec l'admiration convenable tous les lais qu'il lui plairait de chanter, toutes les histoires qu'il lui plairait de raconter ; et pour être mieux à même de remplir les intentions de son maître, il fit demander au sommelier des provisions capables d'ajouter encore au plaisir que le ménestrel trouverait dans sa société.

Ayant ainsi rassemblé tous les matériaux nécessaires pour supporter un long tête-à-tête avec le ménestrel, Gilbert Greenleaf lui proposa de commencer la conférence par faire honneur à un bon déjeuner qu'ils pourraient arroser, s'il voulait, d'un flacon de vin d'Espagne, ajoutant que, comme il était autorisé par son maître à lui montrer tout ce qu'il pourrait désirer de voir dans le château ou dans les environs, ils pourraient ensuite, pour se délasser, aller, avec une partie de la garnison, à l'église de Douglas où se célébrait la fête du dimanche des Rameaux. Bon chrétien par principes, bon vivant par profession, le ménestrel ne pouvait avoir aucune objection à faire à une proposition semblable; et les deux camarades, entre lesquels il n'avait pas régné précédemment beaucoup de cordialité, commencèrent leur repas du matin dans une parfaite intelligence.

— Ne croyez pas, digne ménestrel, dit l'archer, que mon maître ait peu d'égards pour votre mérite ou pour votre rang, parce qu'il vous donne pour toute société un pauvre diable tel que moi. Je ne suis pas, il est vrai, officier dans cette garnison; cependant, comme vieil archer qui manie l'arc depuis plus de trente ans, je n'ai pas moins de part — j'en rends grâce à Notre-Dame — dans la faveur de sir John de Walton, du comte de Pembroke et d'autres guerriers célèbres, que la plupart de ces jeunes écervelés à qui l'on prodigue les brevets, à qui l'on confie des missions importantes, non pas à cause de ce qu'ils ont fait, mais à cause de ce que leurs ancêtres ont fait avant eux. Remarquez surtout, je vous prie, le jeune homme qui est placé à notre tête en l'absence de sir John, et qui porte le nom honorable d'Aymer de Valence, nom qui est aussi celui du comte de Pembroke dont je vous parlais. Ce chevalier a aussi pour page un jeune égrillard qu'on appelle Fabien Harbothel.

— Est-ce à ces jeunes gens que vos censures s'appliquent? répondit le ménestrel. Vous m'étonnez; car, dans le cours de ma longue vie, je n'ai jamais

LE CHATEAU PÉRILLEUX.

vu de jeune homme plus aimable et plus prévenant que le chevalier dont vous parlez.

— Il peut le devenir, dit l'archer sentant qu'il venait de faire une école et qu'il était urgent de se rétracter ; mais pour cela, il faut qu'il suive l'exemple de son oncle, et qu'il ne rougisse pas, dans les circonstances difficiles, de prendre conseil des vieux soldats ; il ne faut pas qu'il croie que l'expérience, qui s'acquiert après de longues années de service, peut être conférée tout d'abord par un coup de plat d'épée, et par ces paroles magiques : — Relevez vous, *sir* Arthur ! ou — tel autre nom semblable.

— Soyez certain, sire archer, que j'apprécie pleinement l'avantage qu'on peut trouver à causer avec un homme aussi expérimenté que vous. Les hommes de tous les états ne peuvent qu'y gagner ; et moi-même j'ai été souvent réduit à déplorer de ne pas connaître suffisamment tout ce qui concerne les cimiers, les écus, les armoiries ; et je serais charmé que vous vinssiez également à mon secours pour m'apprendre des noms de lieux ou de personnes, ou pour m'expliquer des bannières ou des emblèmes par lesquels de grandes familles sont distinguées l'une de l'autre : circonstances dont il m'est indispensable d'être instruit pour remplir la tâche que je me suis imposée.

— Des emblèmes et des bannières ! j'en ai vu beaucoup, et il serait difficile de m'en montrer une, sans que je ne pusse, en bon soldat, dire aussitôt quel est le chef qui la déploie pour rassembler ses partisans. Néanmoins, digne ménestrel, je n'entends rien, je vous l'avoue, à tout ce que, sur l'autorité de vieux livres bien griffonnés, vous appelez prophéties, explications de rêves, oracles, révélations, invocations d'esprits damnés, astrologie judiciaire, et autres graves et palpables offenses, par le moyen desquelles des hommes, se prétendant inspirés du démon, abusent de la crédulité des pauvres gens, en dépit des menaces du conseil privé. Non pas, toutefois que je vous soupçonne, digne ménestrel, de vous occuper de ces tentatives pour expliquer l'avenir ; tentatives dangereuses, qui sont, jusqu'à un certain point, des actes de trahison, et qui, comme tels, méritent d'être sévèrement punies.

— Il y a du vrai dans ce que vous dites ; mais il n'en est pas ainsi des livres et des manuscrits que je consulte. Une partie des choses qui y sont écrites se sont déjà vérifiées, ce qui nous autorise entièrement à nous attendre à l'accomplissement du reste. Je ne serais même pas éloigné de vous en faire voir des preuves dans ce volume, — des preuves si convaincantes que vous ne pourriez conserver l'ombre d'un doute.

— J'en serais charmé, dit l'archer qui n'avait pas grande foi aux prophéties et aux augures, mais qui cependant ne se souciait pas de contredire ouvertement le ménestrel sur de pareils sujets, surtout après l'ordre que lui avait donné sir John de Walton de chercher à lui être agréable. En conséquence, le ménestrel se mit à lire des vers auxquels l'interprète le plus habile de nos jours aurait bien de la peine à trouver un sens.

Quand le coq a chanté, regardez bien sa crête ;
Car le fourbe renard à vous tromper s'apprête,

Ainsi que le pétrel. Quand le freux, le corbeau,
Ensemble auront dansé ; qu'avec eux le chevreau
En aura fait autant ; alors, rempli d'audace,
Ils ne tarderont pas à disputer la place.
Les braves du Lothian selleront leurs chevaux ;
Les pauvres gens seront rongés jusques aux os.
La vérité, sottise à qui pas un ne songe ;
Pendant cinq ans entiers règnera le mensonge ;
Partout on brûlera ; partout on pillera,
Et plus d'une abbaye en cendres s'en ira.
De lois, il n'en est plus ; d'amour, pas davantage.
Le serf ne sait auquel il échoit en partage.
On n'ose se parler ni se donner la main ;
Le cousin ne peut plus se fier à son cousin,
Ni le père à son fils, ni le fils à son père ;
Car il le ferait pendre, afin d'avoir sa terre, etc., etc.

Pendant la lecture de ces pronostics mystérieux, l'archer fit de son mieux pour dissimuler son ennui ; et pour supporter plus facilement ce qu'il ne pouvait comprendre et ce qui ne lui inspirait aucun intérêt, il eut recours plus d'une fois au flacon de vin. Cependant le ménestrel se mit à lui expliquer les présages douteux et incomplets dont nous avons donné un échantillon suffisant.

— Pourriez-vous désirer, dit-il à Greenleaf, une description plus exacte des malheurs qui ont affligé l'Écosse dans ces derniers temps? Le freux et le corbeau, le renard et le pétrel, ne les indiquent-ils pas clairement? Car ces bêtes et ces oiseaux ne sont-ils pas identiquement semblables à ceux que les chevaliers ont sur leurs bannières, ou qui sont représentés sur leurs écus, et ne descendent-ils pas dans la plaine pour ravager et pour détruire? La désunion totale de la terre n'est-elle pas positivivement annoncée par ces paroles, que tous les liens du sang seront brisés; que les parens ne se fieront plus l'un à l'autre, et que le père et le fils, au lieu de s'accorder une protection mutuelle, chercheront à s'arracher la vie, afin de jouir des biens de leur victime? Les *braves* du Lothian sont désignés expressément comme prenant les armes, et il est fait évidemment allusion aux autres incidens qui ont caractérisé ces derniers troubles en Écosse. La mort du dernier lord William est annoncée sous l'emblême d'un lion, animal dont la figure se trouvait sur le cimier de ce bon seigneur.

> On craignait le lion ; il sera garotté ;
> De ses ennemis même il sera regretté ;
> Bientôt un lionceau sortira de sa race
> Qui, d'exemples fameux suivant la noble trace,
> Réunira le nord sous son noble étendard,
> Quoiqu'il semble d'abord se tenir à l'écart.
> C'est Thomas qui l'a dit : la chose est infaillible.

Il y a dans ces paroles, sire archer, continua le ménestrel, un sens qui va aussi droit au but qu'une de vos flèches, quoiqu'il y ait peut-être quelque imprudence à le dévoiler. Cependant, comme j'ai en vous une entière confiance, je n'hésiterai pas à vous dire que, dans mon opinion, ce lionceau, qui attend le moment favorable, n'est autre que le célèbre prince écossais Robert Bruce, qui, quoique vaincu à plusieurs reprises, poursuivi par des limiers altérés de son sang, et entouré de tous côtés d'ennemis, n'en continue pas moins à soutenir ses prétentions à la couronne d'Écosse, en dépit du roi Édouard, maintenant régnant.

—Ménestrel, répondit le soldat, vous êtes mon hôte, et nous nous sommes assis à la même table pour partager en bons amis ce repas frugal ; mais je dois vous dire, quoiqu'il m'en coûte de troubler notre bonne intelligence, que vous êtes le premier qui ait osé dire un mot devant Gilbert Greenleaf en faveur du traître, du proscrit Robert Bruce, qui, par ses séditions, trouble depuis si long-temps la paix de ce royaume. Croyez-moi donc, gardez le silence sur ce sujet ; car, je vous en avertis, l'épée fidèle d'un archer anglais sortirait du fourreau sans le consentement de son maître, au premier mot qui pourrait attaquer l'honneur de saint George et de sa rouge croix ; et ce n'est ni Thomas le Rimeur, ni tout autre prophète de l'Écosse, de l'Angleterre ou du pays de Galles, dont l'autorité pourrait justifier à mes yeux des prédictions aussi inconvenantes.

— Je serais désolé de dire jamais rien qui pût vous déplaire, encore moins dans un moment où je reçois de vous l'hospitalité. J'espère toutefois que vous voudrez bien faire attention que c'est sur votre invitation que je suis ici, et que, si je vous parle d'événemens futurs, je me borne à les mentionner, sans avoir aucune intention de faire personnellement le moindre effort pour en amener l'accomplissement ; car Dieu sait que voilà bien des années que je lui adresse de ferventes prières pour la paix et le bonheur de tous les hommes, et en particulier pour l'honneur et la prospérité du pays des Archers, pays qui est le mien, et pour lequel mon devoir est de prier plus que pour toutes les autres nations du monde.

— Et vous faites bien, dit l'archer, puisque c'est

remplir un devoir sacré envers le beau pays qui vous a vu naître, le plus riche de tous ceux que le soleil éclaire. Par exemple, ce que je voudrais bien savoir, si toutefois votre bon plaisir est de me l'apprendre, c'est s'il se trouve dans ces rimes grossières quelque chose qui concerne la sûreté du château de Douglas où nous sommes à présent. — Car, voyez-vous, sire ménestrel, j'ai remarqué que ces parchemins vermoulus, n'importe quel en soit l'auteur, ont cela de réel, que, lorsque les prédictions qu'ils renferment se répandent dans le pays, et y propagent des bruits de complots, de conspirations et de guerres sanglantes, ils ne manquent presque jamais de causer les malheurs mêmes qu'ils semblaient seulement prédire.

— Il ne serait pas très-prudent à moi de choisir pour sujet de mes commentaires une prophétie qui se rattacherait à l'attaque de cette garnison ; car, dans ce cas, je m'exposerais, d'après vos idées, à être soupçonné de chercher à amener un résultat que personne ne regretterait plus sincèrement que moi.

— Je vous donne ma parole qu'il n'en sera rien, mon bon ami. Dites ce que vous voudrez, et je n'en concevrai aucune mauvaise opinion, et je n'irai point vous dénoncer à sir John de Walton comme méditant des projets sinistres contre lui ou contre ses soldats. D'ailleurs, à vous parler franchement, sir John de Walton ne serait pas très-disposé à me croire. Il a une haute opinion — et, sans doute, elle est fondée — de votre fidélité à votre maîtresse, et il trouverait injuste de suspecter la bonne foi de celui qui a mieux aimé s'exposer à la mort que trahir le moindre des secrets qui lui avaient été confiés.

— En gardant ses secrets, dit Bertram, je ne fais que remplir le devoir d'un serviteur fidèle, et c'est à elle de juger combien de temps ils doivent rester cachés ; car le bon serviteur ne doit pas plus s'inquiéter du résultat que peut avoir pour lui la commission dont il est chargé, que le ruban de soie ne s'inquiète des secrets contenus dans le paquet qu'il enveloppe. Et pour en venir à votre demande,— je ne ferai point difficulté de vous dévoiler, quoique ce soit uniquement pour satisfaire votre curiosité, qu'il y a dans ces vieilles prophéties des passages qui semblent indiquer qu'il s'élevera des guerres, dans Douglas-Dale, entre un faucon sauvage, — et ce sont les armes de sir John de Walton, — et les trois étoiles qui sont celles de Douglas. Je pourrais vous donner plus de détails à ce sujet, si je savais dans quelle partie du bois se trouve un endroit nommé les *Bloody Sykes* ; car c'est là, à ce que je crois comprendre, que doivent se passer de grandes scènes de meurtre et de carnage entre les partisans des trois étoiles et ceux qui défendent le parti du Saxon ou roi d'Angleterre.

— J'ai souvent entendu prononcer ce nom par les habitans de ces contrées, répondit Gilbert Greenleaf ; mais ce serait en vain que nous chercherions à découvrir l'emplacement précis, car ces Écossais rusés nous cachent avec soin tout ce qui concerne la géographie de leur pays, c'est, je crois, le mot dont se servent les hommes érudits ; mais, voyez-vous, ces noms de *Bloody Sykes*, de *Bottomless Mire* (1) et autres semblables, sont des dénominations sinistres,

---

(1) Vallée sanglante, bourbier sans fond.

auxquelles leurs traditions attachent des idées de guerre et de carnage. Toutefois, si vous le voulez, nous pourrons, en allant à l'église, commencer nos recherches pour trouver l'endroit appelé Bloody Sykes, et je suis sûr du moins que nous le découvrirons avant que les traîtres qui méditent de nous attaquer aient pu rassembler des forces suffisantes pour oser le faire.

En conséquence, le ménestrel et l'archer, qui alors avait eu le temps de se rafraîchir suffisamment le gosier, sortirent du château de Douglas, sans attendre d'autres soldats de la garnison, dans l'intention de chercher la vallée qui portait le nom sinistre de Bloody Sykes, — nom que Gilbert Greenleaf se rappelait avoir entendu prononcer dans la partie de chasse faite sous les auspices de John de Walton, — et dont tout ce qu'il savait c'était qu'elle était située quelque part dans les bois, près de la ville de Douglas et dans les environs du château.

CHAPITRE XIX.

> Je n'en suis pas le maître. — Quelquefois il me pousse à bout en me parlant et de taupe et de fourmi ; et de l'enchanteur Merlin et de ses prophéties ; et d'un dragon ailé et d'un poisson sans nageoires ; et d'un lynx couchant et d'un rat grimpant ; et de tant d'autres fadaises que ma foi en est ébranlée.
>
> SHAKSPEARE, *Henri IV*.

LA conversation entre le ménestrel et l'ancien archer prit naturellement une tournure analogue à celle d'Hotspur et de Glendower (1), et Gilbert Greenleaf parut bientôt y prendre plus de part que ne semblaient le permettre ses habitudes et son éducation. Mais le fait est qu'en s'évertuant à citer au ménestrel les signes distinctifs des chefs militaires, leurs cris de guerre, leurs armoiries, enfin toutes les marques

(1) Personnage de la pièce de *Henri IV*, d'où est tirée l'épigraphe précédente.

qui leur servaient à se reconnaître dans une bataille, et qui pouvaient être indiquées dans les vers prophétiques du barde, il commençait à éprouver le plaisir que la plupart des hommes ressentent lorsqu'ils se trouvent tout à coup en possession d'une faculté dont les circonstances exigent l'emploi ; découverte qui augmente leur importance à leurs propres yeux. Le bon sens profond du ménestrel s'aperçut, non sans quelque surprise, des méprises qui échappaient parfois à son compagnon, flottant entre le désir de faire parade de la nouvelle faculté qu'il venait de se découvrir et les préventions qu'il avait nourries toute sa vie contre les ménestrels, qui, avec leur cortège de légendes et de fables, étaient d'une véracité d'autant plus suspecte, qu'ils venaient généralement des contrées du Nord.

En traversant les allées de la forêt, le ménestrel remarqua avec surprise un grand nombre de pieux Écossais, qui semblaient se rendre en toute hâte à l'église, afin d'assister à la cérémonie du jour, comme l'indiquaient les rameaux qu'ils portaient. L'archer demanda à chacun d'eux s'il y avait un endroit appelé Bloody Sykes et quel chemin y conduisait ; mais tous semblaient ou l'ignorer ou chercher à éluder la question, ce dont ils pouvaient trouver un prétexte dans la manière un peu leste avec laquelle les interrogeait l'archer, dont le ton se ressentait un peu du déjeuner du matin. Ils répondaient généralement qu'ils ne connaissaient point de pareil lieu, ou qu'ils avaient à s'occuper d'autre chose, au commencement d'une aussi sainte semaine, que de répondre à de frivoles questions. Enfin, dans une ou deux occasions, la réponse des Écossais étant devenue presque insultante, le ménestrel fit la remarque qu'il fallait qu'il se machinât quelque chose pour que le peuple de ce pays ne sût plus répondre honnêtement à ses supérieurs, lui qui ordinairement était si empressé à le faire ; et il ajouta qu'ils semblaient se réunir en bien grand nombre pour la célébration de la fête du dimanche des Rameaux.

— Sans doute, sir archer, poursuivit le ménestrel, vous ferez votre rapport en conséquence à votre chevalier ; car je vous promets que, si vous y manquez, moi-même, qui ai aussi à défendre la liberté de ma maîtresse, je ferai mon devoir en exposant à sir John de Walton les circonstances qui me rendent suspecte cette affluence extraordinaire d'Écossais et la grossièreté qui a remplacé leur courtoisie ordinaire.

— Allons, sir ménestrel, reprit l'archer, peu flatté de la sollicitude de Bertram, croyez-moi ; ce n'est pas la première fois que le sort d'une armée a dépendu de la fidélité de mes rapports au général, rapports qui ont toujours été clairs et précis, suivant le devoir d'un soldat. Votre emploi, mon digne ami, a été d'une nature toute différente : affaires de paix, vieux songes, prophéties, et autres matières sur lesquelles je n'entrerai pas en dispute avec vous ; mais, croyez-moi, il vaudra mieux, pour la réputation de tous deux, ne point empiéter sur nos attributions réciproques.

— Il est loin de ma pensée de le faire, répliqua le ménestrel ; mais je crois que nous devrions nous hâter de retourner au château, afin de demander à sir John de Walton son opinion sur ce que nous venons de voir.

— Je n'ai point d'objection à faire, répliqua Greenleaf. Mais si nous cherchions le gouverneur à l'heure qu'il est, nous le trouverions sans doute à l'église de Douglas, où, en de pareilles occasions, il assiste régulièrement au service avec ses principaux officiers, pour empêcher par sa présence qu'il ne s'élève quelque rixe (ce qui n'est nullement impossible) entre les Anglais et les Écossais. Revenons donc à notre premier projet d'assister au service du jour, et nous nous débarrasserons de ces maudits bois pour prendre la route la plus directe qui nous conduira à l'église de Douglas.

— Hâtons-nous donc de nous y rendre, dit le ménestrel, et sans perdre un instant; car on dirait qu'il s'est passé ce matin dans ce lieu même des événemens qui paraîtraient prouver que la paix de Dieu n'a pas été fidèlement observée en ce jour solennel. Que veulent dire ces gouttes de sang? ajouta-t-il en montrant celui qui avait coulé de la blessure de Turnbull. — Pourquoi la terre a-t-elle conservé ces profondes empreintes, ces traces de pas d'hommes armés en marche ou en retraite, sans doute suivant les chances diverses d'une lutte vive et acharnée?

— Par Dotre-Dame! répondit Greenleaf, je dois convenir que vous avez une bonne vue. Qu'étaient donc devenus mes yeux, pour que vous ayez pu découvrir le premier ces traces de combat? Voici une plume bleue que j'aurais dû me souvenir avoir, ce matin même, d'après l'ordre du chevalier mon maître, attachée moi-même à son casque, en signe du retour de l'espérance, dont cette belle couleur est l'emblème. La voici maintenant étendue à terre, et ce n'est point sans doute la main d'un ami qui l'a fait tomber de sa tête. Allons à l'église, mon ami, — vite à l'église, — et vous verrez, par mon exemple, comment il faut secourir John de Walton, quand des périls le menacent.

Il continua de se diriger vers la ville de Douglas, et y entra par la porte du sud, en remontant la même rue à travers laquelle sir Aymer de Valence avait poursuivi le chevalier-spectre.

Nous devons dire maintenant que l'église de Douglas avait été, dans l'origine, un magnifique édifice gothique, dont les tours, élevées bien au-dessus des murs de la ville, attestaient la grandeur de sa construction primitive. Elle était alors ruinée en partie, et le peu d'espace libre qui fût encore réservé aux cérémonies du culte, était précisément l'aile consacrée aux tombeaux des Douglas, où les ancêtres du comte actuel se reposaient des fatigues du monde et du tumulte de la guerre. De la terrasse située en face du portail de l'église, l'œil pouvait suivre une grande partie du cours de la Douglas, qui s'approchait de la ville au sud-ouest, entourée d'un amphithéâtre de collines aux formes diverses et fantastiques, que couvraient presque partout des bois taillis, lesquels, descendant vers la vallée, formaient une partie de l'épaisse et sinueuse ceinture de forêts qui enveloppait la place. La rivière elle-même, longeant l'ouest de la ville, et prenant ensuite son cours vers le nord, alimentait cette vaste inondation, ce grand canal artificiel, dont nous avons déjà parlé. On voyait des Écossais, portant des branches d'if ou de saule, qui figuraient les rameaux de la cérémonie du jour, se promener dans le cimetière, comme s'ils attendaient l'approche de quelque personnage d'une haute sainteté, ou quelque procession de religieux et de moines venus pour célébrer la fête. Presque au même moment que Bertram et son compagnon entraient dans le cimetière, lady Berkely, qui suivait sir John de Walton à l'église, après avoir été témoin de son combat avec le jeune chevalier de Douglas, aperçut son fidèle ménestrel, et se décida sur-le-champ à rejoindre le vieux serviteur de sa maison et le confident de ses secrets, espérant que sir John de Walton ne tarderait pas à la rejoindre avec une force suffisante pour garantir sa sûreté, qu'elle ne doutait point qu'il ne songeât à assurer. Elle quitta donc le chemin qu'elle suivait, pour s'approcher de l'endroit où Bertram et sa nouvelle connaissance Greenleaf étaient occupés à faire quelques questions à des soldats de la garnison anglaise, qui étaient venus assister à la cérémonie du jour.

Cependant lady Augusta trouva moyen de dire à l'oreille de son fidèle serviteur : — Ne faites pas attention à moi, mon cher Bertram ; prenez garde seulement, s'il est possible, qu'on ne nous sépare l'un de l'autre. A peine lui eut-elle donné cet avis, qu'elle vit le ménestrel, empressé de s'y conformer, porter aussitôt ses regards autour de lui, et la suivre des yeux, tandis qu'enveloppée dans son manteau de pélerin, elle se retirait lentement d'un autre côté du cimetière, et semblait attendre que, se débarrassant de Greenleaf, il saisît un moment favorable pour aller la rejoindre.

Le cœur du fidèle ménestrel avait été vivement ému de cette communication si laconique, qui lui avait appris que sa maîtresse était en sûreté, libre de ses actions, et disposée, il espérait, à se délivrer des dangers qui l'entouraient en Écosse, en retournant sur-le-champ dans son pays et dans ses domaines. Il brûlait de se rapprocher d'elle; mais elle trouva moyen de lui recommander par un signe qu'il se gardât bien de le faire, tandis que lui-même n'était pas sans quelque crainte de ce qui pourrait arriver, si elle était découverte par Greenleaf, qui trouverait peut-être l'occasion favorable pour gagner les bonnes grâces du chevalier qui commandait la garnison. Cependant le vieil archer continuait sa conversation avec Bertram, tandis que le ménestrel, comme bien des gens l'auraient fait à sa place, désirait de tout son cœur que son officieux compagnon fût englouti à cent pieds sous terre, pour lui permettre de rejoindre sa maîtresse : mais tout ce qui était en son pouvoir, c'était de se rapprocher d'elle autant qu'il était possible de le faire sans exciter de soupçon.

— Je vous en prie, digne ménestrel, dit Greenleaf, après avoir regardé avec précaution autour de lui, reprenons le sujet dont nous parlions avant d'être arrivés ici. Ne pensez-vous pas que c'est cette matinée même qu'ont choisie les Écossais pour risquer encore une de ces dangereuses tentatives qu'ils ont si fréquemment réitérées, et dont se méfie avec tant de soin le gouverneur qu'a donné à ce comté de Douglas notre bon roi Édouard, notre souverain légitime?

— Je ne vois pas, répondit le ménestrel, sur quoi vous fondez une pareille crainte, ni ce que vous pouvez voir dans ce cimetière qui diffère en rien de ce que vous me disiez en venant ici, lorsque vous vous moquiez de moi pour avoir conçu des soupçons de cette nature.

— Ne voyez-vous pas, reprit l'archer, cette foule d'hommes, dont les figures sont si étranges et les déguisemens si divers, se presser autour de ces anciennes ruines, ordinairement si désertes? Voilà, par exemple, un jeune garçon qui semble se dérober aux regards, et dont je jurerais que l'habit n'a jamais été de fabrique écossaise.

— Et si c'est un pélerin anglais, dit le ménestrel, voyant que l'archer montrait du doigt lady Berkely, il n'en est que moins suspect.

— Je l'ignore, dit le vieux Greenleaf, mais je pense que ce sera mon devoir, si je puis parvenir jusqu'à sir John de Walton, de le prévenir qu'il y a ici des personnes qui, selon toute apparence, n'appartiennent ni à la garnison, ni au peuple de ces contrées.

— Réfléchissez, dit Bertram, avant de faire peser une telle accusation sur ce pauvre jeune homme, et de l'exposer à toutes les conséquences qu'entraîneraient des soupçons de cette nature; réfléchissez aux nombreux motifs qui, spécialement à cette époque, peuvent engager à entreprendre des pélerinages de dévotion. Ce n'est pas seulement aujourd'hui l'anniversaire de l'entrée triomphale à Jérusalem du fondateur de la religion chrétienne; mais ce jour lui-même a reçu le nom de *Dominica confitentium*, ou de dimanche des confesseurs. C'est aujourd'hui que les palmes, les branches d'if ou de saule, qui les remplacent, sont distribuées aux prêtres et brûlées solennellement, pour que leurs cendres soient à leur tour distribuées aux fidèles par les prêtres, le mercredi des cendres de l'année suivante : rites et cérémonies qu'on célèbre dans nos contrées, par l'ordre de l'église chrétienne. Vous ne devez point, brave archer, vous ne pouvez point sans crime poursuivre comme coupables de complots contre la garnison ceux qui peuvent expliquer leur présence en ces lieux par leurs désirs d'accomplir les devoirs de ce jour. Voyez cette nombreuse procession, qui s'approche précédée de la bannière et de la croix ; c'est sans doute quelque ecclésiastique de haut rang, suivi de son cortége. Demandons d'abord qui il est, et il est probable que nous trouverons, dans son nom et dans sa dignité, une garantie suffisante de la conduite paisible et régulière de tous ceux que la piété rassemble aujourd'hui dans l'église de Douglas.

Greenleaf s'informa en effet du nom du personnage que lui désignait son compagnon, et il apprit que le saint prêtre qui était à la tête de la procession n'était ni plus ni moins que le chef spirituel du diocèse, l'archevêque de Glascow, qui était venu honorer de sa présence les cérémonies par lesquelles on devait célébrer cette journée.

Le prélat entra donc dans l'enceinte du cimetière ruiné, précédé de ses porte-croix et suivi d'une foule immense portant des branches d'if et d'autres arbres toujours verts, qui représentaient les rameaux de la fête du jour. Le saint personnage leur donna sa bénédiction, que toute l'assemblée reçut en faisant le signe de la croix ; signe qui fut accompagné de pieuses exclamations par ceux des fidèles qui se pressaient en foule autour de lui. — Révérend père, s'écriaient-ils, nous vous demandons pardon de nos fautes, que nous désirons humblement vous confesser afin d'en obtenir l'absolution.

Ce fut ainsi que la congrégation et le dignitaire ecclésiastique se réunirent, échangeant de pieux saluts, et ne semblant occupés que de la cérémonie du jour. Les acclamations des assistans se mêlaient à la voix sonore du prêtre qui célébrait l'office sacré, et formaient une scène dont l'ensemble, embelli de toute la pompe du cérémonial catholique, était aussi édifiant qu'imposant.

L'archer, en voyant le zèle avec lequel le peuple qui se trouvait dans le cimetière, et la foule qui sortait de l'église, s'empressaient de venir comme en triomphe saluer leur archevêque, fut un peu honteux des soupçons qu'il avait conçus sur la sincérité des intentions du saint homme en venant à cette cérémonie. Profitant de l'accès de dévotion peu ordinaire au vieux Greenleaf qui l'avait porté à s'avancer lui-même pour prendre part aux bénédictions que distribuait le prélat, Bertram réussit à échapper à son ami anglais, et se glissant aux côtés de lady Augusta, lui exprima, en lui serrant la main, combien il était heureux de pouvoir enfin la rejoindre. Avertie par un signe du ménestrel, elle se retira avec lui dans l'intérieur de l'église, où ils pouvaient demeurer inaperçus au milieu de la foule, à la faveur de l'ombre épaisse qui régnait dans certaines parties de l'édifice.

L'enceinte de l'église, dévastée comme elle l'était, et portant suspendue à ses voûtes les trophées d'armes des derniers lords de Douglas, ressemblait plutôt à des ruines profanées par le sacrilége, qu'à l'intérieur d'un temple saint : cependant on l'avait ornée avec quelque soin pour le service du jour. A l'extrémité inférieure de la voûte était suspendu le grand écusson du dernier comte de Douglas, qui était mort naguère prisonnier en Angleterre ; autour de cet écusson étaient rangés seize boucliers moins grands, qu'avaient porté ses seize ancêtres, sombre trophée qui répandait une ombre épaisse, tempérée seulement par l'éclat des couronnes et par le reflet de quelques armoiries moins sévères dont l'art héraldique avait orné ce triste monument. Il est inutile d'ajouter que sous d'autres rapports l'église était dans un triste état de délabrement : c'était l'endroit même où sir Aymer de Valence avait entretenu le vieux fossoyeur, et où maintenant, ayant réuni sur un même point les soldats épars qu'il avait rassemblés et amenés à l'église, il se tenait sur le qui-vive, et semblait aussi disposé à repousser une attaque au milieu de la journée, que si l'on eût été à l'heure suspecte de minuit. Cette vigilance n'était pas hors de propos, car sir John de Walton promenait alors les yeux autour de lui pour s'efforcer de retrouver l'objet qu'il cherchait (le lecteur sent bien qu'il s'agit de Lâdy Augusta de Berkely) qu'il avait perdu de vue au milieu de la foule. A l'aile orientale de l'église s'élevait un autel provisoire, près duquel, revêtu de son costume ecclésiastique, l'archevêque de Glascow avait pris place avec les prêtres et les autres personnes qui formaient son cortége épiscopal. Sa suite n'était ni nombreuse ni richement vêtue, et son propre costume ne pouvait donner une haute idée de l'opulence et de la dignité de l'épiscopat. Mais depuis que l'ombrageuse politique du roi d'Angleterre lui avait fait déposer sa croix d'or, la croix de bois qui l'avait remplacée n'était ni moins puissante ni moins respectée auprès du clergé et du peuple de son diocèse.

Les différentes personnes, Écossaises de nation, qui se pressaient alors autour de l'archevêque, semblaient suivre tous ses mouvemens comme ceux d'un saint descendu du ciel ; tandis que les Anglais, frappés d'un muet étonnement, semblaient attendre avec inquiétude le moment où, à quelque signal imprévu, ils seraient attaqués par les puissances de la terre ou par celles du ciel, ou peut-être par ces deux genres d'ennemis à la fois. Et en effet tel était l'attachement du haut clergé d'Écosse aux intérêts du parti de Bruce, que les Anglais leur permettaient difficilement de prendre part même aux cérémonies de l'église qui étaient essentiellement de leur ressort, et que dès lors la présence de l'archevêque de Glascow officiant un jour de grande fête dans l'église de Douglas, était une circonstance extraordinaire qui ne pouvait manquer d'exciter la surprise et la défiance. Un concile de l'Église cependant avait récemment enjoint aux principaux prélats d'Écosse de remplir leurs fonctions à la fête du dimanche des Rameaux ; et ni les Anglais ni les Écossais ne voyaient avec indifférence cette cérémonie.

Le silence extraordinaire qui régnait dans l'église, remplie d'hommes dont les pensées, les espérances, les désirs et les vœux étaient si différens, ressemblait à un de ces momens d'un calme solennel qui précèdent si souvent le choc des élémens, et qui sont pour nous le présage de quelque terrible convulsion de la nature. Tous les animaux, obéissant à leurs instincts divers, témoignent le pressentiment de la tempête : les troupeaux, les daims et les autres hôtes des forêts se retirent dans leurs plus profondes retraites ; les brebis se hâtent de regagner leur parc, et la profonde stupeur dont semble frappée la nature animée ou inanimée, présage à son prochain réveil un choc et un ébranlement général, quand le triste sifflement de l'éclair viendra accompagner les sourds mugissemens du tonnerre.

C'était ainsi qu'au milieu d'un profond silence, ceux qui étaient venus tout armés à l'église, sur l'appel de Douglas, épiaient et attendaient à tout moment le signal de l'attaque; tandis que les soldats de la garnison anglaise, n'ignorant pas les dispositions des Écossais à leur égard, écoutaient attentivement s'ils n'entendraient point retentir le cri si connu : A vos arcs et à vos bills ! qui donnerait le signal d'une mêlée générale ; les deux partis, se toisant réciproquement d'un œil plein de fierté, semblaient tout prêts pour le fatal combat.

Malgré la tempête, qui paraissait à chaque instant sur le point d'éclater, l'archevêque de Glascow mit la plus grande solennité dans la célébration de la fête. Il s'arrêtait de temps en temps pour jeter un regard sur la multitude, comme pour calculer si les violentes passions de ceux qui l'entouraient pourraient être comprimées assez long-temps pour lui permettre d'accomplir ses fonctions d'une manière convenable à ce saint temps et à ce saint lieu.

Le prélat venait d'achever le service divin, lorsqu'un homme, s'avançant vers lui d'un air sombre et solennel, demanda si le révérend père ne pourrait point consacrer quelques instans à porter des secours à un blessé qui gisait mourant à quelques pas de là.

Le prêtre s'empressa d'acquiescer à cette demande, au milieu d'un morne silence, qui, pour celui qui observait la sombre expression empreinte sur la physionomie de l'un au moins des deux partis qui se trouvaient en présence dans l'église, ne présageait rien de bon pour la fin de cette fatale journée. L'archevêque dit au messager de lui montrer le chemin, et alla remplir son devoir, suivi de quelques-uns des plus fidèles partisans des Douglas.

Il y avait quelque chose de frappant, de suspect peut-être, dans la scène qui eut alors lieu. On avait déposé sous une voûte souterraine un homme grand et robuste, dont le sang s'échappait en abondance de deux ou trois blessures terribles, et se répandait sur la paille qui lui servait de couche ; tandis que ses traits, offrant un mélange de résolution et de férocité, semblaient prêts à s'animer d'une expression plus sauvage encore.

Le lecteur aura sans doute deviné que cet homme n'était autre que Michel Turnbull, qui, blessé dans la rencontre du matin, avait été déposé par quelques amis sur cette paille dont on lui avait fait une couche grossière, pour y vivre ou y mourir, selon qu'il plairait à Dieu. Le prélat, dès qu'il fut entré sous cette voûte, appela sur-le-champ l'attention du blessé sur l'état de ses affaires spirituelles, et lui donna tous les secours que l'Eglise ordonne d'administrer au pécheur mourant. Leur conversation avait ce caractère grave et sévère que doivent avoir les derniers mots qu'échangent un confesseur et son pénitent quand ce monde s'efface aux yeux du pécheur, et que l'autre vie, déployant ses terreurs, menace le coupable du châtiment qu'ont mérité à son âme les fautes qu'elle a commises dans les liens du corps. C'est là un des entretiens les plus solennels que puissent avoir ensemble les êtres humains ; le caractère intrépide de l'homme de la forêt de Jedwood et l'expression de douceur et de bienveillance qu'on lisait sur les traits du vieux prêtre, ne contribuaient pas peu à ajouter au pathétique de cette scène.

— Turnbull, dit l'archevêque, j'espère que vous me croirez quand je vous dirai que mon cœur est vivement affligé de vous voir dans cet état, par suite de blessures qui, — mon devoir m'oblige de vous le déclarer — seront nécessairement mortelles.

— La chasse est-elle donc finie? dit en soupirant Turnbull. Peu m'importe, mon père : car je pense que je me suis toujours conduit comme un brave chasseur, et que je n'ai point fait perdre à la vieille forêt sa réputation pour l'art de poursuivre le gibier et de le réduire aux abois ; et même, pour ce qui est de ce dernier point, je crois que ce beau chevalier anglais n'aurait pas remporté un pareil avantage si nous nous étions rencontrés sur un terrain égal, et si j'avais été prévenu de son attaque. Mais quiconque voudra se donner la peine d'examiner la chose avec soin, verra que le pied a glissé deux fois au pauvre Michel Turnbull : autrement, je ne serais pas ici gisant dans l'agonie de la mort ; ce serait ce *Southron* qui serait mort ici à ma place, comme un chien, sur cette paille sanglante.

L'archevêque répondit en exhortant son pénitent à abandonner ces pensées de vengeance et de mort, pour ne songer qu'à bien employer le peu d'instans qui lui restaient à vivre.

— Assurément, mon père, reprit le blessé, vous savez beaucoup mieux que moi ce qu'il me convient de faire ; et cependant il me semble que je n'aurais pas bien agi, et si j'avais attendu jusqu'à ce jour pour faire l'examen de ma vie; et je ne suis pas homme à nier qu'elle n'ait été une vie de sang et de désespoir. Mais vous conviendrez que je n'ai jamais gardé rancune à un brave ennemi de ce qu'il a pu me faire souffrir. Et où est l'homme né en Écosse, et aimant naturellement son pays, qui n'ait préféré de nos jours le casque à la toque, et qui n'ait eu plus souvent affaire avec son épée qu'avec son livre de prières? Et vous savez vous-même, mon père, si, dans notre résistance contre l'Angleterre, nous n'avons pas toujours eu l'approbation des saints pères de l'Église d'Écosse, et si l'on ne nous a pas exhortés à prendre nos armes et à faire usage, pour l'honneur du roi d'Écosse et pour la défense de nos droits.

— Sans doute, dit le prélat, telles ont été nos exhortations à nos compatriotes opprimés, et je ne vous enseigne point aujourd'hui une doctrine opposée. Toutefois, en voyant maintenant ce sang qui coule et un homme qui meurt à mes côtés, j'éprouve le besoin de demander à Dieu si je ne me suis point écarté de la vraie route, et si je n'ai point contribué à égarer mes semblables. — Puisse le ciel me pardonner, s'il en était ainsi! puisque mes intentions pures et honnêtes sont ma seule excuse pour les conseils erronés que j'ai pu donner à d'autres et à vous, relativement à ces guerres. Je sens bien qu'en vous encourageant ainsi à tremper vos épées dans le sang, je me suis un peu écarté de l'origine de mon divin ministère, qui défend également et de répandre le sang et de le faire répandre par autrui. Puisse Dieu nous donner la grâce de remplir nos devoirs et de nous repentir de nos erreurs ; et surtout de celles qui ont pu causer la mort ou le malheur de nos semblables ! Et, par dessus tout, puisse ce chrétien mourant reconnaître ses erreurs, et se repentir sincèrement d'avoir fait aux autres ce qu'il n'eût point voulu qu'on lui fît !

— Quant à ce point, répondit Turnbull, jamais je n'ai vu de temps où je ne fusse disposé à me mesurer avec l'homme le plus brave du monde ; et, si je n'ai point toujours fait usage de l'épée, c'est que j'ai été habitué à me servir de la hache de Jedwood, que les Anglais appellent pertuisanne, et qui diffère peu, il me semble, de l'épée et du poignard.

— La différence n'est pas grande en effet, dit l'archevêque ; mais je crains, mon ami, que les meurtres que vous avez commis avec ce que vous appelez la hache de Jedwood n'aient rien de plus innocent que la même action exécutée, avec le même résultat, à l'aide de toute autre arme.

— Assurément, digne prêtre, reprit le pénitent, je conviens que l'effet de l'arme est le même pour celui qui en est frappé. Mais pourriez-vous me dire pourquoi un homme de Jedwood ne se servirait pas, suivant l'usage de son pays, d'une hache de Jedwood, qui est, comme le nom l'indique, l'arme offensive usitée chez lui ?

— Le crime de meurtre, répondit l'archevêque ne tient point à la forme de l'arme qui sert à le commettre, mais au mal que le meurtrier fait à son semblable, et à l'infraction dont il se rend coupable contre l'ordre paisible et régulier établi par le créateur. C'est en vous repentant de ce crime que vous pouvez espérer apaiser le ciel irrité de vos fautes, et échapper au châtiment dont les saintes écritures menacent quiconque versera le sang de l'homme.

— Mais, mon père, dit le blessé, vous savez mieux que personne que dans cette compagnie, et même dans l'église, il y a une foule d'Écossais et d'Anglais qui n'attendent qu'un signal, et qui certes sont venus ici moins pour accomplir les devoirs religieux de cette fête, que littéralement pour se tuer les uns les autres, et pour donner un nouvel exemple de l'atrocité de ces divisions, qui animent l'une contre l'autre les deux parties de la Bretagne. Quelle conduite doit donc tenir un pauvre homme comme moi? Ne dois-je pas lever contre les Anglais ce bras qui, je pense, est encore capable de jouer passablement son rôle? Ou faut-il que, pour la première fois de ma vie, j'entende retentir le cri de guerre, sans que mon épée prenne part au carnage? Il me semble que cela me serait bien difficile, pour ne pas dire impossible; mais, si tel est le bon plaisir du ciel, et votre avis, révérend père, je suivrai certainement vos conseils, comme ceux d'un homme qui a droit et qualité pour nous diriger dans les occasions difficiles, ou, comme on le dit, dans les cas de conscience.

— C'est incontestablement mon devoir, dit l'archevêque, comme je vous l'ai déjà dit, de ne donner lieu aujourd'hui à aucune effusion de sang, à aucune infraction de la paix, et je dois vous recommander comme à mon pénitent, sur le salut de votre ame, de ne prendre aucune part à la querelle, soit personnellement, soit en excitant autrui. Car en suivant une autre ligne de conduite, vous, aussi bien que moi-même, nous agirions d'une manière criminelle et condamnable.

— Je m'efforcerai de penser ainsi, révérend père, répondit le blessé. J'espère cependant que ce sera pour moi un titre tout spécial à la faveur du ciel, d'avoir été le premier homme, portant à la fois le surnom de Turnbull et le nom même du prince des archanges, qui ait pu supporter l'affront de voir un Southron tirer l'épée à ses yeux, sans saisir lui-même ses armes et lui courir sus.

— Prenez garde, mon fils, dit l'archevêque de Glascow, et songez qu'en ce moment même, vous vous écartez de la résolution que vous avez prise, il n'y a que quelques minutes, d'après de justes et de puissans motifs. Ne ressemblez donc point, ô mon cher fils, à la truie qui s'est vautrée dans la boue, et qui, après avoir été lavée, se replonge dans la fange, et se souille plus encore que la première fois.

— Oui, mon révérend père, répondit le blessé; quoiqu'il semble presque contre nature qu'un Écossais puisse rencontrer un Anglais sans échanger avec lui quelques coups, je m'efforcerai néanmoins loyalement de ne fournir aucune occasion de querelle, et, s'il m'est possible, de ne saisir aucune de celles qui pourraient s'offrir à moi.

— Agir ainsi, reprit le prêtre, ce sera la meilleure

manière de réparer les fautes que vous avez commises en d'autres occasions contre la loi de Dieu, de détruire les causes de querelles qui peuvent exister entre vos frères du Sud et vous, et d'échapper à cette tentation de répandre le sang si commune à notre époque et dans notre génération. Et ne croyez pas que je vous impose un devoir trop difficile pour que vous ne soyez pas obligé de l'accomplir comme homme et comme chrétien. Moi-même je suis homme, je suis Écossais ; et comme tel, je me sens offensé de la conduite injuste de l'Angleterre envers notre pays et notre roi. Éprouvant les mêmes sentimens que vous, je sais combien vous devez souffrir en vous soumettant à des insultes contre votre nation, sans pouvoir vous venger ni les rendre à l'ennemi. Mais ne nous faisons point nous-mêmes les agens de cette juste vengeance que le Seigneur a déclaré s'être spécialement réservée. Si nous ressentons vivement les injures que souffre notre patrie, n'oublions pas non plus que nos incursions, nos embuscades et nos surprises ont fait au moins autant de mal aux Anglais que leurs attaques et leurs invasions nous en ont fait à nous-mêmes. En un mot, que les griefs que l'on reproche mutuellement aux croix de saint André et de saint George cessent d'être un sujet de guerre pour les habitans des deux pays voisins, au moins pendant les fêtes de la religion, et que ces signes vénérables de notre rédemption soient plutôt en quelque sorte le symbole de l'indulgence et de la paix pour les deux partis.

— Je consens, répondit Turnbull, à m'abstenir de toute offense envers autrui, et je m'efforcerai même de bannir de mon cœur tout ressentiment contre les autres, dans l'espoir de contribuer à l'établissement de cette paix divine, que vos paroles, révérend père, me font espérer. Tournant alors sa face contre la muraille, l'habitant des frontières se prépara sérieusement à la mort, et l'archevêque le laissa livré à cette pieuse méditation.

Les dispositions pacifiques qu'avait inspirées le prélat à Michel Turnbull s'étaient jusqu'à un certain point communiquées aux assistans, qui écoutaient avec respect cette pieuse exhortation à suspendre le cours des inimitiés nationales, et à vivre en paix et en amitié les uns avec les autres. Mais la Providence avait décidé que cette querelle nationale, qui avait déjà fait couler tant de sang, serait encore ce jour-là le sujet d'un combat à mort.

Un bruit éclatant de trompettes, qui semblait partir de dessous la terre, retentit alors dans l'église, et attira l'attention des soldats et des fidèles qui y étaient rassemblés. La plupart de ceux qui entendirent ces sons belliqueux se saisirent de leurs armes, croyant qu'il était inutile d'attendre plus long-temps le signal du combat. Des cris rauques, des exclamations confuses, le bruit des épées heurtant contre leurs fourreaux ou contre d'autres pièces de l'armure, tout présageait un terrible combat, que toutefois les efforts de l'archevêque parvinrent à empêcher un instant. Mais une nouvelle fanfare de trompettes s'étant fait entendre, un héraut fit la proclamation suivante :

— Attendu que beaucoup de nobles champions de la chevalerie sont actuellement rassemblés dans l'église de Douglas, et qu'ils sont divisés par les sujets ordinaires de querelles et de débats entre chevaliers rivaux, les chevaliers écossais sont prêts en conséquence à combattre tel nombre de chevaliers anglais dont on pourra convenir, pour soutenir soit la beauté supérieure de leurs dames, soit la querelle nationale et tout ce qui la concerne, soit tout autre point en contestation, qui serait jugé de part et d'autre un motif suffisant pour tirer l'épée. Les chevaliers qui auront le malheur d'avoir le dessous dans cette lutte renonceront à poursuivre la vengeance de leurs querelles, ou à porter désormais les armes, outre les autres conséquences de leur défaite, dont pourra convenir l'assemblée des chevaliers présens dans ladite église de Douglas. Par-dessus tout, tel nombre d'Écossais que l'on voudra désigner, depuis un jusqu'à vingt, se chargera de soutenir la querelle qui a déjà fait couler du sang, touchant la liberté de lady Augusta de Berkely et la reddition du château de Douglas à son maître ici présent. En conséquence, on somme les chevaliers anglais de donner leur consentement à ce qu'un pareil assaut d'armes ait lieu sur-le-champ : consentement que, d'après les lois de la chevalerie, ils ne sauraient refuser sans ternir à jamais leur réputation de valeur, et sans perdre leurs droits à l'estime que tout généreux poursuivant d'armes doit aspirer à mériter des braves chevaliers de son pays et de ceux des autres contrées.

Cette provocation inattendue vint réaliser les craintes les plus excessives de ceux qui avaient vu avec défiance la réunion extraordinaire, dans cette matinée, des partisans de la maison de Douglas. Après un court silence, les trompettes exécutèrent encore une bruyante fanfare, et les chevaliers anglais firent la réponse suivante:

— A Dieu ne plaise que jamais les droits et priviléges des chevaliers d'Angleterre et la beauté de ses damoiselles ne trouvent point de défenseurs parmi ses enfans, ou que les chevaliers anglais ici présens tardent le moins du monde à accepter le défi, soit qu'il concerne la prééminence de leurs dames, ou tout autre point que les chevaliers anglais seraient disposés à soutenir, aux termes de la susdite proclamation, avec la lance et avec l'épée ; à l'exception toutefois du château de Douglas, qui ne peut être rendu qu'au roi d'Angleterre ou à ceux qui seraient porteurs de ses ordres.

CHAPITRE XX.

> En avant ! en avant ! et que le cri de guerre
> Retentisse dans ces vallons !
> Flottant au gré des vents, qu'une double bannière
> Des deux peuples rivaux guide les bataillons.
> Soldats du grand Édouard ! votre voix frémissante
> De saint George a trois fois redit le nom sacré !
> Trois fois des Écossais la troupe impatiente
> A répondu : Saint André ! saint André !
> *Ancien poème.*

La crise extraordinaire que nous avons vue éclater dans le chapitre précédent parut décider les chefs des deux partis à renoncer à tout ménagement et à déployer toutes leurs forces, en rangeant en bataille leurs partisans respectifs. On vit alors le fameux comte de Douglas se concerter secrètement avec sir Malcolm Fleming et d'autres cavaliers distingués.

Sir John de Walton, dont l'attention fut éveillée par la première fanfare, tandis qu'il cherchait avec anxiété les moyens d'assurer une retraite à lady Augusta, se mit sur-le-champ à rassembler ses soldats;

soin dans lequel il fut secondé par l'active amitié du chevalier de Valence.

Lady Berkely ne montra pas une crainte pusillanime, à la vue des apprêts du combat; mais elle s'avança, suivie du fidèle Bertram et d'une femme en habit de cavalier, dont les traits, soigneusement cachés, étaient ceux de l'infortunée Marguerite de Hautlieu, dont toutes les craintes avaient été réalisées par l'infidélité de son fiancé.

Il s'ensuivit un intervalle de silence solennel, que personne des assistans ne crut devoir rompre.

Enfin le chevalier de Douglas s'avança et dit à haute voix : — Je voudrais savoir si sir John de Walton est prêt à évacuer le château de James de Douglas, sans perdre dans une vaine attente une journée qui pourrait être mieux employée, et s'il sollicite, pour le faire, le consentement et la protection de Douglas.

Le chevalier de Walton tira son épée. — Je tiens le château de Douglas, dit-il, pour le défendre contre le monde entier; — et jamais je ne demanderai à personne une protection que peut m'assurer mon épée.

— Je suis à vos côtés, sir John, dit Aymer de Valence, pour vous soutenir en bon camarade dans toutes les querelles qu'ils pourront vous susciter.

— Courage, nobles Anglais! s'écria Grenleeaf; prenez vos armes, au nom de Dieu. A vos arcs et à vos bills! à vos arcs et à vos bills! — Un messager nous apporte la nouvelle que le comte de Pembroke est en marche, venant des frontières d'Ayrshire, et qu'il nous rejoindra dans une demi-heure. En avant, vaillans Anglais ? Valence à la rescousse, et longue vie au noble comte de Pembroke !

Les Anglais qui se trouvaient dans l'intérieur et autour de l'église n'hésitèrent pas plus long-temps à prendre les armes, de Walton, criant de toute la force de sa voix : — Je conjure Douglas de veiller à la sûreté des dames ! — s'ouvrit un chemin jusqu'à la porte de l'église ; les Écossais ne pouvant résister à l'effroi dont ils étaient frappés à la vue de ce fameux chevalier, assisté de son frère d'armes, tous deux depuis long-temps la terreur de ces contrées. Peut-être Walton eût-il totalement réussi à se dégager de l'intérieur de l'église, s'il n'avait été courageusement attaqué par le jeune fils de Thomas Dickson d'Hazel-side, dont le père recevait alors de Douglas l'ordre de garantir de tout péril les deux étrangères pendant le combat long-temps suspendu qui allait s'engager.

Walton, toutefois, jetait les yeux sur Augusta, désirant vivement voler à son secours ; mais il fut forcé de reconnaître qu'il compromettrait moins sa sûreté, en la laissant sous la protection de l'honneur de Douglas.

Cependant le fils de Dickson frappait coups sur coups, son jeune courage faisant des efforts inouïs pour acquérir la gloire réservée au vainqueur du célèbre Walton.

— Jeune fou, dit à la fin sir John, après l'avoir quelque temps épargné, reçois la mort d'une noble main, puisque tu préfères la mort à une vie longue et paisible.

— Peu m'importe, dit le jeune Écossais en expirant; j'ai assez vécu, puisque je vous ai retenu si long-temps à la place où vous êtes maintenant.

Ces paroles ne furent point sans écho. A peine Dickson était-il tombé pour ne jamais se relever, que le lord de Douglas prit sa place, et, sans dire un seul mot, recommença avec Walton ce terrible combat singulier où ils avaient déjà déployé tant de courage, et qu'ils reprirent avec un redoublement de furie. Aymer de Valence se plaça à la gauche de son ami Walton, espérant que quelqu'un des partisans de Douglas viendrait servir de second à son chef, et permettre au chevalier de prendre part au combat; mais ne voyant personne disposé à lui en fournir l'occasion, il fut obligé d'y renoncer, et de se borner, malgré lui, au rôle de simple spectateur. A la fin pourtant Fleming, qui tenait le premier rang parmi les chevaliers écossais, parut vouloir mesurer son épée avec Valence. Aymer lui-même, brûlant du désir de combattre, le provoqua en lui criant : — Infidèle chevalier de Boyhall, venez vous laver du double reproche d'avoir trahi la foi de votre dame, et d'être la honte de la chevalerie.

— J'ai une réponse toute prête, dit Fleming, même pour de moins graves insultes; la voici. A ces mots il tira son épée, et l'œil des guerriers les plus expérimentés eut peine à suivre la lutte qui s'engagea; lutte qui ressemblait plutôt au fracas de la tempête dans les montagnes qu'au choc de deux épées, occupées à s'attaquer et à se repousser tour à tour.

Leurs coups s'échangeaient avec une rapidité incroyable; et quoique les deux combattans ne conservassent pas, comme Douglas de Walton, cette réserve fondée sur le respect que ces nobles chevaliers avaient l'un pour l'autre, toutefois, à défaut d'art, il y avait entre Fleming et Valence un acharnement tel que l'issue du combat n'était pas moins incertaine.

Voyant leurs supérieurs ainsi engagés dans une lutte à mort, les combattans, suivant l'usage, s'arrêtèrent de part et d'autre, pour en être spectateurs, avec le respect instinctif qu'ils portaient à leurs commandans et à leurs chefs. Cependant, une ou deux femmes, touchées de la compassion naturelle à leur sexe, s'approchaient pour secourir ceux qui avaient déjà été victimes des chances de la guerre. Le jeune Dickson, rendant le dernier soupir aux pieds des combattans, fut en quelque sorte arraché à la mêlée par lady Berkely, de la part de qui cette action parut moins étrange, à cause de son habit de pélerin, et qui essayait en vain d'attirer l'attention du père du jeune homme sur le pénible soin dont elle s'occupait.

— Ne vous embarrassez pas, madame, de ce qui est sans remède, dit le vieux Dickson, et ne détournez point votre attention et la mienne du soin de votre salut, que c'est la volonté de lord Douglas de garantir, et qu'avec le bon plaisir de Dieu et de sainte Brigitte, je regarde comme confié à ma garde par mon commandant. Croyez-moi : je n'oublie nullement la mort de ce jeune homme, quoique ce ne soit pas encore le moment de m'en souvenir. L'heure du souvenir viendra, et ce sera celle de la vengeance.

En parlant ainsi, le sévère vieillard détournait les yeux du corps sanglant, modèle de force et de beauté, qui était étendu à ses pieds. Il y jeta pour la dernière fois un sombre regard, et, s'en détournant, alla se placer à l'endroit où il pouvait le mieux défendre lady Berkely, sans se permettre de tourner les yeux vers le cadavre de son fils.

Cependant le combat continuait sans se ralentir, et sans aucun avantage décidé de part et d'autre. A la fin, toutefois, on crut voir pencher la balance du destin : le chevalier de Fleming, s'élançant en avant avec furie, et entraîné par le hasard presque jusqu'aux côtés de lady Marguerite de Hautlieu, porta un coup à faux à son adversaire, et le pied lui ayant glissé dans le sang du jeune Dickson, il tomba devant sir Aymer de Valence. Il courait le plus grand danger de se trouver à sa merci, lorsque Marguerite de Hautlieu, qui avait hérité de l'ame héroïque de son père et dont le corps était aussi robuste que le caractère inflexible, voyant une hache de médiocre grandeur sur le pavé, où l'avait laissé tomber le malheureux Dickson, en arma son bras, et arrêta ou abattit l'épée de sir Aymer de Valence, qui sans cette intervention fût demeuré maître du terrain. Dans ce moment critique, Fleming était trop occupé de profiter d'une délivrance aussi inattendue, pour s'arrêter à rechercher à qui il en était redevable : il recouvra aussitôt l'avantage qu'il avait perdu, et réussit, dans la suite du combat, à faire tomber à son tour son adversaire, qui, étendu sur le pavé, entendit la voix de son vainqueur, si toutefois il méritait ce nom, faire retentir l'église de ces fatales paroles : — Rendstoi, Aymer de Valence. — Rescousse ou non rescousse. — Rends-toi, rends-toi, disait-il en lui mettant l'épée sur la gorge, non pas à moi, mais à cette noble dame. — Rescousse ou non rescousse.

Le chevalier anglais reconnut avec douleur qu'il avait perdu la plus belle occasion d'illustrer son nom, et qu'il était obligé de se soumettre à son destin, ou d'être tué sur la place. Sa seule consolation, c'est que jamais combat n'avait été soutenu avec plus d'honneur, le succès ayant dépendu du hasard autant que du courage du vainqueur.

L'issue de la lutte si longue et si acharnée entre Douglas et Walton ne demeura plus long-temps incertaine. Et, en effet, le nombre des adversaires que Douglas avait vaincus en combat singulier pendant ces guerres était si considérable qu'on n'aurait su dire si, pour la force et l'agilité personnelle, il n'était point supérieur, comme chevalier, à Bruce lui-même; et il était du moins regardé presque comme son égal dans l'art de la guerre.

Il arriva cependant qu'après trois quarts d'heure passés à ce rude combat, Douglas et Walton, dont les nerfs n'étaient point de fer, commencèrent à laisser voir par quelques signes que leurs corps mortels se ressentaient de ces terribles efforts. Leurs coups étaient portés plus lentement et moins promptement parés.

Douglas, voyant que le combat touchait forcément à sa fin, eut la générosité de faire signe à son ennemi d'arrêter un instant.

— Brave Walton, dit-il, nous n'avons point d'injure mortelle à venger; et vous devez reconnaître que, dans cette passe d'armes, Douglas, quoiqu'il ne possède que l'épée et l'habit qu'il porte, n'a point voulu remporter un avantage décisif, que la chance des armes lui avait offert plus d'une fois. — La maison de mon père, les vastes domaines qui l'entourent, la demeure et les tombeaux de mes aïeux sont un prix suffisant pour mériter les efforts d'un chevalier, et me forcent de poursuivre le combat qui m'offre une pareille perspective; tandis que vous, vous pouvez vous attendre à un accueil aussi flatteur de la part de cette noble dame, dont je garantis la sûreté et l'honneur, que si vous la receviez des mains du roi Édouard lui-même; et je vous donne ma parole que tous les honneurs qui peuvent attendre un prisonnier, sans l'ombre d'une insulte ou d'une injure, seront réservés à Walton, s'il rend le château et son épée à James de Douglas.

— C'est le sort auquel je suis peut-être condamné, répondit Walton; mais jamais je ne m'y résignerai volontairement, et l'on ne pourra jamais dire qu'avant d'être réduit à la dernière extrémité je me sois soumis moi-même à abaisser la pointe de mon épée devant l'ennemi. — Pembroke est en marche avec toute son armée pour secourir la garnison de Douglas. J'entends déjà le bruit des pas de son cheval, et tout affaibli que je suis, je ne crains point que mon bras manque de vigueur pour soutenir mon épée jusqu'à l'arrivée du secours que j'attends. — Avance donc, et ne me traite point comme un enfant, mais comme un homme qui, vainqueur ou vaincu, ne craint point d'éprouver toute la force de son vaillant adversaire.

— Je le veux bien, dit Douglas dont le front se couvrit à ces mots de couleurs aussi sombres que celles du nuage qui porte le tonnerre, indice d'une résolution bien arrêtée de mettre enfin un terme à cette lutte ; quand aussitôt, le bruit des pas d'un cheval se faisant entendre à peu de distance, un chevalier gallois, que l'on reconnaissait à ses jambes nues, à sa lance sanglante et à la petite taille de son coursier, cria de toutes ses forces aux deux antagonistes de suspendre le combat.

— Pembroke est-il près d'ici ? demanda Walton.

— Il n'est qu'à Loudon-Hill, dit le messager : mais j'apporte ses ordres à sir John de Walton.

— Je suis prêt à obéir au péril de ma vie ! répondit le chevalier.

— Hélas! dit le Gallois, fallait-il que ma bouche fût condamnée à porter à un aussi brave chevalier d'aussi funestes nouvelles! Le comte de Pembroke apprit hier que le château de Douglas était attaqué par le fils du dernier comte et par tous les habitans du pays. Pembroke, à cette nouvelle résolut de marcher à votre secours, brave chevalier, avec toutes les troupes dont il pouvait disposer. Il le fit en effet, et il avait tout espoir de délivrer le château, lorsque, contre toute attente, il rencontra à Loudon-Hill une troupe qui n'était guère inférieure en nombre à la sienne, commandée par ce fameux Bruce que les rebelles écossais reconnaissent pour leur roi. Il l'attaqua sur-le-champ, en jurant que le peigne ne toucherait plus sa barbe grise qu'il n'eût délivré l'Angleterre de cet éternel fléau. Mais les chances de la guerre furent contre nous.

Il s'arrêta en cet endroit pour reprendre haleine.

— Je m'y attendais bien, s'écria Douglas. Robert

LE CHATEAU PÉRILLEUX.

Bruce peut maintenant dormir tranquille, puisqu'il a rendu à Pembroke dans son propre pays l'affront du massacre de ses amis et de la dispersion de son armée dans la forêt de Méthuen. Ses compagnons sont accoutumés à braver et à surmonter tous les dangers. Ils ont fait leur apprentissage sous Wallace, avant de partager les périls de Bruce. On croyait que les vagues les avaient engloutis, lorsqu'ils s'embarquaient à l'ouest. Mais sachez que Bruce était décidé, au retour du printemps de cette année, à renouveler ses prétentions, et qu'il ne quittera point l'Ecosse tant qu'il vivra, et tant qu'il restera un seul lord debout à côté de son souverain, en dépit de toutes les forces qu'on a si perfidement employées contre lui.

— Ces faits ne sont que trop vrais, dit le Gallois Meredith, quoique rapportés par un orgueilleux Écossais. — Le comte de Pembroke, complétement battu, est incapable de sortir d'Ayr, où il s'est retiré avec une perte considérable, et il charge sir John de Walton de rendre aux meilleures conditions possibles le château de Douglas, et de ne plus compter sur aucun secours de sa part.

Les Écossais, en apprenant cette nouvelle inattendue, poussèrent des cris de joie si violens que les ruines de l'ancienne église semblèrent s'ébranler et menacer d'écraser dans leur chute ceux qui se trouvaient réunis dans cette enceinte.

Le front de Walton s'obscurcit à la nouvelle de la défaite de Pembroke, quoique ce malheur lui permît de veiller lui-même à la sûreté de lady Berkely. Il ne pouvait cependant réclamer les conditions honorables que Douglas lui avait offertes, avant de recevoir la nouvelle de la bataille de Loudon-Hill.

— Noble chevalier, dit-il, il dépend entièrement de vous de me dicter les conditions de la reddition du château de vos pères, et je n'ai point le droit de réclamer de vous celles qu'il y a peu d'instans vous eûtes la générosité de m'offrir. Mais je me soumets à mon destin, et, quels que soient les termes de la capitulation que vous m'accorderez, je me résigne à vous rendre cette arme, dont je tourne la pointe contre terre, en signe que je ne m'en servirai plus contre vous, jusqu'à ce qu'une rançon convenable me permette de la reprendre.

— A Dieu ne plaise, répondit le noble lord de Douglas, que j'abuse ainsi de la position du plus brave de tous les chevaliers qui aient occupé mon bras sur le champ de bataille ! J'imiterai le chevalier de Fleming, qui a galamment offert son captif à titre de don à une noble damoiselle ici présente, et je transmets de même mes droits sur la personne du redouté sir John de Walton à la noble et puissante lady Augusta de Berkely, qui, je l'espère, ne dédaignera point d'accepter de lord Douglas un présent qu'ont mis entre ses mains les chances de la guerre.

En entendant cette décision inattendue, sir John de Walton éprouva l'impression du voyageur qui, battu de la tempête pendant toute une matinée, aperçoit enfin les rayons du soleil qui va la dissiper. Lady Berkely sentit ce que son rang exigeait d'elle, et la manière dont elle devait répondre aux nobles sentimens exprimés par Douglas. Essuyant à la hâte les larmes qui s'étaient échappées involontairement de ses yeux, tant que la sûreté de son amant et la sienne avaient dépendu de l'issue précaire d'un combat désespéré, elle prit l'attitude d'une héroïne qui ne se sentait pas au-dessous du rôle important qui lui était dévolu par les suffrages flatteurs de la chevalerie. Avec une démarche pleine de grâce et en même temps de modestie, et d'un air qui annonçait que ce n'était pas la première fois que la décision des plus graves intérêts était remise entre ses mains, elle s'avança de quelques pas, et, au ton plein de noblesse avec lequel elle s'exprima, on eût pu la prendre pour la déesse des combats paraissant tout à coup sur un champ de bataille couvert de morts et de mourans, pour y distribuer ses récompenses aux vainqueurs.

— Il ne sera pas dit, s'écria-t-elle, que l'illustre Douglas soit sorti d'un combat dans lequel il s'est si noblement illustré, sans en emporter un trophée. Ce riche collier de diamans, mes ancêtres l'ont conquis sur le sultan de Trébisonde ; c'est donc aussi un trophée de guerre, et il mérite que Douglas le porte sous son armure, et y suspende une tresse des cheveux de celle que le chevalier vainqueur reconnaît pour sa dame. Jusqu'à ce qu'il ait pu l'en orner, s'il veut y laisser les cheveux qui maintenant s'y trouvent attachés, celle qui les a portés y verra une preuve que la pauvre Augusta de Berkely a obtenu son pardon pour avoir exposé un mortel à un combat contre le chevalier de Douglas.

— Jamais, répondit Douglas, jamais amour profane ne séparera ces cheveux de mon cœur ; ils y resteront jusqu'au dernier jour de ma vie comme un emblème de toutes les vertus qui peuvent orner une femme ! Et soit dit sans prétendre aller sur les brisées de l'honorable et brave sir John de Walton, quiconque avancerait que, dans cette affaire compliquée, lady Augusta de Berkely ne s'est pas conduite comme la plus noble créature de son sexe, qu'il sache bien qu'il faudra qu'il le soutienne en champ-clos, la lance à la main, contre James de Douglas !

Ce discours fut accueilli de tous côtés par des acclamations unanimes ; et la nouvelle, apportée par Meredith, de la défaite du comte de Pembroke, et, par suite, de sa retraite, réconcilia les plus fiers des soldats anglais avec l'idée de rendre le château de Douglas. Les conditions principales furent bientôt réglées, et les Écossais prirent possession de cette place forte, ainsi que des armes, des munitions et des approvisionnemens de toute espèce qu'elle contenait. La garnison obtint de se retirer avec armes et bagages, et elle se dirigea par la route la plus courte et la plus sûre vers les Marches d'Angleterre, sans éprouver aucune attaque et sans faire aucun dégât sur son passage.

Marguerite de Hautlieu ne se laissa pas surpasser en générosité ; le brave chevalier de Valence fut autorisé à accompagner en Angleterre sir John de Walton et lady Augusta, et il n'eut pas à payer de rançon.

Le vénérable prélat de Glascow, voyant que des événemens qui, au premier moment, semblaient devoir amener un engagement général, se terminaient d'une manière si heureuse pour son pays, se contenta de donner sa bénédiction à la multitude assemblée, et il se retira avec ceux qui étaient venus l'aider à célébrer la fête du jour.

Cette reddition du château de Douglas, le jour du dimanche des Rameaux, le 19 mars 1306, fut le commencement d'une suite non interrompue de conquêtes, dont le résultat fut de remettre la plus grande partie des places et des châteaux-forts de l'Écosse entre les mains de ceux qui combattaient pour l'indépendance de leur pays. Enfin, l'action décisive eut lieu dans les plaines à jamais célèbres de Bannokburn, où les Anglais essuyèrent la défaite la plus complète dont il soit fait mention dans leurs annales. Il reste peu de chose à dire sur le sort des personnages de cette histoire. Le roi Édouard fut dans le premier moment furieux contre sir John de Walton, de ce qu'il avait rendu le château de Douglas, en s'assurant en même temps l'objet de son ambition, la main enviée de l'héritière de Berkely. Néanmoins le résultat de l'enquête faite par les chevaliers auxquels il soumit l'affaire fut que sir John de Walton ne méritait aucun blâme, attendu qu'il avait rempli son devoir avec la plus grande fidélité, jusqu'au moment où l'ordre de son chef l'avait obligé à rendre le Château Périlleux.

Un singulier rapprochement s'effectua plusieurs mois après entre Marguerite de Hautlieu et son amant sir Malcolm Fleming. L'usage que la noble dame fit de sa liberté, et de l'arrêt du parlement écossais qui la mit en possession de l'héritage de ses pères, fut de se livrer à son esprit aventureux, en bravant des dangers auxquels les personnes de son sexe ne s'exposent pas ordinairement. Aussi lady

Marguerite n'était-elle pas seulement intrépide chasseresse ; mais on dit même que, plus d'une fois, elle avait montré son courage sur un champ de bataille. Elle était restée fidèle aux principes politiques qu'elle avait adoptés presque dès son enfance ; et elle semblait bien déterminée, sinon à fouler le dieu Cupidon sous les pieds de son palefroi, du moins à le tenir à une distance respectueuse.

Quoique sir Malcolm eût quitté les environs des comtés de Lanark et d'Ayr, il essaya de faire agréer ses excuses à lady Marguerite, qui lui renvoya sa lettre sans l'avoir ouverte, et qui semblait fermement décidée à ne jamais renouer leurs anciennes relations. Cependant, à une époque plus avancée de la guerre contre l'Angleterre, le hasard voulut qu'un soir que Fleming voyageait sur la frontière, en chevalier qui cherche les aventures, une jeune suivante, vêtue d'un costume fantastique, vint réclamer la protection de son bras en faveur de sa maîtresse, qui venait, disait-elle, d'être arrêtée par des gens de mauvaise mine, qui l'emmenaient de force à travers la forêt. Fleming saisit aussitôt sa lance, et malheur au misérable qui devait en être atteint le premier ! il roula sur la poussière, hors d'état de se relever, et son compagnon subit le même sort sans opposer beaucoup de résistance. Délivrée des liens honteux par lesquels on n'avait pas craint de lui attacher les bras, la dame n'hésita pas à prendre pour compagnon de voyage le brave chevalier qui venait de la secourir si à propos ; et quoique l'obscurité ne lui permît pas de reconnaître son ancien amant dans son libérateur, elle ne put s'empêcher de prêter une oreille attentive aux discours qu'il lui tint pendant la route. Il lui dit que les misérables qui l'avaient attaquée étaient des Anglais, qui trouvaient un malin plaisir à exercer des actes d'oppression et de barbarie envers les damoiselles d'Ecosse qu'ils pouvaient rencontrer ; et que c'était un devoir, pour les guerriers de ce pays, tant que le sang circulerait dans leurs veines, de tirer vengeance de ces indignités. Il parla de l'injustice des prétentions qui en étaient le prétexte ; et lady Marguerite, qui elle-même avait eu tant à souffrir de l'intervention des Anglais dans les affaires des Écossais, approuva sans peine les sentimens qu'il exprimait sur un sujet qui avait été pour elle la cause de tant de maux. Aussi sa réponse fut-elle celle d'une personne qui n'hésiterait pas, si les circonstances venaient à demander un pareil exemple, à soutenir, même les armes à la main, les droits qu'elle ne défendait alors qu'en paroles.

Ravi des opinions qu'elle manifestait, et retrouvant dans sa voix ce charme secret qui, une fois gravé dans le cœur humain, en est difficilement effacé par une longue série d'événemens subséquens, il se persuada presque que ces accens ne lui étaient pas inconnus, et qu'ils avaient déjà fait vibrer la corde la plus sensible de ses affections. A mesure qu'ils continuaient leur voyage, le trouble du chevalier augmenta au lieu de diminuer. Les scènes de sa première jeunesse se retraçaient à ses yeux, rappelées par des circonstances frivoles en apparence, qui, dans tout autre moment, n'auraient produit aucun effet. Les sentimens qu'il entendait exprimer étaient conformes à ceux que toute sa vie avait été consacrée à réaliser ; et il était sous l'influence de je ne sais quel vague pressentiment que le point du jour lui révélerait un mystère non moins heureux que bizarre.

Au milieu de cette anxiété, sir Malcolm Fleming ne se doutait pas que celle qu'il avait repoussée jadis se trouvait si inopinément rapprochée de lui, après des années d'absence ; encore moins, lorsque les premiers rayons de l'aurore lui permirent d'entrevoir les traits réguliers de sa compagne de voyage, était-il préparé à croire qu'il se trouvait de nouveau le champion de lady Marguerite de Hautlieu, mais il en était ainsi. Lady Marguerite, dans cette matinée terrible où elle s'était retirée de l'église de Douglas, avait résolu, — et quelle est la dame qui n'en eût pas fait autant à sa place ? — de ne négliger aucun effort pour retrouver une partie des charmes qu'elle avait perdus. Le temps, secondé par des mains habiles, avait réussi à effacer, en grande partie, la trace des cicatrices qui lui étaient restées de sa chûte ; et l'œil qu'elle avait perdu, caché par un ruban noir et par une boucle de cheveux, que sa femme de chambre avait l'adresse de faire retomber de ce côté, n'avait plus rien de si difforme. En un mot, il retrouvait Marguerite de Hautlieu à peu près telle qu'il l'avait connue autrefois, et ayant toujours dans tous ses traits cette expression forte et passionnée, qui n'était que le miroir de son ame. Il leur parut à tous deux que le destin, en les réunissant, après une séparation qui semblait devoir être éternelle, se prononçait trop formellement pour qu'il pussent lui résister. Le soleil n'était pas encore au milieu de sa course, que les deux voyageurs s'étaient éloignés de leur suite, et causaient ensemble avec une vivacité qui montrait l'importance de l'affaire qu'ils discutaient entre eux ; et peu de temps après la nouvelle se répandit dans toute l'Écosse que sir Malcolm Fleming et lady Marguerite de Hautlieu allaient être unis à la cour du bon roi Robert, et que l'époux venait d'être investi du comté de Biggar et de Cumbernauld, qui fut si longtemps l'apanage de la famille de Fleming.

Le lecteur sait que, selon toute apparence, ces Contes sont les derniers que l'Auteur soumettra au jugement du public. Il est maintenant à la veille de visiter des pays étrangers. Le roi son maître a bien voulu désigner un vaisseau de guerre pour transporter *l'auteur de Waverley* dans des climats où il pût retrouver assez de santé pour revenir ensuite achever doucement le fil de sa vie dans son pays natal. S'il avait continué ses travaux ordinaires, il est plus que probable qu'à l'âge où il est parvenu, le vase, pour employer le langage de l'Écriture, se serait brisé à la fontaine ; et celui qui a eu le bonheur d'obtenir une part peu commune du plus précieux des biens de ce monde est peu en droit de se plaindre que la vie, en approchant de son terme, ne soit pas exempte des troubles et des orages auxquels nul d'entre nous ne saurait échapper. Ils ne l'ont pas du moins affecté d'une manière plus pénible qu'il n'est inséparable de l'acquittement de cette partie de la dette de l'humanité. De ceux dont les rapports avec lui dans les rangs de la vie auraient pu lui assurer leur sympathie dans ses souffrances, beaucoup n'existent plus à présent; et ceux qui ont survécu avec lui sont en droit d'attendre, dans la manière dont il supportera des maux inévitables, un exemple de fermeté et de patience, surtout de la part d'un homme qui est loin d'avoir eu à se plaindre de son sort dans le cours de son pélerinage.

L'auteur de *Waverley* n'a pas d'expressions pour peindre la reconnaissance qu'il doit au public; mais peut-être lui sera-t-il permis d'espérer que, tel qu'il est, son esprit n'a pas vieilli plus vite que son corps; et qu'il pourra se présenter de nouveau à la bienveillance de ses amis, sinon dans son ancien genre de composition, du moins dans quelque branche de la littérature, sans donner lieu à la remarque, que

Trop long-temps le vieillard est resté sur la scène.

Abbotsford, septembre 1831.

FIN DU CHATEAU PÉRILLEUX,
ET DE LA 4e ET DERNIÈRE SÉRIE DES CONTES DE MON HÔTE.

LE MIROIR

DE

LA TANTE MARGUERITE.

(The Mirror of the aunt Margaret.)

LE MIROIR

DE

LA TANTE MARGUERITE.

(The Mirror of the aunt Margaret.)

> Il y a des instans où l'imagination s'égare en dépit de la surveillance de notre raison ; où la réalité semble une ombre ; où les ombres semblent des corps ; où la barrière immense qui sépare la vérité de la fiction semble renversée, comme si les yeux de l'ame pouvaient pénétrer par-delà les limites de notre monde. Je préfère ces heures de vagues rêveries, à toutes les tristes réalités de l'existence.
>
> *Anonyme.*

INTRODUCTION.

Ma tante Marguerite appartenait à cette respectable classe de sœurs à laquelle sont dévolus tous les soucis, tous les embarras qu'occasionent les enfans, excepté toutefois ceux qui sont attachés à leur arrivée dans le monde. Notre famille était nombreuse, et composée d'enfans de différens caractères ainsi que de différens tempéramens. Quelques-uns étaient tristes et de mauvaise humeur, on les envoyait à la tante Marguerite afin qu'elle les amusât ; d'autres étaient brusques, impétueux et turbulens ; on les envoyait à la tante Marguerite pour qu'ils se tinssent tranquilles, ou plutôt pour se débarrasser de leur bruit. On lui envoyait aussi ceux qui étaient malades afin qu'elle les soignât; ceux qui étaient obstinés afin qu'elle les soumît par la douceur de ses réprimandes : enfin elle remplissait tous les devoirs variés d'une mère, sans avoir l'honneur et la dignité du caractère maternel. Le terme de ses soins est venu ; de tous les enfans languissans ou robustes, doux ou acariâtres, tristes ou enjoués, qui s'agitaient dans son petit salon depuis le matin jusqu'au soir, aucun n'existe maintenant, excepté moi, qui, affligé par des infirmités précoces, leur ai cependant survécu.

C'est encore, et ce sera mon habitude tant que j'aurai l'usage de mes membres, d'aller rendre visite à ma respectable parente, au moins trois fois par semaine. Sa demeure est à environ un demi-mille des faubourgs de la ville que j'habite ; elle est accessible non-seulement par la grande route, dont elle est à quelque distance, mais encore par un chemin couvert de gazon, et conduisant à travers de jolies prairies. J'ai si peu de tourmens dans la vie, qu'un de mes plus grands chagrins est de savoir que plusieurs de ces champs écartés sont destinés à recevoir des bâtimens. Dans celui qui est le plus près de la ville, j'ai vu pendant plusieurs semaines un si grand nombre de brouettes, que je crois en vérité que toute sa surface, à une profondeur de dix-huit pouces au moins, fut dans le même moment élevée sur ces chars à une roue, et transportée dans un autre lieu. D'immenses piles triangulaires de planches, sont entassées dans différentes parties de la prairie condamnée, et un petit bouquet d'arbres ornant encore le côté oriental qui s'élève par une pente douce vient de recevoir son arrêt de mort, annoncé par un barbouillage de peinture blanche; ces arbres doivent faire place à un groupe de cheminées.

Peut-être d'autres s'affligeraient dans ma position en pensant que ces pâturages appartenaient autrefois à mon père, dont la famille jouissait de quelque considération dans le monde, et qu'ils furent vendus par morceaux, pour remédier à la détresse dans laquelle il se plongea, en essayant par quelque entreprise commerciale de réparer sa fortune diminuée. Tandis que les projets de constructions étaient en pleine vigueur, ces amis qui prennent bien soin que la moindre de nos infortunes n'échappe à notre attention me disaient souvent: — De tels pâturages, situées si près de la ville, rapporteraient, en navets et en pommes de terre, vingt livres sterlings par arpent. Et s'ils étaient vendus pour construction! oh! c'était une mine d'or! et cependant l'ancien propriétaire s'en défit pour une bagatelle. Mes consolateurs ne peuvent réussir à exciter mes plaintes sur ce sujet. Et s'il pouvait m'être permis de porter mes regards sur le passé sans y rencontrer d'obstacles, j'abandonnerais volontiers la jouissance de ma fortune présente et mes espérances futures à ceux qui ont acheté ce que mon père a vendu. Je regrette les altérations du sol, seulement parce qu'elles détruisent les souvenirs, et j'aimerais mieux (il me semble) voir les Clos-du-Comte entre les mains d'étrangers, s'ils conservaient leur aspect champêtre, que de savoir qu'ils m'appartiennent, s'ils étaient ravagés par l'agriculture ou couverts de bâtimens. Mes sensations sont celles du pauvre Logan.

> Gazon, de mon enfance ami consolateur,
> Théâtre de mes jeux, verte et douce prairie,
> Vous avez disparu sous un soc destructeur,
> Et la hache a détruit l'aubépine fleurie,
> Où l'écolier joyeux cherchait avec ardeur
> Contre les feux du jour un abri protecteur.

J'espère cependant que l'horrible dévastation ne sera point consommée pendant ma vie. Quoique l'esprit aventureux de l'époque ait fait concevoir le projet de cette entreprise, je suis fondé à croire que les mécomptes qui ont eu lieu ont un peu refroidi les spéculateurs, et que les plaines boisées et le petit sentier conduisant à la retraite de la tante Marguerite seront épargnés pendant le reste de ses jours et des miens. J'y suis intéressé, puisque chaque pas du chemin, après avoir traversé la prairie, est empreint de quelques souvenirs de mon enfance. Voilà l'échalier où je me souviens qu'une petite fille revêche me reprocha ma faiblesse, en m'aidant avec négligence à escalader la barrière escarpée que mes frères franchissaient en bondissant. Je me rappelle l'amertume de ce moment, et, convaincu de mon infériorité, le sentiment concentré d'envie avec lequel je regardais les mouvemens aisés et les membres élastiques de mes frères plus heureusement constitués. Hélas! ces barques si solides ont toutes péri sur l'immense océan de la vie, et celle qui semblait si peu digne d'être lancée à la mer a bravé la tempête, et vogué jusqu'au port.

Voici l'étang où, manœuvrant notre petite flotille construite en larges joncs, mon frère aîné tomba, et fut avec bien de la peine sauvé du liquide élément, pour mourir sous la bannière de Nelson. Voici le taillis de coudriers où mon frère Henri allait cueillir des noisettes, ne songeant point qu'il devait mourir dans un jungle indien (1) à la recherche de Roupies.

Il y a tant de souvenirs dans les environs du petit chemin, que, lorsque je m'arrête appuyé sur ma canne en béquille, et que je regarde autour de moi, en comparant ce que j'étais autrefois et ce que je suis, je finis presque par douter de ma propre identité, jusqu'au moment où je me trouve en face du porche de chèvre-feuille de la demeure de ma tante Marguerite, demeure dont la façade est irrégulière, et dont les gothiques fenêtres projetant les treillis, donnent à penser que les ouvriers se sont appliqués à les construire entièrement différentes les unes des autres, par la forme, la grandeur, par la pierre d'entablement d'un goût suranné, et les lambels qui les ornent. Cette maison, jadis le manoir des Clos-du-

---

(1) On appelle Jungles, des terrains souvent marécageux, couverts de joncs, de roseaux, de glayeuls, d'épines et de broussailles, qui s'élèvent à une hauteur assez considérable pour cacher les animaux féroces, qui souvent dans l'Inde y établissent leur repaire.   Éd.

Comte, nous appartient encore ; car, par quelques arrangemens de famille, elle fut assurée à la tante Marguerite pendant sa vie. Cette propriété précaire est en quelque sorte la dernière ombre de la famille de Bothwell des Clos-du-Comte, et ce qui lui reste de l'héritage paternel. Lorsqu'à la mort de ma vieille parente cette maison passera dans des mains étrangères, le seul représentant de la famille sera alors un vieillard infirme, voyant sans regret avancer la mort, qui a dévoré tous les objets de ses affections.

Lorsque j'ai donné carrière pendant quelques minutes à de semblables pensées, j'entre dans le manoir, qui, dit-on, n'était qu'un pavillon du bâtiment primitif, et j'y trouve un être sur lequel le temps semble avoir bien peu d'empire ; et cependant il y a autant de différence entre l'âge de la tante Marguerite d'aujourd'hui et celui de la tante Marguerite de ma première jeunesse, qu'entre l'enfant de six années et l'homme de cinquante-six ans. Mais le costume de la vieille Dame ne contribue pas peu à persuader que le temps a oublié la tante Marguerite.

La couleur brune ou chocolat de sa robe de soie, avec des manchettes au coude, de la même étoffe, entre lesquelles il y en a d'autres en dentelles de Malines ; les gants de soie noire ou mitaines, les cheveux blancs renvoyés en arrière sur un bourlet, et le bonnet de baptiste sans tache qui entoure une tête vénérable : toutes ces choses ne composaient pas le costume de 1780, moins encore celui de 1826 ; elles semblent être particulières à la tante Marguerite. Elle est encore assise où elle s'asseyait il y a trente ans, avec son rouet ou son tricot, près du feu pendant l'hiver, et à sa fenêtre pendant l'été ; ou bien elle se hasarde aussi loin que le porche, pendant les soirées les plus chaudes de la belle saison. Ses membres, semblables aux pièces solides de quelques mécaniques, accomplissent encore les fonctions pour lesquelles ils furent destinés, et agissent avec une activité qui diminue graduellement, mais qui n'indique point encore qu'elle soit sur le point de s'arrêter tout-à-fait.

La sollicitude et l'affection qui rendirent la tante Marguerite l'esclave volontaire d'une multitude d'enfans ont maintenant pour objet la santé et le bien-être d'un homme vieux et infirme, le seul parent qui lui reste, et la seule personne qui puisse trouver de l'intérêt aux traditions qu'elle recueille, comme l'avare cache l'or dont il ne voudrait pas que personne pût jouir après sa mort.

Ma conversation avec ma tante Marguerite a rarement rapport au présent ou à l'avenir, car le passé possède tout ce que nous regrettons, nous ne désirons rien de plus ; et pour ce qui doit suivre, nous n'avons de ce côté de la tombe, ni espérances, ni craintes, ni inquiétudes. Nous portons donc naturellement nos réflexions vers le passé, et nous oublions l'état misérable de notre fortune présente, la décadence de notre famille, en rappelant les heures de sa richesse et de sa prospérité.

D'après cette légère introduction, le lecteur connaîtra, de la tante Marguerite et de son neveu, tout ce qui est nécessaire pour comprendre la conversation et la narration suivantes.

La semaine passée, par une soirée d'été assez avancée, je fus rendre visite à la vieille dame avec laquelle le lecteur a déjà fait connaissance, et je fus reçu par elle avec son affection et sa bonté ordinaires, mais en même temps elle semblait absorbée et disposée au silence. Je lui en demandai la raison.

— Ils ont nettoyé la vieille chapelle, me répondit-elle; John Cleighudgeons ayant, il paraît, découvert que ce qu'elle contenait (je suppose que c'étaient les restes de nos ancêtres) convenait à merveille pour engraisser les champs.

A ces mots, je tressaillis avec plus de vivacité que cela ne m'était arrivé depuis quelques années, et je m'assis, tandis que ma tante ajoutait, en posant la main sur ma manche :

— La chapelle a été long-temps regardée comme un *commun*, mon cher; on s'en servait pour la bergerie. Et que pouvons-nous reprocher à un homme qui emploie son bien à son propre usage? Outre cela, je lui ai parlé, et il m'a promis très-honnêtement que s'il trouvait des os ou des tombes, ils seraient respectés et remis à leur place. Que pouvais-je demander de plus? La première pierre sépulcrale qu'on a trouvée portait le nom de Marguerite Bothwell, 1585; j'ai ordonné qu'on la mît soigneusement de côté, car je pense que c'est pour moi un présage de mort. Cette pierre ayant servi à celle dont je porte le nom, pendant deux cents ans, a été levée à temps pour me rendre le même service. Depuis long-temps ma maison est en ordre en tout ce qui concerne les affaires de ce monde; mais qui peut dire que sa paix avec le ciel est assurée?

— D'après ce que vous venez de dire, ma tante, répliquai-je, peut-être devrais-je prendre mon chapeau et m'en aller; je le ferais si je ne m'apercevais pas que dans cette occasion il y a un peu d'alliage mêlé à votre dévotion. Penser à la mort dans tous les temps est un devoir; la supposer plus proche parce qu'une vieille pierre sépulcrale qui porte votre nom vient d'être trouvée, c'est une superstition. Et vous, dont le jugement et l'esprit justes ont été si long-temps les guides d'une famille déchue, vous êtes la dernière personne que j'aurais soupçonnée d'une pareille faiblesse.

— Et je ne mériterais pas vos soupçons, mon neveu, si nous parlions de n'importe quel autre accident de la vie humaine, et qui eût rapport au présent ou à l'avenir. Mais pour tout ce qui regarde le passé, je suis coupable d'une superstition dont je ne désire nullement me corriger. C'est un sentiment qui me sépare du siècle, et qui me lie encore à ceux que je vais retrouver. Et même, ainsi qu'aujourd'hui, lorsque ces idées me présentent une tombe entr'ouverte, et m'invitent à la contempler, je n'aimerais point à les bannir de mon esprit; mais elles n'ont d'empire que sur mon imagination, qu'elles occupent doucement, sans influencer ma raison et ma conduite.

— En vérité, ma bonne dame, si toute autre personne que vous m'eût fait une semblable déclaration, je l'aurais trouvée aussi capricieuse que le ministre qui, sans chercher à défendre son texte fautif, préférait, par habitude seulement, son vieux *mumpsimus* au moderne *sumpsimus*.

— Eh bien! répondit ma tante, il faut que j'explique mon inconséquence sur ce point, en la comparant à une autre. Je suis, comme vous le savez, une de ces vieilles gens d'un autre monde qu'on appelle *Jacobite;* mais je suis Jacobite de sentiment et de sensations seulement, car jamais sujet plus loyal ne joignit ses prières à celles qu'on adresse pour la conservation de Georges IV : que Dieu lui accorde une longue vie! mais je suis persuadée que notre bon souverain ne penserait pas qu'une vieille femme lui fait injure, lorsque, appuyée dans son fauteuil, par une clarté douteuse comme celle-ci, elle songe aux hommes courageux qui crurent que leur devoir les appelait à prendre les armes contre son grand-père, et comment, dans une cause qu'ils supposaient celle de leur prince légitime, et de leur patrie;

« Ils combattirent jusqu'à ce que leur main fût collée à leur
» large épée; mais quoique la fortune leur fût contraire, leur
» courage ne put être abattu. »

Ne venez point dans un tel moment, lorsque ma tête est remplie de plaids, de Pibrochs, de Claymores, demander à ma raison d'admettre ce que, je le crains, elle ne pourrait nier, c'est-à-dire que le bien public exigeait l'abolition de toutes les choses que je rêve. Je ne puis, il est vrai, refuser de reconnaître la justesse de votre raisonnement; mais étant convaincue contre ma volonté, vous avez peu gagné par vos démonstrations. Vous feriez aussi bien de lire à un amant éperdument amoureux le catalogue des imperfections de sa maîtresse; après l'avoir forcé d'en écouter l'énumération, vous ne pourrez en tirer d'autre réponse, sinon qu'il ne l'en aime que mieux.

Je n'étais pas fâché d'avoir changé le cours mélancolique des pensées de la tante Marguerite, et je répondis sur le même ton : — Je ne puis m'empêcher d'être persuadé que notre bon roi est d'autant plus sûr de l'affection loyale de mistriss Bothwell, qu'il a en sa faveur le droit de naissance des Stuarts, aussi bien que celui qui résulte de l'acte de succession.

— Peut-être mon attachement prend-il sa source dans la réunion des droits dont vous parlez, et en est-il d'autant plus vif. Mais, sur mon honneur, il serait aussi sincère, si le droit du roi n'était fondé que sur le vœu du peuple, comme il a été déclaré à la révolution : je ne suis pas de vos gens *jure divino* (1).

— Et néanmoins vous êtes Jacobite.

— Et néanmoins je suis Jacobite, ou plutôt, je vous laisse la permission de me mettre de ce parti dont les membres étaient appelés le parti des *fantasques* (1), du temps de la reine Anne, parce qu'ils se laissaient guider tantôt par leurs impressions, tantôt par leurs principes. Après tout, il est fort étrange que vous ne vouliez pas permettre à une vieille femme d'être aussi peu conséquente dans ses sentimens politiques que les hommes le sont, en général, dans les divers incidens de la vie. Vous ne pourriez m'en citer un dont les passions et les préjugés ne l'écartent pas continuellement du chemin que la raison lui indique.

— Cela est vrai, ma tante, mais vous êtes une de

---

(1) Qui croient au *droit divin*. ÉD.
(2) Whimsicals.

ces personnes qui s'égarent à plaisir, et qu'on devrait forcer de rentrer dans le droit chemin.

— Épargnez-moi, je vous en conjure : vous vous rappelez cette chanson gaëlique, quoique sans doute je prononce incorrectement les paroles.

Halil mohalil, au dowski mi.
Je dors, mais ne m'éveillez pas.

Je vous assure, mon cher parent, que les rêves dans lesquels se complaît mon imagination, et ce que vous appelez les caprices de mon esprit, valent tous les songes de ma jeunesse. Maintenant, au lieu de porter mes pensées dans l'avenir, de me former des palais enchantés, sur le bord de la tombe, je tourne mes regards vers le passé, je songe aux jours et aux usages de mon meilleur temps, et des souvenirs tristes et cependant consolans me deviennent si chers, que je me dis presque que c'est un sacrilége d'être plus sage, plus raisonnable, moins remplie de préjugés, que ceux que je révérais dans ma jeunesse.

— Il me semble que je comprends maintenant tout ce que vous voulez dire, et je conçois que vous puissiez préférer de temps en temps la lueur douteuse de l'illusion à la lueur invariable de la raison.

— Lorsque les travaux du jour sont terminés, qu'il ne reste plus de tâche à remplir, nous pouvons, si cela nous convient, rester dans les ténèbres. C'est lorsque nous nous mettons à l'ouvrage qu'il faut demander des bougies.

— Et au milieu de cette obscurité, repris-je l'imagination crée des visions enchantées, et souvent persuade les sens de leur réalité.

— Oui, dit la tante Marguerite, dont la mémoire prouve qu'elle a lu les poètes, pour ceux qui ressemblent au traducteur du Tasse,

« Puissant poète dont l'esprit exalté croit les magiques mer-
» veilles qu'il chante. »

Il n'est pas nécessaire d'éprouver les sensations pénibles qu'une croyance réelle dans de tels prodiges occasionerait. Une semblable croyance, de nos jours, est réservée aux esprits faibles ou aux enfans. Il n'est pas nécessaire non plus de ressentir dans vos oreilles une espèce de tintement, et de pâlir, comme Théodore, à l'aspect du spectre du chasseur (1). Tout ce qui est indispensable pour jouir de la douce impression d'une terreur surnaturelle, c'est d'être susceptible d'un léger frémissement en écoutant un conte effrayant, un conte qu'un narrateur adroit, qui d'abord exprime son incrédulité pour toute légende merveilleuse, recueille et raconte, comme ayant en lui quelque chose qu'il avoue qu'il lui est impossible d'expliquer. Il existe un autre symptôme, cette hésitation momentanée à regarder autour de nous, au moment où l'intérêt du conte est dans toute sa force; et, troisièmement, un désir d'éviter de regarder dans un miroir, lorsque, le soir, on se trouve seul dans sa chambre. Tels sont les signes qui indiquent que l'imagination d'une femme est dans une disposition d'esprit favorable pour écouter une histoire de revenant. Je ne prétends pas décrire ceux qui indiquent la même disposition dans un homme.

(1) Allusion à la ballade de Burger. ÉD.

— Ce dernier symptôme d'éviter un miroir, chère tante, doit être bien rare parmi le beau sexe.

— Vous êtes un novice dans les usages de la toilette, mon cher neveu. Toutes les femmes consultent le miroir avec anxiété, avant de se rendre dans la société ; mais à leur retour la glace n'a plus le même charme. Le dé a été jeté, l'impression qu'elles désiraient produire a eu ou n'a point eu de succès. Mais sans aller plus loin dans les secrets des miroirs, je vous dirai que moi-même, ainsi que beaucoup d'honnêtes personnes, je n'aime point avoir un large miroir dans une chambre faiblement éclairée, où la lumière d'une bougie semble plutôt se perdre dans la profonde obscurité de la glace, qu'être réfléchie dans l'appartement. Cet espace rempli par les ténèbres est un vaste champ où l'imagination crée des chimères; elle y appelle d'autres traits que les nôtres, ou bien, comme dans les apparitions de la veille de la Toussaint, elle nous fait apercevoir quelque visage inconnu regardant par dessus nos épaules. Enfin, lorsque je suis dans mes humeurs sombres, je prie ma femme de chambre de tirer le rideau vert sur le miroir de ma toilette, avant que d'entrer dans mon appartement, afin qu'elle ait le premier choc de l'apparition, s'il doit y en avoir une. Mais, pour vous dire la vérité, cette antipathie à regarder dans un miroir, dans certain temps et dans certain lieu, est fondée, je le suppose, sur une histoire qui m'est venue par tradition de ma grand'mère, qui joua un rôle dans la scène que je vais vous raconter.

CHAPITRE PREMIER.

Vous aimez, mon neveu, les esquisses de la société du temps passé. Je voudrais pouvoir vous peindre sir Philippe Forester, le libertin achevé de la bonne compagnie d'Écosse, vers la fin du dernier siècle. Il est vrai que je ne l'ai jamais vu, mais les anecdotes de ma mère étaient remplies de son esprit, de sa galanterie et de sa dissipation. Ce brillant chevalier florissait, comme je vous l'ai dit, vers la fin du dix-septième siècle et le commencement du dix-huitième. C'était le sir Charles Easy (1), et le Lovelace (2) de son temps et de son pays, renommé par la multitude des duels qu'il avait eus, et le nombre des intrigues amoureuses ; la supériorité qu'il avait acquise dans le monde à la mode était absolue, et lorsqu'on réfléchit à une ou deux de ses aventures, pour lesquelles, si les lois étaient faites pour toutes les classes, il aurait dû certainement être pendu, la faveur dont jouissait un tel homme sert à prouver qu'il y a plus de décence

---

(1) L'homme aimable d'une comédie de Libber.   Éd.
(2) Le séducteur de la Clarisse de Richardson.   Éd.

sinon de vertu, dans les temps présens, qu'il n'y en avait autrefois, ou que les bonnes manières étaient autrefois plus difficiles à acquérir que ce qu'on appelle maintenant ainsi, et qu'en conséquence celui qui les possédait obtenait en proportion des indulgences plénières et des priviléges pour sa conduite. Aucun galant de cette époque n'était le héros d'une histoire plus affreuse que celle de la jolie Peggy Grindstone, la fille du meunier, à Sille-Mills; elle aurait pu donner de l'occupation au lord-avocat, mais elle n'endommagea pas plus la réputation de sir Philippe que la grêle n'endommage la pierre du foyer. Il fut aussi bien reçu que jamais dans la société, et dîna chez le duc d'Argyle, le jour où la pauvre fille fut enterrée. Elle mourut de douleur. Mais cela n'a point de rapport à mon histoire.

Maintenant il faut que vous écoutiez quelques mots sur des parens et des alliés. Je vous promets de ne point être prolixe; mais il est nécessaire, pour l'authenticité de ma légende, que vous sachiez que sir Philippe, avec sa beauté, ses talens distingués, ses manières élégantes, épousa la plus jeune des miss Falconer de King's Copland. La sœur aînée de cette dame était devenue précédemment la femme de mon grand-père, sir Geoffrey, et elle apporta dans notre famille une fortune considérable. Miss Jemina, ou miss Jemmie Falconer, comme on l'appelait ordinairement, avait environ dix mille livres sterling; c'était alors une fort belle dot.

Les deux sœurs ne se ressemblaient en aucune façon, quoiqu'elles eussent l'une et l'autre des admirateurs lorsqu'elles étaient filles. Lady Bothwell avait dans les veines du sang du vieux King's Copland. Elle était hardie, mais non pas jusqu'à l'audace, ambitieuse, et désirant l'élévation de sa maison et de sa famille; c'était, suivant l'opinion générale, un aiguillon pour mon grand-père, qui était naturellement indolent, et qui (à moins que ce ne soit une calomnie) s'engagea, par les conseils de sa femme, dans des intrigues politiques, qu'il eût été plus sage d'éviter. C'était cependant une femme dont les principes étaient solides et le jugement sain, comme le prouvent quelques lettres qui sont encore dans mon secrétaire.

Jemmie Falconer était en toute chose l'opposé de sa sœur; son esprit ne dépassait pas les limites ordinaires, si l'on pouvait dire qu'il les atteignait. Sa beauté, tant qu'elle dura, ne consistait que dans la délicatesse du teint et la régularité des traits, sans aucune expression. Ces charmes mêmes disparurent dans les malheurs d'une union mal assortie. Elle aimait passionnément son mari, et celui-ci la traitait avec une indifférence polie, qui, pour une femme dont le cœur était aussi tendre que le jugement était faible, paraissait plus pénible et plus affreuse peut-être que de mauvais traitemens réels. Sir Philippe était un voluptueux, c'est-à-dire un complet égoïste, dont les inclinations et le caractère ressemblaient à la rapière qu'il portait, fine, polie, brillante, mais inflexible et sans pitié. Comme il observait avec soin toutes les formes de la politesse envers sa femme, il avait l'art de la priver même de la compassion du monde; et quoiqu'elle soit assez inutile à ceux qui la possèdent, il était pénible pour un esprit comme celui de lady Forester de ne point l'avoir obtenue.

Les caquets de la société plaçaient le mari coupable bien au-dessus de la femme outragée. Quelques personnes appelaient lady Forester une pauvre créature sans caractère, et déclaraient qu'avec une dose de l'énergie de sa sœur, elle eût fait entendre raison à tous les sirs Philippe du monde, fussent-ils semblables au redoutable Falconbridge (1) lui-même. Mais la plupart des amis des deux époux affectaient de la sincérité, et voyaient des torts des deux côtés, quoiqu'il n'existât, en effet, qu'un oppresseur et une opprimée. Ces amis sincères s'exprimaient ainsi : — Certainement personne n'entreprendra de justifier sir Philippe Forester ; mais enfin, nous connaissions tous sir Philippe, et Jemmie Falconer pouvait deviner ce qu'elle avait à en attendre. Qu'est-ce qui la priait de se jeter à la tête de sir Philippe ? Il n'aurait jamais songé à elle, si elle ne lui eût fait les premières avances, avec ses pauvres dix mille livres sterling, à moins qu'il n'ait eu besoin d'argent. Elle a bien voulu compromettre le bonheur de sa vie. Je connais des femmes qui auraient bien mieux convenu à sir Philippe. Mais, enfin, si elle voulait absolument épouser cet homme, ne pouvait-elle pas essayer de rendre sa maison plus agréable à son mari, de réunir plus souvent ses amis chez elle, de ne point l'étourdir par les cris des enfans, de prendre soin que tout fût élégant et de bon goût autour d'elle ? Je suis persuadé que sir Philippe aurait fait un mari très-rangé, si sa femme avait su comment le captiver.

Mais ceux qui bâtissaient ce brillant édifice de fé-

(1) Héros fougueux d'une tragédie de Shakspeare.   Éd.

licité domestique oubliaient que la pierre angulaire manquait; que, pour recevoir nombreuse compagnie et faire bonne chère, les frais du banquet auraient dû être faits par sir Philippe, dont la fortune dilapidée n'eût point suffi à de telles dépenses, en même temps qu'elle fournissait à ses *menus plaisirs*. Ainsi, en dépit de tout ce qui était si sagement suggéré par de charitables amies, sir Philippe porta sa bonne humeur et son affabilité hors de chez lui, tandis qu'il laissait une maison solitaire et une épouse désolée.

Enfin, gêné dans sa fortune, et fatigué des courts instants qu'il passait dans cette triste maison, sir Philippe résolut de faire un tour sur le continent, en qualité de volontaire. Il était alors fort commun parmi les hommes de naissance de prendre ce parti, et peut-être notre chevalier se flattait qu'une teinte de caractère militaire, assez pour exalter, mais non pas assez pour rendre pédant, ajouterait à ses moyens, et lui conserverait cette situation élevée qu'il tenait dans les rangs de la mode.

La résolution de sir Philippe jeta sa femme dans toutes les angoisses de la terreur; l'élégant Baronnet en fut presque touché. Contre son habitude, il prit quelque peine pour calmer ses craintes, et fit une dernière fois verser à sa femme des larmes dans lesquelles se mêlait une espèce de plaisir. Lady Bothwell demanda comme une faveur le consentement de sir Philippe pour recevoir chez elle sa sœur et ses enfans, pendant l'absence du chef de la famille. Sir Philippe accepta avec empressement une proposition qui épargnait de la dépense, imposait silence aux personnes qui l'auraient accusé d'abandonner sa femme et ses enfans, et qui satisferait lady Bothwell, pour laquelle il éprouvait un respect involontaire; car elle lui avait toujours parlé avec franchise, quelquefois avec sévérité, sans être intimidée par ses railleries ou le prestige de sa réputation.

Un ou deux jours avant le départ de sir Philippe, lady Bothwell prit la liberté de lui adresser en présence de sa femme la question positive que cette dernière avait souvent désiré faire, sans avoir le courage de s'y décider.

— Pourriez-vous avoir la bonté de nous dire, sir Philippe, quelle route vous prendrez, lorsque vous aurez atteint le continent?

— Je vais de Leith à Helvoet par un paquebot.

— Je comprends cela parfaitement, répondit sèchement lady Bothwell; mais je présume que vous n'avez pas l'intention de vous arrêter long-temps à Helvoet, et je désirerais savoir vers quel lieu vous vous dirigerez en quittant cette ville.

— Vous m'adressez, lady Bothwell, une question que je n'ai pas encore osé me faire à moi-même. Ma réponse dépend du sort de la guerre. Je me rendrai, comme de raison, au quartier-général, partout où le hasard le placera, pour y présenter mes lettres de recommandation; j'y apprendrai du noble métier de la guerre tout ce qu'il est nécessaire d'en savoir pour un pauvre amateur comme moi, et alors je pourrai me mêler de ces sortes de choses dont on nous entretient si souvent dans la Gazette.

— Mais j'espère, sir Philippe, que vous vous rappellerez que vous êtes époux et père, et que, bien que vous trouviez convenable de vous passer ce caprice militaire, il ne vous précipitera point dans les dangers, qu'il n'est nullement nécessaire de courir lorsqu'on n'est point soldat de profession.

— Lady Bothwell me fait trop d'honneur, en témoignant le moindre intérêt pour ma sûreté; mais, pour calmer sa flatteuse inquiétude, je la prierai de se souvenir que je ne puis exposer la vie du vénérable père de famille qu'elle recommande à ma protection, sans hasarder celle d'un honnête garçon, nommé Philippe Forester, avec lequel je suis associé depuis trente ans, et dont je n'ai pas le moindre désir de me séparer.

— Sir Philippe, vous êtes en effet le meilleur juge de vos propres affaires; je n'ai pas le droit de m'en mêler. Vous n'êtes point mon mari.

— Dieu préserve!.... dit sir Philippe avec précipitation; il ajouta cependant au même instant, Dieu préserve que je prive mon ami sir Geoffrey d'un trésor aussi inappréciable.

— Mais vous êtes le mari de ma sœur, reprit lady Bothwell, et je suppose que vous n'ignorez pas la tristesse qui l'accable.

— Si d'en entendre parler depuis le matin jusqu'au soir peut m'en convaincre, je devrais en effet en savoir quelque chose.

— Je ne prétends point faire assaut d'esprit avec vous, sir Philippe, mais vous devez être persuadé que cette tristesse est causée par la crainte des dangers que pourra courir votre personne.

— Dans ce cas, je suis au moins surpris que lady Bothwell se donne autant d'embarras sur un sujet aussi insignifiant.

— L'intérêt que je porte à ma sœur peut répondre pour le désir que j'éprouve de connaître les desseins de sir Philippe Forester, dont, sans cela, la destinée me deviendrait indifférente. Mais je dois aussi avoir des inquiétudes sur la sûreté d'un frère.

— Vous voulez parler du major Falconer, votre frère du côté de votre mère. Qu'a-t-il de commun avec cette agréable conversation ?

— Vous avez eu quelques mots ensemble, sir Philippe.

— Tout naturellement; nous sommes alliés, et comme tels nos conversations sont fréquentes.

— Vous éludez de me répondre; par *mots*, j'entends que vous vous êtes querellés sur le sujet de votre conduite envers votre femme.

— Si vous supposez le major Falconer assez simple pour me donner des avis sur ma conduite domestique, lady Bothwell, vous devez en effet être convaincue que j'aurais été assez mécontent, pour le prier de garder ses conseils jusqu'à ce qu'on daignât les lui demander.

— Et c'est dans cette disposition que vous allez rejoindre l'armée où mon frère Falconer sert dans ce moment?

— Personne ne connaît mieux le sentier de l'honneur que le major Falconer, et un candidat de la gloire comme moi ne peut choisir sur cette route un meilleur guide.

— Et cette raillerie froide et insensible est la seule consolation que vous donniez aux craintes que nous avons conçues sur une querelle qui pourrait amener les conséquences les plus terribles! Grand Dieu! de quelle matière avez-vous formé le cœur des hommes, puisqu'ils peuvent se jouer ainsi de nos souffrances!

Sir Philippe Forester fut ému, et renonça au ton de raillerie dont il avait parlé jusqu'alors.

— Chère lady Bothwell, dit-il en prenant la main que cette dame lui abandonnait avec répugnance, nous avons tort l'un et l'autre. Vous êtes trop profondément sérieuse, et peut-être je ne le suis pas assez. La dispute que nous avons eue, le major Falconer et moi, n'est d'aucune importance; s'il eût existé entre nous quelque chose qui aurait dû se terminer *par voie de fait*, comme nous disons en France, nous ne sommes point hommes à ajourner une rencontre. Permettez-moi de vous dire que si l'on allait répéter que vous, ou lady Falconer, avez des inquiétudes à ce sujet, ce serait le véritable moyen d'amener une catastrophe, qui probablement n'aura jamais lieu. Je connais votre bon sens, lady Bothwell, et je sais que vous me comprendrez lorsque je vous dirai que mes affaires exigent une absence de quelques mois.

Jemina ne peut pas le comprendre. C'est une suite de questions. — Eh quoi! ne pourriez-vous pas faire ceci, cela, ou toute autre chose? et lorsque vous lui avez prouvé que ses expédiens ne serviraient à rien, il faut recommencer à tourner autour du même cercle. Maintenant, ayez la bonté de lui dire, chère lady Bothwell, que vous êtes satisfaite. Elle est, vous devez en convenir, une de ces personnes sur lesquelles l'autorité agit plus puissamment que le raisonnement. Placez en moi seulement un peu de confiance, et vous verrez que je m'en rendrai digne.

Lady Bothwell secoua la tête, comme une personne à demi satisfaite.

— Combien il est difficile, dit-elle, d'éprouver de la confiance, lorsque la base sur laquelle elle doit reposer a été ébranlée si souvent! Enfin, je ferai de mon mieux pour tranquilliser Jemina; et quant à vos promesses, je vous en rends responsable devant Dieu et devant les hommes.

— Ne croyez pas que je veuille vous tromper. La manière la plus sûre de correspondre avec moi, sera d'adresser les lettres poste restante, à Helvoetsluys, où je donnerai des ordres pour qu'on me les envoie plus loin. Quant à Falconer, notre première rencontre aura lieu devant une bouteille de Bourgogne; ainsi tenez-vous en repos sur son compte.

Lady Bothwell n'était pas tout-à-fait rassurée; cependant elle était convaincue que sa sœur gâtait sa propre cause en la prenant trop à cœur, comme disent nos servantes, et en montrant devant chaque personne étrangère, par ses manières, et quelquefois aussi par ses paroles, le mécontentement que lui causait le voyage de son mari, ce qui finissait toujours par être connu de sir Philippe, et par exciter son ressentiment. Mais il n'y avait aucun remède à ces dissensions domestiques, qui durèrent jusqu'au jour de la séparation.

Je suis fâchée de ne pouvoir dire avec précision l'année dans laquelle sir Philippe Forester passa en France; mais c'était à une époque où la campagne s'ouvrait avec une nouvelle fureur. Bien des escarmouches sanglantes, quoique peu décisives, eurent lieu entre les Français et les alliés. De toutes les améliorations modernes, il n'en est peut-être pas de plus grandes que l'exactitude et la célérité avec lesquelles les nouvelles sont transportées de la scène d'une action quelconque, dans le pays que cette action peut intéresser. Pendant les campagnes de Marlborough, les souffrances de ceux qui avaient des parens ou des amis dans l'armée étaient augmentées par l'incertitude où ils étaient laissés pendant des semaines, après avoir appris que de sanglantes batailles avaient été livrées, et dans lesquelles avaient combattu sans doute les personnes dont le nom faisait palpiter leur cœur. Parmi celles qui étaient le plus cruellement tourmentées de cette incertitude, était la.... j'allais presque dire la femme abandonnée du brillant sir Philippe Forester : une seule lettre avait instruit Jemina de l'arrivée de son mari sur le continent, elle n'en avait pas reçu d'autres. Il parut une relation dans les journaux, dans laquelle on faisait mention du volontaire sir Philippe Forester, comme ayant été envoyé dans une reconnaissance dangereuse, mission dont il s'était acquitté avec le plus grand courage, et autant de dextérité que d'intelligence ; il avait même reçu, ajoutait-on, les remerciemens de l'officier commandant. La satisfaction que lui causait la distinction que son mari venait d'acquérir fit paraître momentanément une teinte rose sur les joues pâles de lady Forester ; mais elle se perdit aussitôt dans une pâleur plus grande encore, causée par la pensée du danger qu'il avait couru. Après cette nouvelle, les deux sœurs n'en reçurent point d'autres, ni de sir Philippe, ni même de leur frère le major Falconer. La position de lady Forester ne différait point de celle de cent autres femmes; mais un esprit faible est naturellement irritable, et l'incertitude que quelques-unes supportaient avec indifférence, d'autres avec une résignation philosophique, d'autres encore avec une disposition naturelle à voir tout en beau, était intolérable pour lady Forester, qui était en même temps sensible, sérieuse, prompte à se décourager, et dépourvue de toute force d'esprit.

CHAPITRE II.

Ne recevant aucune nouvelle de sir Philippe, ni directement, ni d'une manière indirecte, la malheureuse Jemina finit par trouver une espèce de consolation dans cette même négligence qui avait si souvent causé ses peines. — Il est si insouciant, si léger! répétait-elle cent fois par jour à sa sœur; il n'écrit jamais lorsqu'il n'a point d'événement à apprendre: c'est son habitude; s'il y avait quelque chose d'extraordinaire, il nous en informerait.

Lady Bothwell écoutait sa sœur sans essayer de la consoler. Peut-être elle pensait que les plus mauvaises nouvelles venues de Flandre auraient aussi leur bon côté, et que la douairière lady Forester, si le destin voulait qu'elle portât ce triste titre, pourrait trouver une source de bonheur inconnu à la femme du gentilhomme le plus brillant et le plus distingué de l'Écosse. Cette conviction devint plus forte lorsque, d'après des informations prises au quartier-général, on sut que sir Philippe n'était plus à l'armée, soit qu'il eût été pris ou tué dans quelques-unes de ces escarmouches qui avaient lieu à chaque instant, et dans lesquelles il aimait à se distinguer, ou bien que, par quelque raison inconnue ou par caprice, il eût quitté volontairement le service, sans qu'aucun de ses compatriotes ou de ses amis, dans le camp, pussent même former une conjecture. Dans le même temps, les créanciers de sir Philippe, en Écosse, devenus pressans, entrèrent en possession de ses biens, et menacèrent sa personne, s'il était assez téméraire pour reparaître dans son pays. Ces nouveaux malheurs aggravèrent le ressentiment de lady Bothwell contre le mari fugitif; tandis que sa sœur n'y voyait qu'un nouveau sujet de déplorer l'absence de celui que son imagination lui représentait comme il était avant son mariage, galant, aimable et affectionné.

A peu près à cette époque, il vint à Édimbourg un homme dont l'apparence était aussi étrange que les prétentions. Il était communément appelé le docteur de Padoue, parce qu'il avait été élevé dans la fameuse université de cette ville. On le supposait possesseur de rares recettes de médecine, avec lesquelles on affirmait qu'il avait opéré des guérisons remarquables. Mais, quoique les médecins d'Édimbourg lui donnassent le nom d'empirique, il existait un grand nombre de personnes, parmi lesquelles il s'en trouvait appartenant au clergé, qui, tout en admettant la réalité des cures et la puissance des remèdes, alléguaient que le docteur Damiotti faisait usage de charmes et d'un art illégal, afin d'assurer la réussite de ses ordonnances. Il fut défendu, même du haut de la chaire, de s'adresser à lui, de rechercher la santé par le moyen des idoles, et de se confier à un secours qui venait d'Égypte. Mais la protection que le Docteur de Padoue reçut de quelques amis puissans lui permit de braver ces imputations, et d'établir même dans la ville d'Édimbourg, célèbre par son horreur pour les sorciers et les nécromanciens, la dangereuse réputation d'un interprète de l'avenir. On ne tarda pas à dire que, pour une certaine gratification, qui, comme de raison, devait être considérable, le docteur Baptista Damiotti pouvait faire connaître le sort des absens, et même montrer aux personnes qui l'interrogeaient la forme corporelle des amis regrettés, et l'action qu'ils accomplissaient au même moment. Ce bruit parvint à lady Forester, qui était arrivée au dernier degré de cette angoisse dans laquelle un infortuné entreprendrait tout pour obtenir une certitude quelconque.

Douce et timide dans les occasions ordinaires de la vie, lady Forester trouvait, dans l'état de son esprit, de la hardiesse et de l'obstination : et ce ne fut pas sans autant de surprise que d'alarmes que lady Bothwell entendit sa sœur Jemina exprimer sa résolution de rendre une visite au docteur de Padoue, et de le consulter sur le sort de son mari. Lady Bothwell essaya de lui démontrer que les prétentions de l'étranger ne pouvaient être fondées sur autre chose que sur l'imposture.

— Je m'inquiète fort peu, dit la femme abandonnée, du ridicule que je puis me donner. S'il y a une chance sur cent, que je puisse obtenir quelque certitude sur le sort de mon mari, je ne voudrais pas manquer cette chance pour tout ce que le monde pourrait m'offrir.

Alors lady Bothwell appuya sur l'illégalité d'avoir recours à des connaissances acquises par un art défendu.

— Ma sœur, reprit Jemina, celui qui meurt de soif ne pourrait s'empêcher de boire, même à une source empoisonnée : celle qui souffre une incertitude semblable à la mienne doit chercher à être éclairée, même si le pouvoir qui peut offrir la lumière est défendu ou infernal. J'irai seule apprendre mon sort, et je veux le connaître dès ce soir. Le soleil qui se lèvera demain me trouvera, sinon plus heureuse, du moins résignée.

— Ma sœur, dit à son tour lady Bothwell, si vous êtes décidée à cette étrange démarche, vous n'irez pas seule. Si cet homme est un imposteur, vous pourriez être trop agitée par votre émotion pour découvrir qu'il vous trompe ; si, ce que je ne puis croire, il y a quelque vérité dans son art, vous ne serez point exposée seule à des communications d'une si étrange nature. Mais réfléchissez encore à votre projet, et renoncez à une connaissance que vous ne pouvez obtenir sans vous rendre coupable, et peut-être même sans danger.

Lady Forester se jeta dans les bras de sa sœur, et, la pressant contre son cœur, la remercia cent fois de lui avoir offert sa compagnie, tandis qu'elle refusait avec tristesse de suivre l'avis amical dont cette offre avait été accompagnée.

Lorsque la brune fut arrivée, heure du jour où le docteur de Padoue recevait les visites de ceux qui venaient le consulter, les deux dames quittèrent leurs appartemens de la Canongate d'Édimbourg, habillées comme des femmes des classes inférieures, et leur plaid ajusté autour de leur visage, comme on les portait dans ces classes ; car, dans ces jours d'aristocratie, la qualité d'une femme était généralement indiquée par la manière dont son plaid était disposé, aussi bien que par la finesse de son tissu. C'était lady Bothwell qui avait suggéré cette espèce de déguisement, en partie pour éviter les observations, tandis qu'elles se rendraient à la maison du devin, et en partie pour faire un essai de la pénétration de cet homme, en paraissant devant lui sous un caractère supposé.

Le domestique de lady Forester, homme d'une fidélité à toute épreuve, avait porté au docteur, de la part de cette dame, un don assez considérable, afin de le rendre propice. Le domestique avait ajouté que la femme d'un soldat désirait connaître le sort de son mari, sujet sur lequel, suivant toute probabilité, on consultait souvent le sage docteur.

Jusqu'au dernier moment, lorsque l'horloge du palais sonna huit heures, lady Bothwell observa sa sœur, espérant qu'elle renoncerait à son téméraire projet ; mais comme la timidité et même la faiblesse sont capables, dans certains momens, de desseins fermes et déterminés, elle trouva lady Forester inébranlable dans sa résolution, quand l'instant du départ arriva. Mécontente de cette démarche, mais bien décidée à ne point abandonner sa sœur dans une telle crise, lady Bothwell accompagna lady Forester dans plus d'une allée obscure. Le domestique marchait devant ces dames, et leur servait de guide. Enfin, il tourna subitement dans une cour étroite, et frappa à une porte en forme d'arceau, qui semblait appartenir à un édifice d'ancienne date; elle s'ouvrit, sans qu'il fût possible d'apercevoir aucun portier, et le domestique, se rangeant de côté, pria les dames d'entrer dans la maison. Elles n'y furent pas plutôt introduites, que la porte se ferma et les sépara de leur guide. Les deux sœurs se trouvaient alors dans un petit vestibule, éclairé par une lampe lugubre, et n'ayant, lorsque la porte étoit fermée, aucune communication avec l'air ou la lumière extérieure. La porte d'un appartement intérieur s'entr'ouvrait dans la partie la plus éloignée du vestibule.

— Il ne faut point hésiter maintenant, Jemina, dit lady Bothwell. Et se dirigeant dans l'intérieur de la maison, les deux sœurs trouvèrent le docteur entouré de livres, de cartes de géographie, d'instrumens de physique, et d'autres machines de forme et d'apparence particulières.

Il n'y avait rien de bien extraordinaire dans la personne de l'Italien; il avait le teint brun et les traits prononcés de son pays, et paraissait avoir environ cinquante ans; il portait un habillement complet de drap noir : c'était alors le costume général des médecins. Cet habillement était riche, mais simple. D'énormes bougies, dans des chandeliers d'argent, éclairaient l'appartement, qui était passablement meublé. Le docteur se leva lorsque les dames parurent, et, malgré leurs vêtemens, qui indiquaient une naissance inférieure, il les reçut avec les marques de respect qu'exigeaient leur rang, et que les étrangers rendent avec exactitude aux personnes auxquelles elles sont dues.

Lady Bothwell essaya de garder l'incognito qu'elle s'était proposé ; et comme le docteur les conduisait à la place d'honneur, cette dame fit un geste pour refuser sa politesse : — Nous sommes de pauvres femmes, monsieur, dit-elle : le malheur seul de ma sœur a pu nous décider à venir consulter votre art.

Le docteur sourit, et interrompant lady Bothwell, il lui dit :

— Je connais, madame, le malheur de votre sœur, et quelle en est la cause. Je sais aussi que je suis honoré de la visite de deux dames du plus haut rang, lady Bothwell et lady Forester : si je ne pouvais les reconnaître, malgré la classe que leur costume indique, il y aurait peu de probabilité que je fusse capable de leur donner les informations qu'elles viennent chercher.

— Je puis facilement comprendre.... dit lady Bothwell.

— Pardonnez ma hardiesse à vous interrompre ; reprit l'Italien : Votre Seigneurie était sur le point de dire qu'elle pouvait facilement comprendre que j'eusse appris son nom par le moyen de son domestique ; mais, en le pensant, vous faites injure à la fidélité d'un bon serviteur, et, je puis ajouter, au talent de celui qui est aussi votre très-humble serviteur, Baptista Damiotti.

— Je n'ai l'intention de faire injure ni à l'un ni à l'autre, monsieur, dit lady Bothwell, conservant un air calme quoiqu'elle éprouvât un peu de surprise ; mais la position dans laquelle je me trouve a quelque chose de nouveau pour moi. Si vous savez qui nous sommes, monsieur, vous devez savoir aussi ce qui nous amène ici.

— Le désir de connaître la destinée d'un gentilhomme distingué d'Écosse, maintenant ou dernièrement sur le continent, répondit le prophète; son nom est *il cavaliero* Philippo Forester, un gentilhomme qui a l'honneur d'être le mari de cette dame, et, avec la permission de Votre Seigneurie, qui a le malheur de ne point apprécier à sa juste valeur un si précieux avantage.

Lady Forester soupira profondément, et lady Bothwell reprit :

— Puisque vous connaissez notre intention, sans que nous ayons besoin de vous l'apprendre, il ne nous reste plus qu'une question à vous faire. Avez-vous le pouvoir de calmer l'inquiétude de ma sœur?

— Je l'ai, madame; mais il faut que je vous adresse d'abord une question préalable. Aurez-vous le courage de contempler de vos yeux ce que fait dans ce moment le cavaliero Philippo Forester? ou voulez-vous vous en rapporter seulement à mon témoignage?

— C'est ma sœur qui doit répondre à cette question, dit lady Bothwell.

— Je consens à contempler de mes yeux ce que vous avez le pouvoir de me montrer, dit lady Forester avec la même témérité qui l'avait stimulée depuis le moment où elle avait formé la résolution de venir consulter le docteur.

— Il peut y avoir du danger.

— Si l'or peut le compenser.... dit lady Forester en tirant sa bourse.

— Je ne fais point de telles choses par amour du gain, répondit l'étranger. Je n'ose point employer mon art dans un semblable but; si je prends l'or du riche, c'est pour le répandre sur le pauvre ; je n'accepte jamais plus que la somme que j'ai déjà reçue de votre domestique. Gardez votre bourse, madame, un adepte n'a pas besoin d'or.

Lady Bothwell réfléchissant que le refus de l'offre de sa sœur était un simple tour de l'empirique, afin qu'on le priât d'accepter un somme plus considérable, et désirant que la scène commençât et finît, elle offrit quelque or à son tour, ajoutant que ce serait pour agrandir la sphère de ses charités.

— Que lady Bothwell agrandisse la sphère de sa propre charité, dit le docteur de Padoue, non seulement en faisant des aumônes, je sais qu'elle en répand de suffisantes, mais en jugeant le caractère des autres; et qu'elle ait la bonté d'obliger Baptista Damiotti, en le supposant honnête, jusqu'au moment où elle aura découvert qu'il est un fripon. Ne soyez point surprise, madame, si je réponds à votre pensée plutôt qu'à vos paroles, et dites-moi encore une fois si vous êtes préparée à contempler le tableau que je vais vous offrir,

— J'avoue, monsieur, dit lady Bothwell, que vos paroles m'inspirent quelque crainte. Mais tout ce que ma sœur désire voir, je le regarderai aussi.

— Le danger ne consiste que dans le cas où la résolution vous manquerait. Le tableau ne peut durer que pendant l'espace de sept minutes ; si vous interrompez la vision en prononçant une seule parole, non seulement le charme serait détruit, mais il pourrait en résulter quelque danger pour les spectateurs. Mais si vous pouvez garder pendant sept minutes un profond silence, votre curiosité sera satisfaite, sans courir le moindre risque; je vous en réponds sur mon honneur.

Lady Bothwell songeait intérieurement que cette garantie était assez mauvaise; mais elle écarta ce soupçon, comme si elle supposait que l'adepte, dont les traits sombres exprimaient un sourire ironique, pût en réalité lire dans ses plus secrètes pensées. Un moment de silence solennel eut lieu, jusqu'à ce que lady Forester eût recueilli assez de courage pour répondre au médecin (c'est le titre qu'il se donnait) qu'elle contemplerait avec fermeté, et en silence, le tableau qu'il devait leur présenter. Alors, il leur fit un profond salut, et disant qu'il allait se préparer à satisfaire leurs désirs, il quitta l'appartement. Les deux sœurs se tenant par la main comme si elles espéraient, par cette union étroite, détourner le danger qui pouvait les menacer, se jetèrent toutes les deux sur des sièges placés l'un contre l'autre, Jemina cherchant un appui dans le courage mâle qui était ordinaire à lady Bothwell, et cette dernière, peut-être plus agitée qu'elle n'avait supposé l'être, essayant de se fortifier par la résolution désespérée que le malheur avait donné à sa sœur. L'une se disait sans doute que lady Bothwell n'avait jamais rien redouté, l'autre pouvait réfléchir qu'un événement, dont une femme faible comme Jemina n'était pas effrayée, ne devait point être un sujet de crainte pour un esprit aussi ferme que celui de lady Bothwell.

Quelques momens après, les réflexions des deux

sœurs furent interrompues par une musique dont les sons étaient si doux et si solennels, qu'ils semblaient calculés pour éloigner tous les sentimens qui n'étaient point en rapport avec son harmonie, et augmenter en même temps l'émotion que l'entrevue précédente avait excitée. La musique était produite par un instrument inconnu aux deux sœurs ; mais, plus tard, des circonstances conduisirent ma grand'mère à croire que c'était un harmonica, instrument qu'elle entendit à une époque beaucoup plus reculée.

Lorsque ces sons, qui semblaient partir du ciel, se furent évanouis, une porte s'ouvrit, et les deux dames aperçurent Damiotti debout sur une estrade formée de deux ou trois marches, et qui leur faisait signe d'avancer. Son vêtement était si différent de celui qu'il portait quelques minutes auparavant, qu'elles purent à peine le reconnaître ; et la pâleur mortelle de son visage, quelque chose de contracté dans les muscles, indiquant un esprit qui va se livrer à une entreprise étrange ou hardie, avait totalement changé l'expression un peu satirique avec laquelle il les regardait, particulièrement lady Bothwell. Il avait les pieds nus dans une sandale antique. Ses jambes étaient découvertes jusqu'aux genoux, au-dessus desquels il portait une culotte et un gilet collant de soie cramoisie, et par-dessus tout cela une robe flottante, semblable à un surplis, et d'un lin blanc comme la neige ; son col était découvert, et ses longs cheveux noirs et plats, peignés avec soin, se déployaient dans toute leur longueur.

Les dames s'approchèrent, comme il le leur ordonna : il ne montra plus cette politesse cérémonieuse qu'il leur avait d'abord témoignée; au contraire, il leur fit d'un air d'autorité signe d'avancer; et lorsque, en se tenant par le bras, et d'un pas incertain, les deux sœurs s'approchèrent du lieu où l'enchanteur était placé, il fronça les sourcils en posant le doigt sur ses lèvres, comme réitérant l'ordre d'un silence absolu; et, marchant devant les dames, il les guida dans un appartement voisin.

C'était une immense chambre tendue de noir, comme pour des funérailles. Au bout de cette chambre était une table, ou plutôt une espèce d'autel, couvert d'un tissu de la même couleur lugubre, sur laquelle étaient posés plusieurs instrumens en usage dans la sorcellerie. Ces objets n'étaient pas visibles au moment où les dames entrèrent dans l'appartement, car ils n'étaient éclairés que par la lumière de deux lampes expirantes. Le maître, pour me servir de l'expression des Italiens à l'égard de semblables personnes, s'avança vers la partie supérieure de l'appartement, en faisant une génuflexion, comme celle d'un catholique, devant un crucifix, et en même temps il fit le signe de la croix. Les dames le suivirent en silence, se tenant toujours par le bras. Deux ou trois larges marches, fort basses, conduisaient à une plate-forme, en face de ce qu'on pouvait appeler l'autel. Là, le maître s'arrêta, et fit placer les dames à côté de lui, répétant encore une fois d'un air mystérieux le signe qui leur enjoignait le silence. L'Italien alors dégagea son bras nu de dessous son vêtement de lin, et avança l'index vers cinq larges flambeaux ou torches qui prirent feu successivement à l'approche de sa main ou plutôt de son doigt, et jetèrent tout à coup une brillante lumière dans l'appartement. A la clarté de cette lumière, les deux dames purent distinguer sur l'autel deux épées nues et croisées, et un livre ouvert, qu'elles supposèrent une copie des saintes Écritures, mais dans un langage qui leur était inconnu. A côté de ce mystérieux volume, était placé un crâne humain. Mais ce qui frappa le plus les deux sœurs, fut une haute et large glace, qui occupait tout l'espace derrière l'autel, et qui, éclairée par la lumière des torches, réfléchissait les objets qui y étaient placés.

Le maître alors se plaça entre les deux dames, et montrant le miroir, les prit l'une et l'autre par la main, mais sans prononcer une seule parole. Elles regardèrent à l'instant la surface polie et sombre vers laquelle on dirigeait leur attention ; aussitôt cette surface prit un étrange et nouvel aspect : elle ne réfléchit plus les objets qui étaient placés devant elle, mais, comme si elle contenait intérieurement des scènes qui lui étaient propres, elle laissa voir des images qui d'abord se montrèrent d'une manière indistincte et confuse, comme des formes vagues qui prennent peu à peu un corps en sortant du chaos, et enfin acquièrent une parfaite symétrie. Ce fut ainsi qu'après quelques alternatives de lumière et de ténèbres sur la surface de la merveilleuse glace, une large perspective d'arches et de colonnes se forma d'elle-même des deux côtés du miroir. Enfin, après plusieurs oscillations, l'apparition prit une forme fixe et stationnaire, représentant l'intérieur d'une église étrangère. Les piliers étaient d'une grande beauté, et ornés d'écussons ; les arches étaient hautes et magnifiques, le pavé couvert d'inscriptions funèbres, mais il n'y avait aucune relique, point d'images dans l'intérieur de l'église, point de calice ou de crucifix sur l'autel : c'était une église protestante du continent. Un ministre, revêtu d'une robe de Genève et d'un rabat, était debout, près de la table de la communion ; une Bible était ouverte devant lui, et son clerc, vêtu d'une robe noire, était à ses côtés, et il semblait préparé à accomplir quelque cérémonie de l'église à laquelle il appartenait.

Enfin une nombreuse société entra par le milieu du bâtiment, cette société ressemblait à une noce, car à sa tête on voyait une dame et un jeune homme se tenant par la main ; ils étaient suivis par un grand nombre de personnes des deux sexes richement habillées. La mariée, dont on pouvait apercevoir les traits, était extrêmement belle, et paraissait avoir tout au plus seize ans. Pendant quelques secondes, le marié marcha la tête tournée de manière à ce qu'on ne pouvait distinguer son visage ; mais l'élégance de sa taille et de sa démarche frappa les deux sœurs de la même appréhension. Le jeune homme tourna subitement la tête, et leurs craintes furent réalisées ; elles reconnurent, dans le brillant marié qui était devant elles, sir Philippe Forester. Jemina fit entendre un faible cri ; au même moment l'apparition s'obscurcit, et le charme sembla se rompre.

— Je ne puis comparer ce spectacle, dit lady Bothwell, quand elle raconta cette merveilleuse histoire, qu'au reflet qu'offre un étang calme et profond, lorsqu'on y jette une pierre avec violence, et que les rayons de lumière sont dispersés et rompus.

DE LA TANTE MARGUERITE. 269

Le maître pressa avec expression les mains des deux dames, comme pour les faire ressouvenir de leur promesse, et du danger auquel elles s'exposaient. Le cri plaintif s'arrêta sur les lèvres de lady Forester, et ne produisit qu'un faible son; la vision, après une fluctuation d'une minute, reprit de nouveau sa première apparence d'une scène réelle, comme elle pourrait être représentée dans un tableau, si ce n'est que les figures étaient mouvantes, au lieu d'être stationnaires.

L'image de sir Philippe Forester, dont la taille et les traits étaient alors visibles, parut conduire vers le ministre la jeune et belle fiancée, qui s'avançait avec une espèce de défiance, mêlée cependant d'une certaine fierté. Au moment où le ministre achevait de placer devant lui la société, et semblait prêt à commencer le service, un autre groupe de personnes, parmi lesquelles il y avait plusieurs officiers, parut dans l'église. Ces personnes s'avancèrent, comme poussées par la curiosité, pour être témoins de la cérémonie nuptiale; mais tout à coup un des officiers, dont on ne pouvait voir le visage, se détacha du groupe, et se précipita vers l'autel; la société entière se tourna de son côté, comme frappée par l'exclamation qui lui était échappée. Aussitôt cet officier tira son épée, sir Philippe Forester imita ce mouvement, et s'avança vers l'inconnu. Plusieurs hommes de la noce et d'autres appartenant au groupe qui venait d'entrer tirèrent aussi leur épée. Il en résulta un effrayant tumulte, tandis que le ministre et quelques hommes âgés paraissaient vouloir rétablir le calme. Enfin l'espace de temps pendant lequel l'enchanteur prétendait qu'il pouvait mettre son art en usage expira. Les vapeurs se confondirent de nouveau et disparurent peu à peu à la vue; les arches et les colonnes se mêlèrent ensemble, et la surface du miroir ne réfléchit plus rien que les torches allumées et l'appareil lugubre placé sur l'autel.

Le docteur ramena les dames, qui avaient grand besoin de son secours, dans l'appartement où elles s'étaient d'abord arrêtées. Du vin, des essences, et autres liqueurs capables de leur rendre des forces, avaient été préparées pendant leur absence. Il les conduisit à des siéges, où elles prirent place en silence. Lady Forester, plus affectée, joignait les mains, et levait les yeux vers le ciel, mais sans prononcer une parole, comme si le charme n'avait point encore été rompu.

—Et ce que nous avons vu se passe réellement dans cet instant? dit lady Bothwell, qui recouvrait avec peine son empire sur elle-même.

—Je ne puis vous en répondre avec une entière certitude, répondit le docteur Baptista Damiotti; mais, ou bien cela se passe en ce moment, ou bien cela s'est passé il y a peu de temps. C'est le dernier événement remarquable qui soit arrivé à sir Philippe Forester.

Lady Bothwell exprima alors l'inquiétude que lui causait sa sœur, dont la pâleur mortelle et l'apparente insensibilité rendaient leur départ impossible.

— J'y ai songé, répondit l'adepte; j'ai ordonné à votre domestique de faire venir votre équipage aussi près de cette maison que le peu de largeur de la rue peut le permettre. N'ayez point d'inquiétudes sur l'état de votre sœur, mais faites-lui prendre, lorsque vous serez arrivées, ces gouttes que j'ai composées; elle sera mieux demain matin. Peu de personnes, ajouta-t-il d'un air triste, quittent cette maison aussi bien portantes qu'elles y sont entrées. Telle est la conséquence de chercher à s'instruire par des moyens mystérieux. Je vous laisse à juger l'état de ceux qui ont le pouvoir de satisfaire une curiosité illégale. Adieu. N'oubliez pas la potion.

— Je ne veux rien donner à ma sœur qui vienne de vous, dit lady Bothwell; je connais déjà suffisamment votre art. Peut-être voudriez-vous nous empoisonner toutes deux, pour cacher vos sortiléges; mais nous sommes des femmes qui ne manquons ni de moyens pour dénoncer des torts dont on se rend coupable envers nous, ni de bras pour les venger.

— Je n'ai point eu de torts envers vous, madame, répondit l'adepte. Vous avez recherché quelqu'un qui est peu ambitieux d'un tel honneur : celui-là n'invite personne; il donne seulement des réponses à ceux qui viennent le trouver. Après tout, vous avez simplement appris un peu plus tôt le mal que vous étiez condamnée à ressentir. J'entends à la porte les pas de votre domestique ; je ne veux point retenir plus long-temps Votre Seigneurie, ainsi que lady Forester. Le premier courrier du continent vous expliquera un événement dont vous avez déjà été en partie témoin. S'il m'est permis de vous donner un conseil, ne laissez pas, sans précaution, les lettres qu'il vous apportera tomber entre les mains de votre sœur.

En prononçant ces mots, le docteur de Padoue souhaita le bonsoir à lady Bothwell; il l'éclaira jusqu'au vestibule, où, jetant promptement un manteau noir sur ses habits singuliers, et ouvrant la porte, il confia les dames aux soins de leur domestique. Ce fut avec difficulté que lady Bothwell transporta sa sœur jusqu'à la voiture, quoiqu'elle ne fût qu'à vingt pas. Lorsque ces dames arrivèrent chez elles, on fut obligé d'envoyer chercher un médecin pour lady Forester, celui de la famille arriva, et secoua la tête en tâtant le pouls de la malade.

— Les nerfs de lady Forester, dit le médecin, ont éprouvé un choc violent; il faut que je sache quelle en est la cause.

Lady Bothwell avoua qu'elles avaient rendu visite à l'enchanteur, et que lady Forester avait reçu de mauvaises nouvelles de son mari, sir Philippe.

— Ce coquin d'empirique fera ma fortune s'il reste à Édimbourg, dit le gradué : voilà la septième attaque nerveuse, causée par la terreur, qu'il me donne à guérir. Il examina ensuite les gouttes que lady Bothwell avait apportées sans y faire attention ; il les goûta, assura qu'elles convenaient parfaitement à la maladie de lady Forester, et qu'elles épargneraient une course chez l'apothicaire. Le docteur garda quelques instans le silence, et regardant lady Bothwell d'une manière expressive, il dit enfin : — Je suppose que je ne dois rien demander à Votre Seigneurie sur la conduite de ce sorcier italien.

— En vérité, docteur, répondit lady Bothwell, je regarde ce qui s'est passé comme une confidence : et, bien que cet homme puisse être un fripon, puisque nous avons été assez sottes pour le consulter, nous devons être assez honnêtes pour lui garder le secret.

— *Puisse être un fripon!* Bien! dit le docteur ; je

suis enchanté d'entendre Votre Seigneurie convenir de cette possibilité à l'égard de quelqu'un qui vient d'Italie.

— Ce qui vient d'Italie peut être aussi bon que ce qui arrive de Hanovre, docteur : mais nous devons rester amis, et pour cela nous ne parlerons pas de Whigs et de Torys (1).

— Certainement, dit le docteur en recevant ses honoraires et prenant son chapeau, un Carolus me convient aussi bien qu'un Guillaume. Mais je désirerais savoir pourquoi la vieille lady Saint-Ringan et toute la société se fatiguent les poumons à vanter ce charlatan étranger ?

— Eh ! bon Dieu ! vous feriez mieux de l'appeler tout d'un coup jésuite !

Lady Bothwell et le docteur se quittèrent froidement, et la pauvre malade, dont les nerfs avaient éprouvé d'abord la plus violente agitation, se calma peu à peu. Elle essaya de combattre les terreurs superstitieuses qui s'étaient emparées d'elle ; mais l'affreuse vérité, arrivant de Hollande, réalisa ses plus fatales craintes.

Ces nouvelles furent envoyées par le célèbre comte de Stair. Elles apprenaient qu'un duel avait eu lieu entre sir Philippe Forester et le frère de sa femme, le capitaine Falconer, de l'armée scoto-hollandaise, dans lequel le dernier avait été tué. La cause de cette

---

(1) Allusion aux Jacobites et aux Hanovriens. Le prétendant, fils de Jacques II, et père de Charles-Édouard, était né en Italie, et la maison qui règne aujourd'hui sur l'Angleterre vient de Hanovre.   Éd.

querelle rendait cet accident encore plus affreux. On supposait que sir Philippe avait quitté subitement l'armée, en conséquence d'une dette considérable qu'il avait contractée au jeu, et qu'il lui était impossible de payer. Il avait changé de nom, et s'était réfugié à Rotterdam, où il était parvenu à se concilier les bonnes grâces d'un ancien et riche bourgmestre ; et par les avantages de sa personne et ses manières distinguées, il avait captivé l'affection de sa fille unique, très-jeune personne d'une grande beauté, et l'héritière d'une fortune considérable. Enchanté des dons séduisans de celui qui se proposait pour son gendre, le riche marchand, qui avait une trop haute opinion du caractère anglais pour prendre quelques informations, donna son consentement au mariage. La cérémonie était sur le point d'être célébrée, dans la principale église de la ville, lorsqu'elle fut interrompue par une singulière circonstance.

Le capitaine Falconer ayant été envoyé à Rotterdam pour chercher une partie de la brigade des auxiliaires écossais, qui étaient en quartiers dans cette ville, un homme d'un rang distingué, qu'il avait connu antérieurement, lui proposa, comme partie de plaisir, de se rendre dans la principale église, pour voir le mariage d'un de ses compatriotes avec la fille d'un riche bourgmestre. Le capitaine Falconer se rendit donc dans cette église, accompagné du Hollandais, avec quelques amis et plusieurs officiers de la brigade écossaise. Son étonnement peut être compris, lorsqu'il vit son propre beau-frère conduisant à l'autel la belle et innocente fiancée qu'il allait tromper indignement. Il proclama, sur le lieu, la perfidie de sir Philippe, et la cérémonie fut, par conséquent, interrompue. Mais contre l'opinion des gens sages, qui pensaient que sir Philippe était à jamais chassé de la classe des gens d'honneur, le capitaine Falconer accepta le cartel que son beau-frère lui envoya, et, dans le combat qui s'ensuivit, il reçut un coup mortel. Telles sont les voies mystérieuses de la Providence ! Lady Forester ne put se rétablir du chagrin que lui causèrent ces nouvelles.

— Et cette scène tragique, demandai-je à la tante Marguerite, eut-elle lieu exactement à la même époque que l'apparition dans le miroir ?

— Il est fâcheux que je sois obligée de discréditer moi-même mon histoire, répondit ma tante ; mais, pour dire la vérité, elle eut lieu quelques jours plus tôt que l'apparition.

— Ainsi, on peut supposer que par quelque communication prompte et secrète, l'adepte reçut la nouvelle de cet événement ?

— Les incrédules le pensent.

— Que devint l'empirique ?

— Peu de temps après, on reçut l'ordre de l'arrêter pour crime de trahison, comme un agent du chevalier de Saint-George (1), et lady Bothwell se rappelant les insinuations qui avaient échappé au docteur, ami zélé de la ligue protestante, se souvint aussi que l'adepte était particulièrement prôné parmi les vieilles matrones qui partageaient avec elle la même opinion politique. Il paraît probable que des intelligences sur le continent, qui pouvaient aisément être

(1) C'était le nom qu'on donnait au prétendant. Éd.

transmises par quelque agent actif et puissant, lui donnaient les moyens de préparer des scènes de fantasmagorie, comme celle dont lady Bothwell avait été témoin. Cependant, il était si difficile de donner une explication naturelle de la chose, que jusqu'au moment de sa mort, lady Bothwell conserva des doutes à ce sujet, et souvent elle était tentée de couper le nœud gordien, en admettant la possibilité d'un pouvoir surnaturel.

— Mais, ma chère tante, que devint cet homme habile?

— Oh! c'était un trop adroit devin pour ne point être capable de prévoir que sa propre destinée deviendrait tranquille, s'il attendait l'arrivée de l'homme qui portait un levier d'argent sur sa manche (1). Il prit prudemment la fuite, et l'on ne sut ce qu'il était devenu. On s'occupa beaucoup, pendant un moment, de lettres et de papiers trouvés dans sa maison ; mais ce bruit tomba peu à peu, et bientôt on ne parla pas davantage du docteur Baptista Damiotti, que de Galien ou d'Hippocrate.

— Et sir Philippe Forester disparut-il aussi sans qu'on pût savoir ce qu'il était devenu?

— Non, reprit ma complaisante narratrice. On en parla une fois encore, et ce fut dans une occasion remarquable. On disait que nous autres Écossais, lorsqu'il existait une nation qui portait ce nom, avions parmi nos vertus nombreuses quelques petits grains de vices. On nous accuse, en particulier, d'oublier rarement et de ne jamais pardonner les injures que

(1) Costume de l'agent de police, ou Messager du roi.   Éd.

nous avons reçues; on dit aussi que nous faisons un dieu de notre ressentiment, comme la pauvre lady Constance se fit un dieu de son chagrin (1); et suivant Burns, que nous avons l'habitude de « caresser notre colère afin de lui conserver sa chaleur. » Lady Bothwell partageait ces sentimens, et rien au monde, excepté la restauration des Stuarts, ne lui eût paru si délicieux qu'une occasion de se venger de sir Philippe Forester, qui l'avait privée en même temps d'une sœur et d'un frère. Mais, pendant un grand nombre d'années, on n'entendit en aucune façon parler de lui.

Enfin, à une assemblée dans le carnaval, où se trouvait ce qu'il y avait de mieux à Édimbourg, et dans laquelle lady Bothwell avait un siége parmi les dames *patronesses*, on vint l'avertir tout bas qu'un monsieur désirait lui parler en particulier.

— En particulier, et dans une assemblée! il faut qu'il soit fou. Dites-lui de passer chez moi demain matin.

— Je le lui ai déjà dit, répondit le messager, Mylady; mais il m'a prié de vous remettre ce papier.

Lady Bothwell ouvrit un billet qui était plié et cacheté d'une manière singulière. Il ne contenait que ces mots: *Sur des affaires de vie et de mort*, écrits par une main inconnue. Tout à coup il lui vint dans la pensée que ce billet pouvait concerner la sûreté politique de quelques-uns de ses amis; elle suivit donc le messager dans un petit appartement où les rafraîchissemens étaient préparés, et d'où la société

---

(1) Personnage de Shakspeare. ÉD.

en général était exclue. Elle trouva un vieillard qui, à son approche, se leva et salua profondément. Son aspect annonçait une santé délabrée, et ses vêtemens, quoique scrupuleusement d'accord avec l'étiquette d'un bal, étaient usés et fanés, et beaucoup trop larges pour un corps d'une maigreur extrême. Lady Bothwell fut au moment de chercher sa bourse, espérant se débarrasser de cet importun au prix de quelque argent; mais la crainte de se méprendre sur les intentions de cet homme l'arrêta, et elle lui laissa le temps de s'expliquer.

— J'ai l'honneur, dit l'inconnu, de parler à lady Bothwell ?

— Je suis en effet lady Bothwell, Monsieur; mais permettez-moi de vous dire que ce n'est ni le temps ni le lieu convenables pour une longue conversation. Que désirez-vous de moi?

— Votre Seigneurie avait une sœur ?

— Cela est vrai, et je l'aimais de toute mon ame.

— Et un frère ?

— Le plus brave, le meilleur et le plus affectionné des frères.

— Vous perdîtes ces parens bien-aimés par la faute d'un homme infortuné?

— Par le crime de l'homme le plus vil, par la main d'un assassin.

— Vous avez répondu à ce que je désirais savoir, dit le vieillard en saluant, comme s'il désirait se retirer.

— Arrêtez, je vous l'ordonne, s'écria lady Bothwell; qui êtes-vous, vous qui dans un tel lieu venez rappeler à ma mémoire d'aussi horribles souvenirs ? Qui êtes-vous ? je veux le savoir.

— Je suis un homme qui ne veut point de mal à lady Bothwell, mais, au contraire, qui vient lui offrir les moyens d'accomplir un acte de charité chrétienne dont le monde s'étonnerait, et dont le ciel donnerait la récompense. Mais je ne la trouve point préparée à faire le sacrifice que j'avais l'intention de lui demander.

— Parlez clairement, monsieur, que voulez-vous dire ?

— Le misérable qui vous a si profondément offensé, est maintenant sur son lit de mort. Ses jours ont été des jours de misère ; ses nuits des heures d'angoisses sans repos. Il ne peut mourir sans votre pardon. Sa vie fut une pénitence continuelle ; cependant il ne peut pas déposer le fardeau de ses peines tandis que vos malédictions pèsent sur son ame.

— Dites-lui, répondit lady Bothwell d'un air sombre, d'implorer le pardon du Dieu qu'il a si grandement offensé, et non pas d'une mortelle comme moi : mon pardon lui est inutile.

— Non, dit le vieillard ; ce serait une garantie de celui qu'alors il se hasarderait à demander à son créateur et à sa femme, qui est dans le ciel. Souvenez-vous, lady Bothwell, qu'un jour aussi vous vous trouverez sur votre lit de mort ; votre âme, comme celle des autres mortels, ira tremblante d'effroi devant le trône d'où émanent les jugemens de Dieu. Que fera-t-elle alors de cette pensée : « Je n'ai point accordé de grâce, et je ne dois point en espérer ? »

— Homme, qui que tu sois, reprit lady Bothwell,

ne me presse pas aussi cruellement. Ce serait un blasphème d'hypocrisie de faire prononcer à mes lèvres un pardon qui est démenti par tous les battemens de mon cœur ; ce pardon ferait ouvrir la terre, et l'on verrait sortir du tombeau le pâle fantôme de ma sœur, et le spectre sanglant de mon frère. Que je lui pardonne ? jamais ! jamais !

— Grand Dieu ! s'écria le vieillard en joignant les mains, est-ce ainsi que les vers que tu as tirés de la poussière obéissent à tes commandemens ? Dieu ! Femme orgueilleuse et vindicative, vante-toi d'avoir ajouté aux tourmens d'un homme, qui meurt de misère et de chagrin, les angoisses du désespoir religieux, mais n'insulte jamais au ciel en implorant pour toi un pardon que tu as refusé d'accorder.

Le vieillard allait quitter lady Bothwell.

— Arrête, s'écria-t-elle, je vais essayer, oui, je vais essayer de lui pardonner.

— Gracieuse dame, répondit le vieillard, vous soulagerez l'âme accablée qui craignait d'abandonner sa dépouille mortelle avant d'être en paix avec vous. Que sais-je, votre pardon conservera peut-être pour la pénitence les restes d'une misérable vie.

— Ah ! dit lady Bothwell, éclairée par une pensée soudaine, c'est le misérable lui-même ; et saisissant par le collet sir Philippe Forester, car c'était lui en effet, elle s'écria : — au meurtre ! au meurtre ! arrêtez le meurtrier !

A cette exclamation si singulière dans un tel lieu, toute la société se précipita dans l'appartement ; mais sir Philippe Forester n'y était plus. Il avait employé toute sa force pour se dégager des mains de lady Bothwell ; et s'était sauvé de l'appartement qui s'ouvrait sur le palier de l'escalier. Il était difficile de s'évader de ce côté, car il y avait plusieurs personnes qui montaient ou qui descendaient : mais le malheureux était désespéré. Il se jeta par-dessus la balustrade ; il tomba sain et sauf dans le vestibule, malgré une chute de quinze pieds au moins ; alors il se précipita dans la rue, et se perdit dans les ténèbres. Quelques membres de la famille des Bothwell le poursuivirent, et si l'on avait pu atteindre le fugitif, il eût été immolé, car, à cette époque, le sang qui coulait dans les veines des hommes était un sang bouillant. Mais la police ne se mêla pas de cette affaire, dont la procédure criminelle avait eu lieu depuis long-temps, et dans un pays étranger. On a toujours supposé que cette scène extraordinaire était une expérience hypocrite par laquelle sir Philippe désirait s'assurer s'il pouvait retourner dans sa patrie sans craindre le ressentiment d'une famille qu'il avait si profondément offensée. Le résultat de cette expérience ayant été si contraire à ses désirs, on croit qu'il retourna sur le continent et qu'il mourut dans l'exil. Ainsi se termina l'histoire du miroir mystérieux.

FIN DU MIROIR DE LA TANTE MARGUERITE.

LA
CHAMBRE TAPISSÉE,

ou

LA DAME EN SAC.

(The Tapestred Chamber.)

LA CHAMBRE TAPISSÉE,

ou

LA DAME EN SAC.

(𝕮𝔥𝔢 𝕮𝔞𝔭𝔢𝔰𝔱𝔯𝔢𝔡 𝕮𝔥𝔞𝔪𝔟𝔢𝔯.)

L'histoire suivante est écrite dans le même style dont on se servit pour la raconter à l'auteur, autant que sa mémoire peut le garantir. Par conséquent l'auteur ne mérite d'être loué ou blâmé que du bon ou mauvais goût dont il a fait preuve en choisissant ses matériaux, car il a évité soigneusement de mêler quelque ornement à la simplicité du récit.

On doit admettre en même temps que les histoires appartenant à la classe particulière de celles qui ont le merveilleux pour objet ont un bien plus grand pouvoir sur l'esprit quand elles sont racontées, que lorsqu'elles sont confiées à l'impression. Le volume parcouru à l'éclat de la lumière du jour, quoique contenant les mêmes incidens, cause une émotion beaucoup moins forte que celle qui est produite par la voix du narrateur, au coin du feu de la veillée, lorsqu'il détaille avec minutie les incidens qui augmentent l'authenticité de sa légende, et lorsque le son de sa voix s'affaiblit avec mystère au moment d'une catastrophe terrible ou merveilleuse. Ce fut avec de tels avantages que celui qui rapporte l'histoire suivante l'entendit raconter, il y a plus de vingt ans, par la célèbre miss Seward de Lichfield, qui, à ses nombreux talens, joignait à un degré remarquable le pouvoir de charmer dans sa conversation. Ce conte doit nécessairement perdre, dans la nouvelle forme sous laquelle il est présenté, tout l'intérêt qu'il empruntait de la voix flexible et des traits expressifs de l'habile narratrice. Cependant, lu à haute voix, devant un auditoire suffisamment crédule, à la lueur douteuse du crépuscule du soir, ou parmi la solitude d'un appartement mal éclairé, l'anecdote suivante pourrait encore paraître une bonne histoire de revenant.

Miss Seward affirma toujours qu'elle l'avait puisée dans une source authentique, quoiqu'elle supprimât les noms des deux personnes qui jouent les rôles principaux. Je ne profiterai pas moi-même de quelques détails que j'ai reçus depuis, concernant les localités, mais je conserverai la description générale telle qu'elle fut faite primitivement. Par la même raison, je n'ajouterai ni ne retrancherai rien à la narration, mais je raconterai, comme je l'ai entendu raconter, un événement surnaturel.

Vers la fin de la guerre d'Amérique, lorsque les

officiers de l'armée de lord Cornwallis, qui se rendit à York-Town, et les autres qui avaient été faits prisonniers pendant cette lutte impolitique et malheureuse, retournaient dans leur patrie pour raconter leurs aventures et se reposer de leurs fatigues, il y avait parmi eux un officier général auquel miss Seward donne le nom de Brown, mais simplement, comme je le compris, pour s'éviter la difficulté d'introduire un personnage sans nom, dans une narration. C'était un officier de mérite, aussi bien qu'un gentilhomme distingué, par sa naissance et son éducation.

Quelques affaires conduisirent le général Brown à voyager dans les comtés de l'Ouest. Un matin, en arrivant à un relais, il se trouva dans les environs d'une petite ville qui présentait une vue d'une beauté et d'un caractère tout à fait anglais.

La petite ville et son église gothique, dont la tour attestait la dévotion des siècles reculés, était située au milieu de pâturages et de champs de blé de peu d'étendue, mais entourés de haies et d'antiques et grands arbres. On y voyait peu de signes d'innovations modernes. Les environs ne présentaient point la solitude des ruines, ni le mouvement qu'occasionent des réparations. Les maisons étaient vieilles, mais en bon état, et la jolie petite rivière qui murmurait en coulant librement à gauche de la ville, n'était ni retenue par des écluses, ni bordée par un chemin de halage.

Sur une éminence, environ à un mille de la ville du côté du sud, on apercevait, au milieu de vénérables chênes et d'épais taillis, les tours d'un château aussi vieux que les guerres d'York et de Lancastre, mais qui paraissait avoir éprouvé de grands changemens sous le règne d'Élisabeth et de son successeur. Ce n'était pas un bâtiment considérable, mais toutes les commodités qu'il procurait autrefois devaient encore, on pouvait le supposer, être trouvées dans ses murs; du moins telle était l'opinion que le général Brown venait de concevoir, en voyant la fumée s'élever rapidement des vieilles cheminées sculptées. Les murs du parc bordaient le grand chemin pendant deux ou trois cents verges, et les différentes parties boisées, que l'œil pouvait apercevoir, semblaient être pourvues de gibier. D'autres points de vue présentaient alternativement, tantôt la façade du vieux château, et tantôt une partie des différentes tours; le premier, riche dans toutes les bizarreries de l'architecture d'Élisabeth, tandis que l'aspect simple et solide des autres parties du bâtiment semblait prouver qu'elles avaient été construites plutôt comme moyen de défense que par ostentation féodale.

Enchanté de ce qu'il pouvait apercevoir du château, à travers les bois et les clairières dont cette ancienne forteresse était entourée, notre voyageur militaire résolut de s'informer si le bâtiment ne valait pas la peine d'être vu de plus près, et s'il contenait quelques portraits de famille, ou autres objets de curiosité, dignes de la visite d'un étranger. Il quitta donc les environs du parc, et traversant une rue propre et bien pavée, il s'arrêta devant une auberge qui paraissait assez fréquentée.

Avant de demander des chevaux pour continuer son voyage, le général Brown fit quelques questions touchant le propriétaire du château qui avait captivé son admiration. Sa surprise égala sa joie, en entendant nommer un gentilhomme, que nous appellerons lord Woodville. Quel bonheur! La plupart des souvenirs de Brown à l'école et au collége étaient unis à l'idée du jeune Woodville. Quelques nouvelles questions lui apprirent que c'était bien le même que le possesseur de ce beau domaine. Il avait été élevé à la pairie par la mort de son père, et, ainsi que le général l'apprit par le maître de l'auberge, le deuil étant fini, le jeune pair prenait possession de l'héritage paternel, dans le mois le plus gai de l'automne, accompagné d'une société d'amis choisis qui venaient jouir avec lui des plaisirs de la chasse, dans un pays fertile en gibier.

Ces nouvelles étaient délicieuses pour notre voyageur. Frank Woodville avait été le compagnon des jeux de Richard Brown à Éton, son ami intime au collége de Christ-Church; leurs plaisirs et leurs travaux avaient été les mêmes, et le cœur du brave soldat jouissait de voir son ancien ami en possession d'une résidence charmante et d'un domaine, comme l'aubergiste le lui assura avec un signe de tête et en clignant des yeux, d'un domaine capable d'ajouter à sa dignité. Il n'y avait rien de plus naturel que le général suspendît un voyage qui n'était pas pressé, pour rendre une visite à son ancien ami, dans des circonstances aussi favorables.

Les nouveaux chevaux eurent donc seulement la tâche de conduire le général dans sa voiture de voyage, au château de Woodville. Un portier reçut l'officier à une loge en même temps moderne et gothique, bâtie dans ce dernier style, pour correspondre avec le château. Ce portier sonna afin d'annoncer une visite. Apparemment le son de la cloche arrêta le départ de la société, qui était sur le point de se séparer pour jouir des divers amusemens d'une matinée de château ; car, en entrant dans la cour, Brown vit plusieurs jeunes gens qui se promenaient en habit de chasse, regardant et critiquant des chiens, que des gardiens tenaient prêts pour leur amusement. Au moment où Brown descendit de voiture, le jeune lord vint à la porte du vestibule, et pendant un instant, arrêta ses regards sur l'étranger, car il ne reconnaissait point un visage que la guerre, les fatigues et les blessures avaient bien altérés. Mais cette méprise cessa aussitôt que Brown eut fait entendre sa voix, et la reconnaissance qui s'ensuivit fut celle de deux amis qui avaient passé ensemble les jours heureux de leur enfance et de leur première jeunesse.

Si j'avais pu former un désir, mon cher Brown, dit lord Woodville, c'eût été de vous posséder ici dans une semblable occasion, que mes amis sont assez bons pour célébrer comme un jour de fête. Ne pensez pas que vous avez été oublié pendant les années de votre absence ; je vous ai suivi à travers vos dangers, vos triomphes, vos malheurs, et j'ai été heureux de voir que, dans la victoire ou dans les désastres, le nom de mon vieil ami fût toujours couvert de gloire.

Le général fit une réponse convenable, et complimenta à son tour son ami sur ses nouvelles dignités et la possession d'un aussi beau domaine.

— Vous n'en avez encore rien vu, répondit lord

Woodville, et j'espère que vous n'avez point l'intention de nous quitter avant de le connaître parfaitement. Il est vrai, je l'avoue, que la société que je possède en ce moment est assez nombreuse, et cette vieille maison, comme les autres bâtimens de ce genre, n'offre pas autant de commodités que l'étendue et l'extérieur sembleraient le promettre ; mais nous pouvons vous donner une chambre meublée à l'antique, j'ose espérer que vos campagnes vous ont appris à vous contenter de plus mauvais quartiers.

Le général haussa les épaules en riant : — Je présume, dit-il, que l'appartement le plus médiocre de votre château est de beaucoup préférable au vieux tonneau à tabac dont j'étais obligé de faire ma chambre à coucher, lorsque j'étais dans les savanes de la Virginie : je me reposais dans ce tonneau comme l'eût fait Diogène lui-même, et j'étais si enchanté d'être à l'abri des élémens, que je voulais rouler ma maison dans de nouveaux quartiers ; mais mon commandant ne crut pas pouvoir permettre un tel luxe, et je pris congé de mon cher tonneau les larmes aux yeux.

— Eh bien ! dit lord Woodville, puisque vous n'êtes pas effrayé de l'appartement que je vous offre, vous resterez avec nous au moins une semaine. Des fusils, des chiens, des lignes pour pêcher, des filets pour attraper des insectes ou des papillons, tous les moyens de chasser sur terre et sur mer ne vous manqueront pas : vous ne pouvez inventer un amusement que nous ne puissions vous procurer ; mais si vous préférez les fusils et les chiens d'arrêt, je vous accompagnerai, et je verrai si vous êtes devenu meilleur chasseur, depuis que vous avez vécu parmi les Indiens de l'Amérique.

Le général accepta avec joie le proposition de son ami. Après une matinée employée dans des exercices fatigans, la société se réunit à dîner, et lord Woodville, pendant le repas, charmé de pouvoir faire admirer à ses convives, presque tous distingués par leur naissance, l'esprit et les qualités de l'ami qu'il venait de retrouver, conduisit le général Brown à parler des scènes dont il avait été témoin; et comme chaque parole rappelait le brave officier et l'homme sensible, qui avait conservé son sang-froid au milieu des plus éminens dangers, la société de jeunes gens éprouva un respect sincère pour le soldat qui possédait un courage réel, cet attribut dont, parmi tous les autres, chaque homme voudrait persuader qu'il est doué.

La journée, au château de Woodville, se termina comme il est ordinaire dans de semblables maisons : les plaisirs s'arrêtèrent dans les limites des convenances. La musique, qui était une des occupations favorites du jeune lord, succéda à la circulation des bouteilles. Il y avait un billard et des tables de jeu pour ceux qui préféraient ces amusemens. Mais l'exercice du matin exigeait qu'on se livrât de bonne heure au repos, et peu après onze heures, les convives de lord Woodville commencèrent à se retirer dans leurs appartemens.

Le jeune lord conduisit lui-même son ami, le général Brown, dans la chambre qui lui était destinée, et qui répondait à la description qui en avait été faite, c'est-à-dire qu'il n'y manquait rien pour s'y bien trouver, mais elle n'était pas meublée à la mode. Le lit était de cette forme massive en usage à la fin du dix-septième siècle, et les rideaux, de soie fanée, étaient garnis lourdement de franges d'or terni; mais les draps, les oreillers et les couvertures semblaient délicieux au soldat, lorsqu'il songeait à son tonneau. Il y avait quelque chose de sombre dans les tentures de tapisserie qui entouraient la petite chambre; elles étaient doucement ondulées par la brise d'automne, qui, trouvant un passage à travers les veilles croisées en treillage, sifflait en pénétrant dans l'appartement. La toilette et le miroir, entourés d'ornemens en forme de turban, d'une étoffe de soie brune, suivant la mode au commencement du dix-huitième siècle, et les centaines de différentes boîtes, pourvues de choses utiles à une coiffure qui n'était plus en usage depuis plus de cinquante ans, avaient un aspect à la fois antique et lugubre; mais rien ne pouvait produire une lumière plus brillante que celle des deux énormes bougies, si ce n'est le feu pétillant des fagots, qui envoyait en même temps son éclat et sa chaleur. Le petit appartement, malgré son apparence gothique, ne manquait donc d'aucune des commodités que les habitations modernes rendent nécessaires, ou du moins désirables.

— Voici une chambre à coucher bien antique, général, dit le jeune lord; mais je suppose que vous n'y trouverez rien qui vous fasse regretter votre vieux tonneau.

— Je ne suis point difficile en logemens, répondit le général : cependant, si j'étais libre de faire un choix, je préférerais de beaucoup celui-ci aux plus jolis appartemens modernes de votre château. Veuillez me croire, lorsque je vois réuni ce qu'il y a de moderne dans cette chambre à sa vénérable antiquité, et que je me rappelle qu'elle fait partie des propriétés de votre Seigneurie, je trouve mes quartiers meilleurs que ceux que pourrait me procurer le plus élégant hôtel de Londres.

— J'espère, je n'en ai même aucun doute, que vous vous trouverez ici aussi bien que je le désire, mon cher général, dit le jeune seigneur; et souhaitant de nouveau une bonne nuit à son ami, il lui serra la main et se retira.

Le général regarda encore une fois autour de lui et intérieurement il se félicita de son retour à la vie paisible, dont il appréciait davantage les bienfaits, en songeant aux fatigues qu'il avait éprouvées et aux dangers qu'il avait courus. Tout en réfléchissant ainsi, il se déshabilla et se prépara, en idée, à passer une bonne nuit.

Ici, malgré l'habitude suivie dans ce genre d'histoire, nous laisserons le général en possession de son appartement jusqu'au lendemain matin.

La société s'assembla de bonne heure pour déjeuner; mais le général Brown, qui était de tous les convives de lord Woodville celui auquel le jeune seigneur attachait le plus d'importance, ne parut pas. Lord Woodville exprima plus d'une fois sa surprise de cette absence, et finit par envoyer un domestique s'informer de ce qu'il était devenu. Cet homme rapporta bientôt pour réponse que le général Brown se promenait depuis la pointe du jour, malgré un temps froid et pluvieux.

— C'est une habitude de soldat, dit le jeune lord à ses amis; la plupart des militaires ne peuvent plus dormir après l'heure à laquelle le devoir les forçait à se lever.

Cependant cette explication que lord Woodville donnait à ses convives, lui paraissait à peine satisfaisante à lui-même, et il attendait en silence et comme absorbé dans ses pensées le retour du général, qui eut lieu près d'une heure après que la cloche du déjeuner eut sonné. Brown avait l'air fatigué et malade; ses cheveux, dont l'arrangement était à cette époque une des plus importantes occupations d'un homme pendant une partie de la journée, et annonçaient son goût, comme aujourd'hui le nœud d'une cravate, ses cheveux étaient en désordre, sans poudre et humides de rosée; ses habits semblaient avoir été jetés sur lui sans aucun soin, chose remarquable dans un militaire, qui, par devoir, est obligé de donner quelque attention à sa toilette; ses yeux étaient égarés d'une manière étrange.

— Ainsi vous nous avez volé une marche ce matin, mon cher général, dit lord Woodville, ou bien votre lit ne vous a pas été aussi agréable que je le supposais. Comment avez-vous passé la nuit?

— Oh! parfaitement bien, remarquablement bien; c'est la meilleure nuit de ma vie, dit le général Brown avec précipitation, et cependant avec un air d'embarras qui n'échappa point à son ami. Alors Brown avala précipitamment une tasse de thé, refusa tout ce qui lui fut offert, et tomba dans une distraction complète.

— Chassez-vous aujourd'hui, général? dit le maître du château ; mais il fut obligé de répéter deux fois cette question avant de recevoir cette réponse :

— Non, mylord ; je suis fâché de ne pouvoir avoir l'honneur de passer un second jour avec vous ; mais les chevaux de poste que j'ai commandés seront ici dans un instant.

Toute la société exprima sa surprise, et lord Woodville s'écria :

— Des chevaux de poste, mon bon ami ! qu'en avez-vous à faire lorsque vous m'avez promis hier de rester avec moi au moins une semaine?

— Je crois, dit le général, évidemment embarrassé, que, dans le plaisir que m'ont causé les premiers momens de notre rencontre, j'ai pu dire quelque chose de semblable ; mais depuis j'ai songé que cela m'était impossible.

— Cela est bien extraordinaire, répondit le jeune lord ; vous n'aviez aucune affaire hier, et vous ne pouvez pas avoir reçu des nouvelles aujourd'hui, la poste n'est point encore arrivée de la ville, ainsi vous n'avez pas eu de lettres.

Le général Brown, sans donner d'autres explications, murmura quelque chose sur des affaires indispensables, et insista sur la nécessité de son départ d'une manière qui fit cesser toute opposition de la part de son hôte, qui vit que la résolution de son ami était irrévocablement prise. Quelques momens plus tard, il ajouta :

— Au moins permettez-moi, mon cher Brown, puisque vous voulez nous quitter, de vous montrer de la terrasse le point de vue que le brouillard qui se lève va nous laisser apercevoir. En disant ces mots, il ouvrit une fenêtre à châssis et passa sur la terrasse. Le général le suivit avec distraction, et sembla faire peu d'attention aux discours du jeune lord, tandis que ce dernier donnait des détails sur les différens lieux qui composaient un point de vue digne d'être admiré. Lord Woodwille marchait en parlant, et lorsqu'il eut attiré Brown assez loin de la société, il se tourna tout à coup vers lui, et lui dit d'un air solennel :

— Richard Brown, mon ancien et sincère ami, nous sommes seuls enfin; laissez-moi vous conjurer de me répondre, sur votre parole d'ami et sur votre honneur comme soldat, comment avez-vous passé la nuit dernière ?

— Le plus misérablement possible, mylord, répondit le général du même ton; oui, d'une manière si affreuse, que je ne voudrais pas courir la chance d'une seconde nuit semblable à la première, non-seulement pour toutes les terres appartenantes à ce château, mais pour le pays entier que nous découvrons de ce point de vue.

— Ceci est bien extraordinaire, dit le jeune lord, comme en se parlant à lui-même. Il faut qu'il y ait quelque chose de vrai dans les bruits qui courent sur cet appartement, et s'adressant de nouveau au général, il ajouta : Pour l'amour de Dieu, mon cher ami, soyez franc avec moi, et faites-moi connaître l'aventure désagréable qui a pu vous arriver sous un toit où, d'après les désirs du propriétaire, vous n'auriez dû avoir que de l'agrément.

Le général parut désolé de cette question, garda quelques momens le silence, et dit enfin : — Mon cher lord, ce qui m'est arrivé la nuit dernière est d'une nature si étrange et si désagréable, que je puis à peine avoir le courage d'en donner des détails, même à votre seigneurie, car cette sincérité de ma part me conduira à expliquer une circonstance aussi pénible que mystérieuse. Aux yeux des étrangers, la communication que je vais vous faire me donnerait tout l'air d'un sot superstitieux qui se laisse séduire et tromper par son imagination. Mais vous me connaissez depuis l'enfance, et vous ne me soupçonnerez pas d'avoir adopté dans l'âge mûr les faiblesses dont j'étais exempt dans ma jeunesse. Le général s'arrêta, et le jeune lord s'empressa de répondre :

— Ne doutez point de ma confiance dans les communications que vous me ferez, quelque étranges qu'elles soient. Je connais trop la sincérité de votre caractère, pour douter de ce que vous m'assurerez; et je suis convaincu que votre honneur et votre affection pour moi se feraient également un scrupule d'exagérer les choses dont vous avez pu être témoin.

— Eh bien ! dit le général, je vais commencer mon histoire aussi bien que je le pourrai, me confiant à votre générosité, et cependant je sens que j'aimerais mieux être en face d'une batterie, que de rappeler à ma mémoire les odieux souvenirs de la nuit dernière.

Le général s'arrêta une seconde fois, mais voyant que lord Woodville gardait le silence, et lui prêtait une profonde attention, il commença, non sans une répugnance visible, l'histoire de son aventure nocturne dans la chambre tapissée.

— Je me déshabillai et je me mis au lit, aussitôt que votre seigneurie m'eut quitté, hier au soir. Mais le bois, dans la cheminée qui était presque en face de mon lit, répandait une lumière brillante, et les souvenirs de mon enfance, ainsi que ceux de ma première jeunesse, excités par la rencontre inattendue d'un ancien ami, m'empêchèrent de m'endormir promptement. Je dois dire cependant que ces souvenirs étaient tous d'un genre agréable et gai, fondés sur la certitude d'avoir échangé pour quelque temps les travaux, les fatigues, les dangers de ma profession contre les jouissances d'une vie paisible, et celles de ces liens d'affection que j'avais rompus pour obéir aux devoirs de mon état.

Tandis que des réflexions aussi agréables remplissaient mon esprit, et me conduisaient peu à peu au sommeil, je fus subitement éveillé par le frôlement d'une robe de soie, et le bruit d'une paire de talons hauts, comme si une femme marchait dans l'appartement. Avant que j'eusse le temps de tirer le rideau pour voir d'où provenait ce bruit, une petite figure de femme passa entre mon lit et le feu. Cette femme me tournait le dos, et je pus observer son cou et ses épaules, qui annonçaient qu'elle était vieille. Son habillement consistait en une robe dont la forme, passée de mode, était ce que les dames appelaient autrefois, je crois, un *sac*, robe entièrement lâche à la ceinture, mais dont les larges plis se trouvaient réunis sur le cou et sur les épaules, retombaient jusqu'à terre, et se terminaient par une espèce de queue.

Je trouvai cette visite assez singulière, mais il ne

me vint pas un seul instant dans l'esprit que je voyais autre chose que la forme mortelle d'une des vieilles femmes du château, qui, par caprice, s'habillait comme sa grand'mère, et qui, ayant été délogé de sa chambre pour me la céder, avait oublié cette circonstance, et revenait à son ancien gîte. Avec cette persuasion, je fis quelque mouvement dans mon lit, et je toussai un peu pour avertir que la chambre était occupée ; la vieille se tourna lentement.

— Grand Dieu ! mylord, quel visage elle me fit voir. Je n'eus plus besoin de me demander qui elle était, il n'y avait pas moyen de penser que c'était un être vivant.

Sur un visage qui faisait voir les traits décharnés d'un cadavre, on apercevait aussi les passions viles et haineuses, qui avaient animé cette femme pendant sa vie. Le corps de quelque grande coupable semblait être sorti du tombeau, pour s'unir de nouveau à l'ame qui avait été autrefois complice de ses crimes. Je frissonnai, et je me levai à demi, m'appuyant sur ma main, tandis que j'arrêtais mes regards sur l'horrible spectre. La vieille sorcière fit une seule enjambée vers mon lit, s'y assit, précisément dans la même attitude que j'avais prise au milieu de ma terreur, et elle avança son visage diabolique à une faible distance du mien, avec un grincement de dents dérisoire, qui déployait toute la malice d'un esprit incarné.

Ici le général Brown s'arrêta et essuya son front, que le souvenir de cette horrible apparition couvrait d'une sueur froide.

— Mylord, dit-il enfin, je ne suis point poltron. J'ai couru tous les dangers qu'on rencontre dans ma profession, et je puis assurer avec vérité que jamais on ne vit Richard Brown déshonorer l'épée qu'il porte. Mais avec cette horrible figure sous les yeux, et presque entre les mains d'un démon, toute ma fermeté m'abandonna, mon courage disparut comme la cire dans la fournaise, et je sentis mes cheveux se hérisser sur mon front. Mon sang se figea dans mes veines, et je perdis connaissance, victime d'une terreur panique, telle que le fut jamais une jeune fille de village ou un enfant de dix ans. Je ne puis dire au juste combien je restai de temps dans cet évanouissement.

Je revins à moi au moment où l'horloge du château sonnait une heure, avec autant de force que si elle eût été placée dans ma chambre. Il se passa quelques minutes avant que j'osasse ouvrir les yeux, de crainte que mes regards ne rencontrassent encore cette horrible image. Lorsque j'eus le courage de regarder autour de moi, l'apparition n'était plus visible. Ma première idée fut de sonner, d'éveiller les domestiques et de me réfugier dans les mansardes ou même dans un grenier à foin, plutôt que d'être tourmenté une seconde fois par le terrible fantôme. Il faut que je confesse la vérité, je n'eus point la force d'accomplir cette résolution, non pas dans la crainte de dévoiler ma peur, mais parce que le cordon de sonnette était placé près de la cheminée, et que j'éprouvais la crainte de rencontrer le vieux démon que je supposais caché dans quelque coin de l'appartement.

Je n'entreprendrai pas de vous décrire les frissons et les chaleurs brûlantes que j'éprouvai alternativement pendant le reste de la nuit. Mille objets plus hideux les uns que les autres se montrèrent à mes yeux, mais il y avait une différence immense entre l'apparition première et celles qui la suivirent, et je sentais que les dernières étaient produites par mon imagination bouleversée, et mes nerfs irrités.

Enfin le jour parut, et je quittai mon lit, souffrant et humilié. J'étais honteux comme homme et comme soldat, d'autant plus que j'éprouvais un désir extrême de quitter cette chambre, habitée par les esprits ; ce désir maîtrisait toute autre considération. Jetant donc à la hâte mes habits sur moi, je me précipitai hors du château, pour chercher en pleine campagne un remède à mes souffrances. Votre seigneurie connaît maintenant la cause du désir subit que j'éprouve de quitter le château de Woodville. Nous pourrons nous rencontrer souvent dans d'autres lieux, mais Dieu me préserve de passer une seconde nuit sous ce toit.

Quelque étrange que fût cette histoire, le général parlait avec un air de si profonde conviction, qu'il prévint tous les commentaires que l'on fait ordinairement sur de semblables contes. Lord Woodville ne demanda point à son ami s'il était sûr de ne point avoir fait un mauvais rêve, ni ne mit en avant aucune de ces suppositions par lesquelles on a l'habitude d'expliquer de telles apparitions : une imagination en délire ou la fausse perception du nerf optique. Au contraire, il semblait profondément convaincu de la vérité et de la réalité de ce qu'il avait entendu, et après un moment de silence, il exprima ses regrets avec une grande apparence de sincérité, de ce que son ami avait tellement souffert chez lui.

— Je suis d'autant plus fâché, mon cher Brown, ajouta-t-il, que c'est le malheureux résultat d'une expérience que j'avais l'intention de faire. Il faut que vous sachiez que, du temps de mon père et même de mon grand-père, l'appartement que vous occupiez cette nuit était fermé, en conséquence du bruit qu'on avait répandu, qu'il était fréquenté par des êtres surnaturels. A mon arrivée ici, il y a quelques semaines, je pensai que la société qui m'avait accompagnée au château était trop nombreuse pour permettre aux habitans du monde invisible de rester en possession d'une chambre à coucher commode. J'ordonnai donc qu'on ouvrît la chambre tapissée, car c'est ainsi qu'on appelle cet appartement. Sans détruire son air d'antiquité, j'y fis placer quelques meubles nouveaux, en usage dans des temps plus modernes. Cependant, comme l'opinion que cette chambre était hantée par des esprits prévalait fortement parmi les domestiques, et qu'elle était même connue dans le voisinage, ainsi que la plupart de mes amis, je craignais que celui qui l'occuperait le premier ne fût dominé par quelques préventions, qui donneraient du crédit aux bruits sur la chambre tapissée, et tromperaient mon désir de rendre cet appartement utile. Je dois avouer, mon cher Brown, que votre arrivée, qui m'était agréable sous mille autres rapports, me parut l'occasion la plus favorable de détruire les bruits relatifs à la chambre tapissée; puisque votre courage était connu, et votre esprit libre de tout préjugé à cet égard, je ne pouvais donc choisir un sujet plus convenable pour mon expérience.

— Sur mon honneur, dit le général avec un peu d'impatience, je suis infiniment obligé à votre seigneurie, très-particulièrement obligé, en vérité. Je ressentirai probablement pendant long-temps les conséquences de cette expérience, comme votre seigneurie veut bien l'appeler.

— Vous êtes injuste, mon cher ami, reprit lord Woodville. Réfléchissez seulement un instant, et vous serez convaincu qu'il m'était impossible de deviner les souffrances auxquelles vous avez été exposé. J'étais hier matin un véritable sceptique en fait d'apparitions surnaturelles, et je suis persuadé que si je vous avais appris les bruits qui couraient sur la chambre tapissée, ces rapports même vous eussent engagé à la choisir pour y passer la nuit. C'est un malheur, mais ce n'est point ma faute, si vous avez été tourmenté d'une aussi étrange manière.

— Étrange, en effet, dit le général en reprenant sa bonne humeur ; et j'avoue que je ne dois point en vouloir à votre seigneurie pour avoir cru que j'étais ce que moi-même je croyais être, un homme ferme et courageux.... Mais je vois que mes chevaux de poste sont arrivés, et je ne veux point priver plus long-temps votre seigneurie des amusemens de la matinée.

— Mon vieil ami, dit lord Woodville, puisque vous ne pouvez pas rester avec nous un jour de plus, donnez-moi du moins encore une demi-heure. Vous aimiez autrefois les tableaux: j'ai une galerie de portraits, dont quelques-uns sont peints par Van-Dyck ; ils représentent des ancêtres auxquels ce château et ses dépendances ont appartenu. Je pense que quelques-uns d'entre eux ne vous sembleront pas sans mérite.

Le général Brown accepta cette invitation un peu à contre-cœur. Il était évident qu'il ne respirerait point à son aise tant qu'il serait dans le château de Woodville ; il ne put cependant refuser son ami, d'autant moins qu'il était un peu confus de l'aigreur qu'il avait montrée.

Le général suivit donc lord Woodville à travers divers appartemens, jusque dans une longue galerie de tableaux, que le jeune lord montra à son ami en nommant les personnages qui étaient représentés dans les portraits. Ces détails n'intéressèrent que médiocrement le général Brown. C'était, à peu de chose près, ceux qu'on donne dans une galerie de portraits de famille. Ici était un *Cavalier* qui avait ruiné ses domaines en servant la cause royale, là, une belle dame qui les avait rétablis en épousant une riche *tête-ronde* ; de ce côté pendait le portrait d'un brave, qui avait couru des dangers en entretenant une correspondance avec la cour exilée à Saint-Germain ; ici, un autre qui avait pris les armes pour Guillaume, à la révolution ; et là, enfin, un troisième, qui avait jeté alternativement son poids dans la balance des Whigs et des Torys.

Pendant que lord Woodville prononçait ces derniers mots très-bas, à l'oreille de Brown, les deux amis atteignirent le milieu de la galerie, et le jeune lord vit le général tressaillir, en même temps que ses traits exprimaient la plus grande surprise, mêlée de crainte ; ses yeux étaient arrêtés sur le portrait d'une vieille dame dans un *sac*, habillement le plus à la mode de la fin du dix-septième siècle.

— La voilà! s'écria le général : c'est sa taille, ce sont ses traits, quoique l'expression en soit moins diabolique que sur le visage de celle qui m'a rendu cette maudite visite la nuit dernière.

— Si cela est ainsi, répondit le jeune lord, il ne peut rester aucun doute sur l'horrible réalité de votre apparition. C'est le portrait d'une méchante femme, dont la noire et terrible liste de crime est consignée dans les archives de ma famille. Le détail en serait épouvantable : il suffit de dire que dans ce fatal appartement un inceste et un meurtre contre nature furent commis. Je vais le condamner de nouveau à la solitude, d'accord avec le jugement, plus sain, de ceux qui m'ont précédé, et jamais, tant que je pourrai m'y opposer, personne ne sera exposé à la répétition de la scène horrible et surnaturelle qui a ébranlé un courage tel que le vôtre.

Les deux amis, qui s'étaient retrouvés avec un tel sentiment de joie, se séparèrent avec des impressions bien différentes. Lord Woodville alla ordonner qu'on démeublât la chambre tapissée, et que la porte en fût murée. Le général Brown alla chercher, dans un pays moins romantique, et parmi des amis d'une sphère moins élevée, l'oubli de la nuit affreuse qu'il avait passée au château de Woodville.

FIN DU 24ᵉ VOLUME ET DES OEUVRES COMPLÈTES
DE SIR WALTER SCOTT.

Avis aux Souscripteurs aux OEuvres de sir Walter Scott, 84 volumes in-18, papier grand-jésus vélin ornés de 200 gravures.

———

Il a été publié une édition des OEuvres de JAMES FENIMORE COOPER *entièrement* conforme à l'édition de Walter Scott. Elle formera 39 volumes ornés du portrait de Cooper, et de 90 gravures.

Il paraît déjà 9 livraisons ou 27 volumes et 63 gravures.

Les livraisons 10, 11, 12 et 13 paraîtront successivement.

Le prix de la livraison, composée de 3 volumes et d'un atlas de 7 gravures, est de 12 francs.

www.ingramcontent.com/pod-product-compliance
Lightning Source LLC
Chambersburg PA
CBHW071330150426
43191CB00007B/687